BBとトムによる英会話に役立つフレーズ2,000

大浜　博紀
トム・ケイン
共著

JN336831

BBとトムに
英会話に役
フレーズ 2

大浜　博紀

トム・ケイン

はじめに

　英会話が上達するには、いろいろなアプローチが考えられますが、私は自分が得た経験則から、そのアプローチについて述べたいと思います。ネイティブが話している英語の音声に聞き慣れることが、英会話上達の第一歩だと私は思います。相手が話していることが理解できなければ、コミュニケーションが取れないからです。それでは、英語の音声に慣れるにはどうすればよいかが問題になります。私自身は、数多くの西洋音楽（例えば、ビートルズ、セリーヌ・ディオンやマドンナの曲など）を頻繁に聞いたり、英会話のテープやCDを聞いたり、FENの英語放送を聴いたり、洋画を映画館やDVDで見たりして、英語の音声に慣れるように努力しました。
　英語の音声に聞き慣れて、相手が話していることが理解できるようになると、次は自分が思っていることを相手に如何に伝えるかが問題になります。自分が思っていることを英語でいざ話そうとして、頭の中で英作していては会話についていけません。それで、できるだけたくさんの英語のフレーズを覚えることが英会話上達の第二歩になります。会話の場面で、覚えているフレーズをそのまま使える場合もあるし、それを応用して使える場合もあります。私自身もハワイ大学の大学院に留学する際に、ウィリアム・クラークの英語教本（上級編）から、3,000のフレーズを何度も声を出して繰り返し覚えました。これが当地で、多くの留学生とコミュニケーションを取るのに非常に役に立ちました。
　このような経緯から今回、トム・ケイン先生と共著で「BBとトムによる英会話に役に立つフレーズ2,000」を企画し、出版することになりました。21のテーマ別に、語彙をリストアップし、それを用いた例文をフレーズとして2,000掲載しています。星印のもとに掲載したフレーズを含めると、2,000以上になります。紙面の許す限り、フレーズの中に出てくる語彙・熟語・構文・文法などの説明も加えています。外国にいて、病気に罹った場合に必須のフレーズである、いわゆるSurvival Englishは特に重要なので一番多く取り上げました。［症状・病気とその関連表現］と［医療・医薬品とその関連表現］のテーマの下に370のフレーズを掲載しました。これだけのフレーズを確実に覚えていれば、外国で病気になっても、その旅行中、あるいは研修・留学の期間中、不安なく過ごすことができると確信しています。その他、生活に密着した会話でよく使用されそうなフレーズをたくさん揃えています。
　同時通訳の第一人者の故国弘正雄先生は、著書の中で「基本的な英語のフレーズを、お経を唱えるように何度も繰り返し声に出して言って覚えることが、英会話上達の秘訣である」と述べておられます。読者の皆さんが、この本に出てくるフレーズを何度も繰り返し声に出して言うことによって、できるだけ多くのフレーズを覚え、皆さんの英会話力の上達に貢献できれば幸いに思います。

［使用上の留意点］
1．この本にリストアップした語や語句は大部分が名詞（一部形容詞を含む）ですが、その語や語句に名詞がない場合や、名詞があっても例文で動詞として使う場合は、（　）にその動詞を載せています。
2．（　）の語や語句は、省略できることを表わしています。
　　［例］　テレビ　　TV (set)　　　　プール　　　(swimming) pool
3．1つの日本語に対し、2つかそれ以上の英語の語や語句や文がある場合、［　］の前に掲げられている語や語句や文が、最も一般的な表現であることを表わしています。
4．下線部のある語や語句や文は、［　］にある語や語句や文と入れ替えできることを表わしています。
5．省略した語や語句の後の［　］に、省略してない語を載せています。
　　［例］　結核　　TB [tuberculosis]　　　体育館　　gym [gymnasium]

［本のタイトルについて］
　「BBとトムによる英会話に役に立つフレーズ2,000」の本のタイトルを見て、読者の皆さんはBBって何だろうと思ったことでしょう。これは私が高校で英語の教師をしていた頃、生徒を含め初対面の人に "My name is Big（大）Beach（浜）." と自己紹介するときに使った言葉です。略してBBと生徒から親しく呼ばれるようになったので、今でも使用している次第です。

［トム・ケイン先生との出会いと思い出］
　トム・ケイン先生に初めて会ったのは、高校野球の甲子園常連校（選抜高校野球大会優勝2回）で有名な沖縄尚学高等学校で教鞭を取っていた頃、アメリカミネソタ州にあるセントジョーンズ大学に3週間の語学研修に生徒を引率して行ったときのことです。彼は当時大学4年生で、その研修のアシスタントをしていました。生徒は午前中、大学の先生による授業を受け、午後からはアシスタントたちとフリートーキングしたり、さまざまなゲームをしたりして語学研修を楽しんでいました。彼は卒業の翌年、私たちの学校にALT（外国語指導助手）として勤務したので、再会することができたのです。彼は自分でCDを出すほど歌が上手です。ちょうど2年生のリーダーの教科書にビートルズについての記事があり、生徒の要望でビートルズの歌を2、3曲自分でギターを弾きながら歌って、生徒から拍手喝采を浴びたことを今でも鮮烈に覚えています。私は彼とチームを組んで、チームティーチング方式の授業を楽しんだものです。

Contents

項目	番号	頁
1 [衣類とその関連表現]	1〜110	4
2 [症状・病気とその関連表現]	111〜360	18
3 [医療・医薬品とその関連表現]	361〜480	48
4 [気象とその関連表現]	481〜580	63
5 [食べ物・調味料とその関連表現]	581〜710	76
6 [野菜・果物とその関連表現]	711〜800	93
7 [飲み物とその関連表現]	801〜880	104
8 [台所用品・調理器具とその関連表現]	881〜980	114
9 [家庭用品とその関連表現]	981〜1100	127
10 [家具・電化製品とその関連表現]	1101〜1200	143
11 [文房具・事務用品とその関連表現]	1201〜1280	156
12 [お店とその関連表現]	1281〜1380	167
13 [職業とその関連表現]	1381〜1520	182
14 [公共施設とその関連表現]	1521〜1580	201
15 [乗り物とその関連表現]	1581〜1670	210
16 [教育関係とその関連表現]	1671〜1800	223
17 [銀行・金融関係とその関連表現]	1801〜1850	242
18 [郵便局とその関連表現]	1851〜1890	249
19 [スポーツとその関連表現]	1891〜1950	255
20 [娯楽とその関連表現]	1951〜1970	263
21 [和製英語とその関連表現]	1971〜2000	266

1　[衣類とその関連表現]

1　スカート　**skirt**
＊この**スカート**、きつくて着けられないわ。
　This **skirt** is too tight for me to wear.
　　＊「きつい」は tight、その反対の「だぶだぶの」は too large や baggy または loose で表わす。

2　シャツ　**shirt**
＊**シャツ**を裏返しに着ているよ。
　You're wearing your **shirt** inside out.
　　＊「裏返しに」は inside out で表わし、「逆さまに」は upside down で表現する。

3　服　**clothes**
＊**服**を着替えるからちょっと待ってね。
　Please wait (for) a while till I change my **clothes**.

4　洋服　［スーツ］**suit**　［婦人用］**dress**
＊**洋服**を1着、注文で作ったよ。
　I had a **suit** [**dress**] made to order.
　　＊I had a suit custom-ordered. でも OK。「A を注文で作らせる」は have A made to order と言う。

5　紳士服　**menswear [men's clothing]**
＊**紳士服**の売り場は2階にあります。
　The **menswear** [**men's**] department is on the second floor.
　　＊department「売り場」　the second floor「2階」

6　ブラウス　**blouse**
＊この**ブラウス**はどう？
　What do you think of this **blouse**?
　　＊What do you think of ～?「～はどう思う？」

7　T-シャツ　**T-shirt**
＊この **T-シャツ**は M サイズですか？
　Is this **T-shirt** a medium?

8　ポロシャツ　**polo shirt [knit shirt]**
＊ピンクのこの**ポロシャツ**が一番好きだよ。
　I like this pink **polo shirt** [**knit shirt**] best.

— 4 —

9 ワイシャツ　(dress) shirt
＊このワイシャツは汚れているので、洗濯しなくちゃ。
　This (dress) shirt is dirty, so it needs washing.
　　＊「ワイシャツ」は和製英語で、英語では shirt で通じる。「礼装用のワイシャツ」は dress shirt で OK。　need ～ ing「～する必要がある」

10 背広　(business) suit
＊この背広、いくらですか？
　How much is this (business) suit?

11 コート(上着)　coat
＊このコート、私に似合う？
　Does this coat suit me?
　　＊「(服装などが人に)似合う場合は suit を使い、「(色・柄が人に)調和する場合は match や go with を使う。Does this coat look good on me? と言っても OK。

12 三つ揃いのスーツ　three-piece suit
＊三つ揃いのスーツを着けるとかっこいいよ。
　You look good in a three-piece suit.

13 チョッキ　vest
＊僕はチョッキをめったに着けないよ。
　I seldom wear a vest.
　　＊「チョッキ」はポルトガル語から来た和製英語。　seldom「めったに～ない」

14 セーター　sweater
＊このセーターを試着してもいいですか？
　May I try on this sweater?
　　＊May I ～?「～してもいいですか？」　try on ～「～を試着する」

15 寝間着　nightwear
＊彼女は普段、寝間着を着けないで寝るよ。
　She usually sleeps without nightwear on.

16 ネグリジェ　nightgown
＊あなたのネグリジェはたいへんセクシーだね。
　Your nightgown is really sexy.
　　＊「ネグリジェ」はフランス語の negligee に由来する語。

17 スポーツコート　sport coat
＊これは僕の気に入りのスポーツコートだよ。
　This is my favorite sport coat.

18 妊婦服　**maternity dress**
＊この**妊婦服**は私には大きすぎるわ。
This **maternity dress** is too big for me.

19 パンタロン　**(women's) bell-bottoms**
＊**パンタロン**を着けているあの女性を知っている？
Do you know that woman wearing **(women's) bell-bottoms**?
＊「パンタロン」はフランス語の pantalon に由来する語。

20 タキシード　**tuxedo**
＊今夜の結婚式にはこの**タキシード**を着けるよ。
I'm going to put on this **tuxedo** for the wedding tonight.
＊put on ~ 「~を着ける」　wedding 「結婚式」

21 制服　**uniform**
＊私たちは**制服**で登校しなければなりません。
We have to go to school in **uniform**.
＊We have to wear a **uniform** to school. でもいい。　in uniform 「制服を着用して」

22 ブレザー（コート）　**blazer (coat)**
＊私たち冬は**ブレザー（コート）**を着用することになっています。
We're supposed to wear a **blazer (coat)** during the winter.
＊be supposed to do ~ 「~することになっている、~する義務である」

23 普段着　**everyday clothes [casual wear]**
＊その**普段着**は洗濯が必要ですよ。
The **everyday clothes** need [**casual wear** needs] washing.
＊The casual wear needs to be washed. と言ってもいい。

24 ジーパン　**jeans**
＊あなたの**ジーパン**窮屈そうだね。
Your **jeans** look too tight.
＊「ジーパン」は和製英語。　tight 「窮屈な、きつい」

25 ズボン　**pants**
＊その**ズボン**、ハンガーに掛けておいてね。
Hang [Put] the **pants** on a hanger, will you?
＊「ズボン」はフランス語の jupon に由来する語。　hanger 「衣紋掛け、ハンガー」　~, will you？ は依頼を表す表現。

26 半ズボン（短パン）　**shorts**
＊あの半ズボンを着けている人は誰ですか？
Who is that person in **shorts**?

27 ワンピース　**dress**
＊これと別の色のワンピースありますか？
Do you have a **dress** in a different color?
＊「ワンピース」は和製英語。　in a different color 「別の色の」

28 タートルネックのセーター　**turtleneck sweater**
＊タートルネックのセーターを探しています。
I'm looking for a **turtleneck sweater**.
＊look for ～ 「～を探す」

29 Vネックセーター　**V-neck (V-neck sweater)**
＊タートルネックセーターよりVネックセーターが好きだわ。
I prefer **V-necks** (**V-neck sweaters**) to turtlenecks [turtleneck sweaters].
＊prefer A to B 「BよりAが好きである」

30 イブニングドレス　**(evening) gown**
＊今夜のパーティにどのイブニングドレスを着けたらいい？
Which **(evening) gown** should I wear to the party tonight?

31 ジャンパー　**jacket**
＊このジャンパー気に入っているよ。
I'm fond of this **jacket**.
＊jumper は作業員用で、スポーツ用は windbreaker と言う。　be fond of ～ 「～が好きである」= like

32 トレンチコート　**trench coat**
＊トレンチコートを着たあのかっこいいやつ誰か知っている？
Do you know who that good-looking guy in the **trench coat** is?
＊good-looking guy 「かっこいいやつ、イケメン」　in ～ 「～を着て」= wearing

33 白衣　**white coat**
＊あのよれよれの白衣を着けている医者は小児科医ですよ。
That doctor wearing a worn-out **white coat** is a pediatrician.
＊worn-out 「よれよれの」　pediatrician 「小児科医」

34 トレパン　**sweatpants**
＊明日は体育があるので、**トレパン**を忘れないように。
　Don't forget to bring your **sweatpants** for PE tomorrow.
　＊「トレパン」は和製英語。恐らく training pants（おしめがとれる頃に用いる小児用下着パンツ）に由来していると思われる。　PE「体育」physical education の略。

35 タイツ　**tights**
＊あなたが着けているその**タイツ**、少し汚れているよ。
　The **tights** you're wearing are a little bit dirty.
　＊a little bit「少し」　dirty「汚れた、汚い」

36 下着(肌着)　**underwear**　［女性用］**lingerie**
＊男性[女性]用**下着**の売り場はどこですか？
　Where is the department for men's **underwear** [women's **lingerie**]?
　＊department「売り場」　主に「女性用下着類」を lingerie と言う。

37 ブラジャー　**bra [brassiere]**
＊いくつか**ブラジャー**を見せてくれますか？
　Would [Could] you show me some **bras**?
　＊「ブラジャー」は brassiere と言うが、口語では bra を用いる。

38 シュミーズ　**slip**
＊**シュミーズ**が出ていますよ。
　Your **slip** is showing.
　＊be showing「見えている、出ている」

39 キャミソール　**camisole**
＊ねえあなた、あの**キャミソール**を買ってくれる？
　Honey, would you buy me that **camisole**?

40 パンツ　**panties**
＊この**パンツ**に決めたわ。
　I've decided on these **panties**.
　＊日本語の「パンツ」は英語では trousers「ズボン」や slacks「スラックス」のことを言う。　decide on ～「～に決める」

41 サポーター　**athletic supporter [jockstrap]**
＊明日は野球の試合があるので、**サポーター**を準備しなくちゃあ。
　I've got to get **an athletic supporter** [a **jockstrap**] for tomorrow's baseball game.
　＊have got to do ～「～しなければならない」

42　股引(ももひき)　　**long johns [long underwear]**
＊とても寒い日には**股引**を着るよ。
　I wear my **long johns** [**long underwear**] on really cold days.

43　アンダーシャツ　　**undershirt [T-shirt]**
＊**アンダーシャツ**、3着ください。
　Three **undershirts** [**T-shirts**], please.

44　ランニングシャツ　　**sleeveless undershirt**
＊昨日**ランニングシャツ**を2枚買ったよ。
　I bought two **sleeveless undershirts** yesterday.

45　カジュアルシャツ　　**sport shirt**
＊この**カジュアルシャツ**、私に似合う？
　Does this **sport shirt** look good on me?
　＊look good on ～　「～に似合う」

46　トレーナー　　**sweatshirt**
＊学校に**トレーナー**を忘れたよ。
　I left my **sweatshirt** at school.
　＊「トレーナー」は和製英語。sweatshirt はトレーナーの上着で、それと sweatpants の上下一揃いを sweat suit と言う。　leave ～　「～を置き忘れる」

47　ジョギングスーツ　　**jogging suit**
＊**ジョギングスーツ**どこにしまって置いたのかしら。
　I wonder where I put my **jogging suit**.
　＊wonder where ～　「どこに～かしら」

48　ジョギングパンツ　　**running shorts**
＊私の新しい**ジョギングパンツ**が見つからないわ。
　I can't find my new **running shorts**.
　＊「ジョギングパンツ」は和製英語。

49　ジャケット　　**jacket**
＊この**ジャケット**、私にはだぶだぶだね。
　This **jacket** is too large [baggy] for me.
　＊too large [baggy]　「だぶだぶの」

50　外套(オーバー)　　**overcoat**
＊寒くなってきたので、**外套**(オーバー)が必要だね。
　We'll need **overcoats** because it's getting cold.
　＊get cold　「寒くなる」

51 レザーコート　　**leather jacket**
＊その**レザーコート**、とても暖かそうだね。
　　That **leather jacket** looks very warm.

52 カーディガン　　**cardigan sweater**
＊冬は**カーディガン**なしで済ますことはできないよ。
　　During the winter, I can't do without my **cardigan sweater**.
　　＊do without ～　「～なしで済ます」

53 作業服　　**overalls**
＊この**作業服**は僕に合わないよ。
　　These **overalls** don't fit me.
　　＊fit　「(服などの寸法・形などが)～にぴったり合う」

54 チュニック(女性用上着)　　**tunic**
＊この**チュニック**、私に似合うかしら。
　　I wonder if this **tunic** looks good on me.
　　＊wonder if ～　「～かしら」　　look good on ～　「～に似合う」

55 ウェディングドレス　　**wedding dress**
＊30歳までに**ウェディングドレス**着けたいわ。
　　I want to wear a **wedding dress** before I turn 30.
　　＊turn　「(年齢などが)～に達する」

56 水着　　**swimsuit [bathing suit]**
＊その**水着**、すごく派手だね。
　　That **swimsuit [bathing suit]** is pretty showy [flashy].
　　＊「水着」は bathing suit とも言う。　showy [flashy]「派手な」「地味な」は plain と言う。

57 外衣　　**cover-up**
＊今日泳ぐので**外衣**を持って行かなくちゃ。
　　I've got to take my **cover-up** with me swimming today.
　　＊have got to do ～　「～しなければならない」

58 ハイレグ　　**high-cut legs**
＊**ハイレグ**の水着は恥ずかしくて着けられないわ。
　　I'm ashamed of wearing a swimsuit with **high-cut legs**.
　　＊be ashamed of ～　「～を恥ずかしく思う」　「ハイレグ」は和製英語。

59 バイクパンツ　**Lycra shorts [bike shorts]**

＊明日のサイクリングに備えて**バイクパンツ**を買わなくちゃ。

I've got to pick up some **Lycra shorts [bike shorts]** for cycling tomorrow.

＊pick up 「買う」= buy　　Lycra は商標名。　「バイクパンツ」は bike shorts とも言う。

60 レオタード　**leotard**

＊あの**レオタード**を着けている女性たいへんスリムだね。

That woman in the **leotard** is very slim.

＊in the leotard 「レオタードを着て」　slim 「ほっそりした、スリムな」

61 スパッツ（カルソン）　**leggings**

＊この**スパッツ**、着心地がいいわ。

These **leggings** are comfortable.

＊「スパッツ」は小児・女性用の保温ズボン。　comfortable 「着心地（気持ち）がいい」

62 ウインドブレーカー　**windbreaker**

＊君の**ウインドブレーカー**、借りてもいい？

May I borrow your **windbreaker**?

＊borrow 「借りる」　反対の語の「貸す」は lend と言う。

63 レインコート　**raincoat**

＊大雨だから**レインコート**を着けたほうがいいよ。

You should wear your **raincoat** because it's raining hard outside.

64 バスローブ　**bathrobe [robe]**

＊この**バスローブ**、クリーニングに出していい？

May I take this **bathrobe [robe]** to the dry cleaner's?

＊dry cleaner's 「クリーニング屋」

65 化粧着（部屋着）　**dressing gown**

＊**化粧着**を脱いだままにしないでね。

Don't leave your **dressing gown** out, OK?

＊leave ～ out 「～を脱いだままにしておく」

66 仮装服（特定の目的の服装）　**costume**

＊ハロウイーンパーティにどんな**服装**を着ようかしら。

I wonder what kind of **costume** I should wear for the Halloween party.

＊what kind of ～?　「どんな～？」

67 冬服　**winter clothes**
＊冬が近づいているので、**冬服**の準備をしなくちゃあ。
　I've got to get my **winter clothes** out because winter's just around the corner.
　　＊get ～ out 「～を取り出す」　be just around the corner 「近づいている」

68 服装規定　**dress code**
＊私たちの会社では、従業員全員が**服装規定**を守らなければなりません。
　At our company, all the employees have to follow the **dress code**.
　　＊company 「会社」　employee 「従業員」　follow 「従う、守る」

69 紺の服　**navy blue suit**
＊この**紺の服**、素敵だね。
　This **navy blue suit** is wonderful.

70 ミニスカート　**mini-skirt**
＊今年は**ミニスカート**が流行しているよ。
　Mini-skirts are in [in fashion / in vogue] this year.
　　＊be in 「流行している」　be in fashion [vogue] も「流行している」という意味で状態を表わすが、動作の「流行する」は come into fashion [become fashionable] と言う。

71 長いスカート　**long skirt**
＊最近は**長いスカート**は廃れちゃったね。
　Long skirts have gone out of fashion recently.
　　＊「流行する」の反対の「廃れる」は、go out of fashion で表わす。

72 だぶだぶのズボン　**baggy pants**
＊**だぶだぶのズボン**はあまり好きではないよ。
　I don't like **baggy pants** very much.
　　＊「だぶだぶの、ぶかぶかの」の反対の語「きつい、窮屈の」は、tight で表わす。

73 リンネル製のドレス　**linen dress**
＊この**リンネル製のドレス**、あなたのお気に入りなのね。
　This **linen dress** is your favorite, isn't it?
　　＊favorite 「お気に入り、大好きな物」

74 フランネル製のシャツ　**flannel shirt**
＊今日は寒いので、**フランネル製のシャツ**を着よう。
　I'll wear a **flannel shirt** because it's cold today.

75 木綿のT-シャツ　　**cotton T-shirt**
＊**木綿のT-シャツ**をいくつか見せてください。
Show me some **cotton T-shirts**, please.

76 水玉模様のドレス　　**polka-dotted dress**
＊**水玉模様のドレス**が欲しいわ。
I want a **polka-dotted** dress.

77 縞模様のシャツ　　**striped shirt**
＊**縞模様のシャツ**ありますか？
Do you have any **striped shirts**?

78 市松模様のコート　　**plaid coat**
＊この**市松模様のコート**、あなたにとても似合うよ。
This **plaid coat** looks great on you.
　＊This plaid coat suits you well. と言ってもOK。　　look great on ～　「～にとても似合う」

79 模様のついたスカート　　**patterned skirt**
＊無地のスカートより**模様のついたスカート**が好きだわ。
I like **patterned skirts** better than plain-colored ones.
　＊like A better than B　「BよりAが好きである」　　plain-colored　「無地の」

80 花模様のワンピース　　**floral dress**
＊あの**花模様のワンピース**、素敵だねえ。
That **floral dress** is lovely, isn't it?
　＊lovely　「素敵な、かわいらしい」

81 色の薄い衣類　　**light-colored clothing**
＊**色の薄い衣類**は流行遅れだよ。
You know, **light-colored clothing** is old-fashioned.
　＊be old-fashioned　「流行遅れである」be out of fashion とも言う。

82 色の濃い衣類　　**dark clothing**
＊色の薄い衣類より**色の濃い衣類**が好きだわ。
I prefer **dark clothing** to light stuff.
　＊prefer A to B　「BよりAが好きである」　　stuff　「もの、衣類」

83 ノースリーブの　　**sleeveless**
＊彼女は**ノースリーブ**の服を着けているよ。
She's wearing a **sleeveless** top.
　＊「ノースリーブ」は和製英語。　　top　「（ツーピースの）上の部分」

— 13 —

84 半袖の　**short-sleeved**
＊半袖のブラウスありますか？
　　Do you have any **short-sleeved** blouses?
　　　＊Do you have any blouses with short sleeves? と言っても OK。

85 長袖の　**long-sleeved**
＊彼は夏でも長袖のシャツを着けているよ。
　　He wears **long-sleeved** shirts even in the summer.
　　　＊He wears shirts with long sleeves even in the summer. と言っても OK。

86 襟付きの　**with a collar**
＊この襟付きのコート、ブランド品ですよ。
　　This coat **with a collar** is a brand name item.
　　　＊「ブランド品」は brand name item と言う。

87 袖なしの上衣　**tank top**
＊彼女は袖なしの上衣がとても好きです。
　　She likes **tank tops** very much.

88 ドレスの背丈　**the length of a dress**
＊このドレスの背丈を詰めてくれませんか？
　　Could you shorten **the length of this dress**?
　　　＊shorten は「詰める、短くする」の意味で、その反対の語は lengthen と言う。

89 すそ　**hem**
＊すそをあと2センチ上げてくれませんか？
　　Would you take the **hem** up another two centimeters?
　　　＊take the hem up 「(スカートなどの) すそ上げをする」　another ~ 「あと~」

90 襞(ひだ)〔ギャザー〕　**gathers**
＊スカートの襞〔ギャザー〕が取れちゃったわ。
　　My skirt has lost its **gathers**.

91 チャック　**zipper**
＊ズボンのチャックを直してもらいたいのですが…
　　I'd like to have the **zipper** on my pants fixed.
　　　＊「チャック Chack」は商標名。　pants「ズボン」　have ~ fixed「~を直してもらう」

92 寸法(サイズ)　**size**
＊首周りの寸法を測らせてください。
　　Let me check your neck **size**.

— 14 —

93 Lサイズ　**L-size [large size]**
 ＊**L**サイズのシャツを探しているんですが…
　I'm looking for a **large-size** [an **L-size**] shirt.
　＊「エスサイズ」は small-size [S-size] と表し、「エムサイズ」は medium-size [M-size] と表わす。

94 胴回り　**around the waist**
 ＊胴回りは50センチです。
　You measure 50 centimeters **around the waist**.
　＊measure 「(長さ・広さ・大きさなどが〜だけ)ある」

95 試着室　**fitting room**
 ＊試着室はどこですか？
　Where is the **fitting room**?

96 靴下　**socks [stockings / hose]**
 ＊君の靴下、穴が開いているよ。
　You've got a hole in your **socks [stockings / hose]**.
　＊socks は短い靴下のことで、婦人用の長い靴下は stockings や hose と言う。

97 ナイロンの靴下　**nylon stockings**
 ＊ナイロンの靴下ありますか？
　Do you have any **nylon stockings**?

98 クルーソックス　**crew socks**
 ＊今日は寒いからクルーソックスはくわ。
　I'm going to wear **crew socks** because of the cold today.

99 パンスト(パンティストッキング)　**pantyhose**
 ＊あなたのパンスト、伝線していますよ。
　You've got a run in your **pantyhose**.
　＊「パンスト」は和製英語。There's a run in your pantyhose. とも言う。

100 ハイソックス　**knee socks**
 ＊学校では冬はハイソックスの着用は認められています。
　We are allowed to wear **knee socks** at school during the winter.
　＊be allowed to do 〜 「〜するのが認められる(許される)」　「ハイソックス」は和製英語。

101 スニーカーソックス　**ankle socks**
 ＊もう少し大きめのスニーカーソックスありますか？
　Do you have any **ankle socks** in a little larger size?

102 マフラー　**scarf**
＊この**マフラー**一番気に入っているのよ。
　I like this **scarf** best of all.
　＊「マフラー」は muffler とも言うが、scarf が一般的に使われている。muffler と言うと、車の消音装置と間違えられるので要注意。　best of all「一番」

103 シルクのスカーフ　**silk scarf**
＊妻へのお土産に**シルクのスカーフ**を買って来たよ。
　I bought a **silk scarf** for my wife as a souvenir.
　＊as a souvenir「お土産に」

104 帽子　**hat**
＊彼はその**帽子**をかぶると探偵に見えるね。
　He looks like a detective when he wears that **hat**.
　＊hat はつば (brim) がぐるりとある帽子のことを言い、cap は縁なし帽子のことを言う。

105 鳥打帽　**hunting hat**
＊明日の狩猟にこの**鳥打帽**をかぶって行こう。
　I'll put on this **hunting hat** for tomorrow's hunt.
　＊put on ～「～をかぶる、～を着ける」　hunt「狩猟」

106 野球帽　**cap**
＊あの人は**野球帽**をかぶったまま寝ているよ。
　That guy's sleeping with his **cap** on.
　＊with ～ on「～をかぶったまま」　「あの人」は that guy で表わす。ネイティブスピーカーは that man より that guy をよく使う。

107 麦藁帽子　**straw hat**
＊あの**麦藁帽子**を見せてください。
　Could you show me that **straw hat**?

108 スキー帽　**ski hat**
＊この**スキー帽**、いくらだった？
　How much was this **ski hat**?

109 イヤリング　**clip-on earrings**
＊あなたの**イヤリング**、落ちそうですよ。
　Your **clip-on earrings** look like they're going to fall off.
　＊look like + S be going to do ～「～しそうである」　fall off「落ちる」

110 ピアス **earrings**

＊素敵な**ピアス**をつけているね。
You're wearing some great earrings.
＊wear 「身につけている、着ている」　great 「素敵な、すばらしい」

2 [症状・病気とその関連表現]

111 症状　**symptoms**
＊どんな**症状**ですか？
What are your **symptoms**?
＊What symptoms do you have? とも言う。

112 痛み　**pain**
＊左ひざに**痛み**があります。
I have a **pain** in my left knee.
＊knee「ひざ」

113 鈍痛　**dull pain**
＊左耳に**鈍痛**があります。
I have a **dull pain** in my left ear.

114 激痛　**sharp [acute / severe] pain**
＊右足首に**激痛**があります。
I have **a sharp** [an **acute** / a **severe**] **pain** in my right ankle.
＊ankle「足首、くるぶし」

115 頭痛　**headache**
＊**頭痛**がします。
I have a **headache**.

116 偏頭痛　**migraine**
＊よく**偏頭痛**がします。
I often have **migraines**.

117 腹痛　**stomachache [abdominal pain]**
＊時々**腹痛**があります。
I sometimes have **stomachaches** [abdominal pains].
＊sometimes「時々」

118 背中の痛み　**backache**
＊**背中の痛み**があります。
I have a **backache**.
＊I have (a) back pain. と言っても OK。

— 18 —

119 腰痛　**lower back pain**
＊ひどい**腰痛**でまいっています。
My **lower back pain** is killing me.
＊kill 「ひどく苦しめる」　「腰痛があります」は I have (a) lower back pain. と言う。

120 胸の痛み　**chest pain**
＊この**胸の痛み**は1週間続いています。
I have had this **chest pain** for a week now.

121 のどの痛み　**sore throat**
＊**のどの痛み**があります。
I have a **sore throat**.

122 筋肉痛　**muscular pain [muscular aches]**
＊右腕に**筋肉痛**があります。
I have **muscular pain** [**muscular aches**] in my right arm.
＊「(使いすぎて痛い)筋肉痛」は sore muscles と言う。

123 歯痛　**toothache**
＊先週から**歯痛**があります。
I've had a **toothache** since last week.

124 虫歯　**cavity [tooth decay / a decayed tooth]**
＊**虫歯**が1本ありますよ。
You have **a cavity** [**tooth decay / a decayed tooth**].
＊「虫歯を抜いてもらった」は I had a cavity [tooth decay / a decayed tooth] pulled out. と言う。

125 歯垢　**plaque**
＊**歯垢**を取り除きましょうね。
I'm going to remove your **plaque** now.
＊remove 「取り除く」

126 義歯　**dentures [false teeth]**
＊この**義歯**、ぐらぐらしています。
These **dentures** [**false teeth**] are loose.
＊「義歯」は dentures のほうが一般的。　loose 「ぐらぐらの、ゆるんだ」

127 詰め物　**filling**
＊今朝、詰め物が取れました。
　　My **filling** came out this morning.
　　　＊come out 「(物が) 取れる、外れる」

128 胃の不調　**upset stomach**
＊胃が不調（胃の調子がおかしい）です。
　　I have an **upset stomach**.

129 下痢　**diarrhea**
＊下痢はありますか？
　　Do you have **diarrhea**?
　　　＊「下痢しています」は I have diarrhea. と言う。

130 便秘　**constipation**　（便秘している　**be constipated**）
＊１ヶ月間便秘しています。
　　I've **been constipated** for a month.
　　　＊「便秘しています」は I'm constipated. と言う。　for a month 「１ヶ月間」

131 血便　**bloody stool [blood in the stool]**
＊血便があるので腸検査が必要ですよ。
　　You need to have your intestines checked because of your **bloody stool [blood in the stool]**.
　　　＊Your intestines need to be tested because of blood in the stool. と言ってもいい。
　　　　have ~ checked 「~を検査してもらう」　intestine 「腸」

132 嘔吐　**vomiting [throwing up]**　（嘔吐する　**vomit [throw up]**）
＊嘔吐がありましたか？
　　Did you **vomit [throw up]**?
　　　＊Did you have vomiting [throwing up]? と言っても OK。

133 風邪　**cold**
＊娘は風邪を引いています。
　　My daughter has a **cold**.
　　　＊「風邪を引いている」という状態を表す場合は have a cold と表わし、「風邪を引く」という動作は catch a cold で表現する。

134 風邪気味　**slight cold**
＊昨日から風邪気味です。
　　I've had a **slight cold** since yesterday.

135 せき　**cough**
　　＊ひどく**せき**が出ます。
　　　I have a bad **cough**.

136 から咳　**dry cough**
　　＊**から咳**が1ヶ月続いています。
　　　I've had a **dry cough** for a month.

137 くしゃみ　**sneeze**　（くしゃみをする　**sneeze**）
　　＊**くしゃみ**がよく出ます。
　　　I **sneeze** quite a bit.
　　　　＊quite a bit 「よく、かなり」

138 鼻水　**runny nose**
　　＊**鼻水**も出ます。
　　　I have a **runny nose**, too.

139 寒気　**chills [shivers]**
　　＊**寒気**がしますか？
　　　Do you have **chills** [shivers]?

140 熱　**fever**
　　＊**熱**はありますか？
　　　Do you have a **fever**?
　　　　＊「熱があります」は I have a fever. と言う。

141 熱(体温)　**temperature**
　　＊熱を測りましょうね。
　　　Let me take your **temperature**.
　　　　＊I'm going to take your temperature. と言っても OK。

142 体温　**temperature**
　　＊あなたの**体温**は36.2°C です。
　　　Your **temperature** is 36.2°C です。
　　　　＊C は摂氏の意味で、Centigrade や Celsius の略。因みに華氏は Fahrenheit と言う。

143 平熱　**normal temperature**
　　＊**平熱**ですから心配ないですよ。
　　　You don't have to worry – you have a **normal temperature**.
　　　　＊don't have to do ～ 「～しなくていい」　　worry「心配する」

144 　高熱　　**high fever [high temperature]**
　　＊もし高熱が出たら病院に来てください。
　　　If you have a **high fever [temperature]**, please come to the hospital.

145 　脈　　**pulse**
　　＊患者は脈がありません。
　　　The patient has no **pulse**.

146 　発疹　　**rash [eruption / spots]**
　　＊腕に発疹が出ています。
　　　I have a **rash** [an **eruption** / **spots**] on my arms.

147 　不眠症　　**insomnia [trouble sleeping]**
　　＊彼女は不眠症に悩んでいます。
　　　She suffers from **insomnia [trouble sleeping]**.
　　　＊suffer from ～ 「～に悩む」　insomnia は医学専門用語。

148 　しびれ　　**numbness**
　　＊人差し指と中指にしびれがあります。
　　　I have **numbness** in my index and middle fingers.
　　　＊My index and middle fingers feel numb. でも OK。index finger 「人差し指」
　　　　middle finger 「中指」

149 　むくみ　　**swelling**
　　＊妻は右足にむくみがあります。
　　　My wife has some **swelling** in her right leg.
　　　＊right leg 「右足」

150 　動悸　　**palpitations**
　　＊よく胸に動悸がします。
　　　I often have **palpitations**.

151 　息切れ　　**shortness of breath**
　　＊階段を上ると息切れします。
　　　I have **shortness of breath** when I go up the stairs.
　　　＊I get short of breath when I go up the stairs. と言ってもいい。　go up ～ 「～を上る」

152 　吐き気　　**nausea**　　（吐き気がする　**feel nauseous [feel queasy]**）
　　＊吐き気がします。
　　　I **feel nauseous [queasy]**.

— 22 —

153 炎症　**inflammation**
　　＊のどに**炎症**が見られますよ。
　　　You have **inflammation** in your throat.
　　　　＊Your throat is inflamed. でも OK。　　throat「のど」

154 感染　**infection**
　　＊膀胱に**感染**が見られますよ。
　　　You have a bladder **infection**.
　　　　＊bladder「膀胱」

155 接触感染　**contact infection**
　　＊この病気は**接触感染**によって広まります。
　　　This disease is spread by **contact infection**.

156 五十肩　**frozen shoulder [stiff and painful shoulder]**
　　＊友人が**五十肩**で右肩が痛いと訴えていますよ。
　　　My friend complains of right shoulder pain because of **frozen shoulder** [a **stiff and painful shoulder**].
　　　　＊complain of ～「～を訴える」　　right shoulder「右肩」

157 ひきつけ　**convulsions**
　　＊昨日息子が**ひきつけ**を起こしました。
　　　My son had **convulsions** yesterday.

158 けいれん（ひきつり）　**cramps**
　　＊今日早朝、ふくらはぎに**けいれん**（**こむらがえり**）を起こしました。
　　　I got **cramps** in my calf early this morning.
　　　　＊My calf cramped up early this morning でも OK。　get cramps「けいれんを起こす」　calf「ふくらはぎ」　early this morning「今日早朝」

159 耳鳴り　**ringing in one's ears [tinnitus]**
　　＊この**耳鳴り**には耐えられません。
　　　I can't stand this **ringing in my ears** [**tinnitus**].
　　　　＊stand「耐える、我慢する」　　tinnitus は医学専門用語。

160 難聴　**hard of hearing**
　　＊私の父は軽度の**難聴**です。
　　　My father is slightly **hard of hearing**.

161 オムツかぶれ　**diaper rash**
　　＊赤ちゃんは**オムツかぶれ**を起こしていますよ。
　　　Your baby has **diaper rash**.

162 しこり **lump**
＊左胸にしこりがあります。
　　I have a **lump** in my left breast.
　　　＊breast 「胸、乳房」

163 アレルギー **allergy**
＊アレルギーはありますか？
　　Do you have any **allergies**?

164 食べ物アレルギー **food allergy**
＊食べ物アレルギーがあります。
　　I have a **food allergy**.
　　　＊I'm allergic to some foods. も OK。

165 アレルギー反応 **allergic reaction**
＊彼は牛乳にアレルギー反応があります。
　　He has **allergic reactions** to milk.

166 肩こり **stiff shoulders [stiff neck]**
＊彼女はひどい肩こりに悩んでいます。
　　She suffers from bad **stiff shoulders** [a bad **stiff neck**].
　　　＊suffer from ～ 「～に悩む、～に苦しむ、(病気に)かかる」

167 生理不順 **irregular menstruation**
＊生理不順のことで心配しています。
　　I'm concerned about my **irregular menstruation**.
　　　＊be concerned about ～ 「～を心配する」= be worried about ～

168 生理 **one's period [menstruation]**
＊半年間生理がありません。
　　I haven't had **my period** [**menstruation**] for half a year.
　　　＊I haven't menstruated for six months. とも言う。　half a year 「半年」

169 (月経時の)激痛 **cramps**
＊月経時には激痛があります。
　　I have **cramps** during my period.
　　　＊during one's period 「月経時に」

170 出血 **bleeding**
＊子宮から出血が見られますよ。
　　You have uterine **bleeding**.
　　　＊Your uterus is bleeding. でも OK。　uterine 「子宮」

171 妊娠　**pregnancy**　（妊娠した　**pregnant**）
＊妊娠10ヶ月です。
　　I'm ten months **pregnant**.

172 つわり　**morning sickness**
＊つわりがひどいんです。
　　I have awful **morning sickness**.
　　　＊awful 「とてもひどい、おそろしい」

173 陣痛　**labor**
＊彼女は数分前に陣痛が始まりましたよ。
　　She went into **labor** a few minutes ago.
　　　＊go into labor 「陣痛が始まる」　a few minutes ago 「数分前に」

174 あせも　**heat rash [prickly heat]**
＊赤ちゃんの背中にあせもができているんですよ。
　　My baby has **heat rash [prickly heat]** on her back.

175 水ぶくれ　**blister**
＊人差し指に水ぶくれができちゃった。
　　A **blister** formed on my index finger.
　　　＊form 「できる、形成される」　index finger 「人差し指」

176 げっぷ　**burping [belching]**
＊げっぷを止めることができません。
　　I can't stop **burping [belching]**.

177 冷や汗　**cold sweat**
＊時々冷や汗をかきます。
　　I sometimes break into a **cold sweat**.
　　　＊break into ～ 「突然～し出す」

178 寝汗　**perspiration [sweat] while sleeping**　（寝汗をかく　**perspire [sweat] while sleeping**）
＊寝汗をよくかきます。
　　I often **perspire [sweat] while sleeping**.

179 鼻づまり　**stuffy nose**
＊鼻づまりで息がしづらいです。
　　I have difficulty breathing because of my **stuffy nose**.
　　　＊have difficulty ～ ing 「～するのが困難である、～しづらい」

180 鼻血　**nosebleed [bloody nose]**
＊鼻血がなかなか止まりません。
　　My **nosebleed** [**bloody nose**] won't stop.
　　＊won't stop 「なかなか止まらない」

181 鼻風邪　**head cold [coryza]**
＊鼻風邪をひいています。
　　I have a **head cold** [**coryza**].
　　＊coryza は医学専門用語。

182 吐血　**vomiting of blood**　（吐血する　**vomit blood**）
＊その患者は今朝吐血しました。
　　The patient **vomited blood** this morning.

183 喀血　**hemoptysis**　（喀血する　**caugh up [spit up] blood**）
＊その結核患者は今日2回喀血しました。
　　The **tuberculosis** [**TB**] patient **had hemoptysis** [**coughed up blood / spit up blood**] twice today.
　　＊tuberculosis [TB]「結核」　patient「患者」　hemoptysis は医学専門用語。

184 めまい　**dizziness**　（めまいがする　**feel dizzy**）
＊立ち上がるときめまいがします(立ちくらみがします)。
　　I **feel dizzy** when I stand up.

185 かゆみ　**itching**　（かゆい〈形〉　**itchy** / かゆい、むずむずする〈動〉**itch**）
＊目がかゆいです。
　　My eyes **are itchy** [**itch**].

186 目やに　**eye mucus [eye discharge]**
＊目やにが頻繁に出るんです。
　　My eyes frequently produce **mucus** [**discharge**]
　　＊frequently「頻繁に」　produce「生じさせる、出す」

187 充血した目　**bloodshot eyes**　（充血している　**be bloodshot**）
＊あなたの目は充血していますよ。
　　Your **eyes are bloodshot**.
　　＊You have bloodshot eyes. と言っても OK。

188 疲れ目　**eye strain**
＊疲れ目をしていますね。
　　You show signs of **eye strain**.

189 ものもらい **stye**
＊右まぶたによくものもらいができます。
I often get **styes** on my right eyelid.
＊get a stye 「ものもらいができる」　eyelid 「まぶた」

200 視力 **vision [eyesight]**
＊**視力**が徐々に落ちてきています。
My **vision [eyesight]** has been failing gradually.
＊fail 「(健康・視力が)衰える、弱る」　gradually 「徐々に」

201 睡眠不足 **lack of sleep**
＊**睡眠不足**は深刻な健康問題を引き起こしますよ。
Lack of sleep can lead to serious health problems.

202 栄養失調(栄養不良) **malnutrition**
＊この国の多くの子供は、**栄養失調**ですよ。
Many children in this country suffer from **malnutrition**.
＊suffer from ～ 「～にかかる、～に悩む」

203 肥満(症) **obesity** (肥満の **obese**)
＊**肥満（症）**ですので、体重を減らしたほうがいいですよ。
You should lose weight because you are **obese**.
＊lose weight は「体重が減る」という意味で、その反対の表現は gain weight と言う。

204 メタボリックシンドローム(メタボ) **metabolic syndrome**
＊**メタボリックシンドローム**予備軍と診断されましたよ。
My doctor told me that I have a high risk of developing **metabolic syndrome**.
＊a high risk of ～ 「～の危険が高い」　develop 「(病気を)発病させる」

205 内出血 **internal bleeding**
＊顔は**内出血**を起こしていますね。
You've got some **internal bleeding** in your face.

206 二日酔い **hangover**
＊今日は**二日酔い**です。
I have a **hangover** today.
＊I'm hung-over today. とも言う。

207 消化不良 **indigestion**
＊あなたは**消化不良**を起こしていますね。
You have **indigestion**.

208 肉離れ　**pulled muscle**　（肉離れを起こす　**pull a muscle**）
＊走っていたとき、**肉離れを起こしました**。
　I **pulled a muscle** (while) running.

209 口臭　**bad breath [halitosis]**
＊彼は口臭があることに気づいていませんね。
　He doesn't notice that he has **bad breath** [**halitosis**].
　　＊notice「気づく」　halitosis は医学専門用語。

210 いびき　**snoring**
＊昨夜は彼の高いいびきのために、眠れませんでしたよ。
　I couldn't sleep last night because of his loud **snoring**.
　　＊because of ～「～のために、～の理由で」　loud「大きい、高い、強い」

211 乗り物酔い　**motion sickness**
＊**乗り物酔い**に効く薬ください。
　Please give me something for **motion sickness**.
　　＊「車酔い」は carsickness、「船酔い」は seasickness、「飛行機酔い」は airsickness と言う。

212 ボケ（健忘症）　**amnesia [forgetfulness]**
＊祖父は最近ボケが始まりましたよ。
　My grandfather has recently begun to show signs of **amnesia** [**forgetfulness**].

213 もうろく　**dotage**　（もうろくしている　**be senile [be in one's dotage]**）
＊その老人はもうろくしています。
　The old man is **senile** [**in his dotage**].

214 老人性痴呆　**senile dementia**
＊年を取るにつれ**老人性痴呆**になる人が増えますね。
　People who suffer from **senile dementia** increase in number with age.
　　＊increase in number「（数が）増える」　with age「年を取るにつれ」

215 脱水症　**dehydration**
＊熱中症にかかった人々全員に、**脱水症**が見られましたよ。
　All the people who got heatstroke showed signs of **dehydration**.
　　＊heatstroke「熱中症」　sign「兆候」

216 アルコール中毒者（依存患者）　**alcoholic**
＊彼女は**アルコール中毒者**です。
　　She is an **alcoholic**.
　　　＊She is addicted to alcohol. と言っても OK。

217 寝違え　**crick in one's neck while sleeping**　（寝違える　**twist one's neck while sleeping**）
＊昨夜**寝違え**ちゃったよ。
　　I **got a crick in** [**twisted**] **my neck while** (I was) **sleeping** last night.

218 痰　**phlegm**
＊昨夜**痰**がたくさん出ました。
　　I coughed up a lot of **phlegm** last night.
　　　＊cough up ～「せきをして～を吐き出す」

219 歯ぐき　**gums**
＊**歯ぐき**がはれています。
　　I have swollen **gums**.
　　　＊My gums are swollen. と言ってもいい。　swollen「ふくれた、はれあがった」

220 やけど　**burn**　（やけどする　**get burned**）
＊娘が熱湯で**やけど**しました。
　　My daughter **got burned** with boiling water.
　　　＊boiling water「熱湯」

221 突き指　**sprained finger**　（突き指する　**sprain one's finger**）
＊野球をして**突き指**しました。
　　I **sprained my finger** playing baseball.

222 骨折　**fracture**　（骨折する　**break / fracture**）
＊転んで左足を**骨折**しました。
　　I fell (down) and **broke** [**fractured**] my left leg.
　　　＊fall (down)「転ぶ」　break [fracture] one's leg「足を骨折する」
　　　　break は会話体語で、fracture は医学専門用語。

223 再発　**relapse**
＊その患者は癌が**再発**しました。
　　The patient had a **relapse** of cancer.
　　　＊The patient got cancer again. または The patient's cancer has relapsed と言ってもOK。

224 血糖値　　**blood-sugar level**
　　＊**血糖値**が少し高いので心配です。
　　　I'm worried that my **blood-sugar level** is <u>a little high</u> [slightly elevated].
　　　　＊be worried that ～ 「～を心配している」　　be slightly elevated 「少し高い」

225 喘息の発作　　**asthma attack**
　　＊彼は**喘息の発作**を起こしています。
　　　He's having an **asthma attack**.

226 不規則な心拍　　**irregular rhythm [irregular heartbeat]**
　　＊彼は**不規則な心拍**を心配しています。
　　　He is concerned about his **irregular rhythm** [**irregular heartbeat**].
　　　　＊be concerned about ～ 「～を心配する」＝ be worried about ～

227 心臓肥大　　**hypertrophy of the heart**
　　＊心電図の結果、**心臓肥大**が見られますね。
　　　The results of the <u>electrocardiogram</u> [ECG] show **hypertrophy of the heart**.
　　　　＊「心電図」は electrocardiogram と言い、略して ECG で表わす。

228 黄疸の症状　　**symptoms of jaundice**
　　＊顔に**黄疸の症状**が見られますよ。
　　　You have **symptoms of jaundice** on your face.

229 食欲不振　　**appetite loss [loss of appetite]**
　　＊最近は**食欲不振**に陥っていますよ。
　　　I've lapsed into **appetite loss** [a **loss of appetite**] lately.
　　　　＊lapse into ～ 「～に陥る」　　lately 「最近」＝ recently

230 食欲旺盛　　**good appetite**
　　＊このごろは**食欲が旺盛**です。
　　　These days, I have a **good appetite**.
　　　　＊「食欲がない」は have a poor appetite と言う。

231 日焼け　　**sunburn**
　　＊**日焼け**で背中がひりひりして痛いです。
　　　My back hurts because of **sunburn**.
　　　　＊sunburn は「炎症を起こしている日焼け」で、suntan は「健康的な日焼け」を言う。

232 窒息　**suffocation**　（窒息する　**suffocate / be smothered**）
＊赤ちゃんはうつぶせに寝かされたために、**窒息**して死にました。
　The baby died from **suffocation** because he was left to sleep on his stomach.
　＊The baby suffocated to death because he was left to sleep on his stomach. とも言える。　be left to sleep on one's stomach「うつぶせに寝かされる」

233 捻挫　**sprain**　（捻挫する　**sprain**）
＊ゴルフをして足首を**捻挫**したよ。
　I **sprained** my ankle playing golf.
　＊ankle「足首、くるぶし」　play golf「ゴルフをする」

234 脱臼　**dislocation**　（脱臼する　**dislocate**）
＊息子は鉄棒から落ちて、右腕を**脱臼しました**。
　My son **dislocated** his right arm when he fell off the (horizontal) bars.
　＊fall off〜「〜から落ちる」　the (horizontal) bar「鉄棒」

235 虫さされ　**insect bite**
＊**虫さされ**で、右腕の皮膚が赤くなっていますよ。
　The skin on my right arm is red because of an **insect bite**.

236 切り傷　**cut**
＊雑草を刈っていて、左手に**切り傷**を受けました。
　I got a **cut** on my left hand while I was trimming the weeds.
　＊get a cut「切り傷を受ける」　trim the weeds「雑草を刈る」

237 かすり傷　**scratch**
＊**かすり傷**だけど、傷口を消毒したほうがいいよ。
　It may be just a **scratch**, but you'd better sterilize the wound.
　＊had better〜「〜したほうがいい」　sterilize「消毒する」　wound「傷口」

238 打撲傷　**bruise**　（打撲傷を受ける　**get a bruise [bruise]**）
＊一昨日左足首に**打撲傷を受けました**。
　I **got a bruise** on [**bruised**] my left ankle the day before yesterday.
　＊the day before yesterday「一昨日」

239 疲れ　**fatigue [tiredness]**
＊このごろは**疲れ**がなかなか取れません。
　These days, I just can't get over my **fatigue [tiredness]** very easily.
　＊there days「このごろ」　get over〜「（病気など）から回復する」

240 だるさ　　**sluggishness**　　（だるい　　**sluggish**）
＊からだがとても**だるい**です。
　I feel really **sluggish**.

241 冷え性　　**poor circulation**
＊私は**冷え性**で、寝つきが悪いんですよ。
　I can't fall asleep because I have **poor circulation**.
　　＊fall asleep 「寝入る」

242 胸焼け　　**heartburn**
＊時々**胸焼け**がします。
　I get **heartburn** sometimes.

243 不感症　　**frigidty [sexual anesthesia]**
＊彼女は**不感症**を訴えています。
　She complains of **frigidty [sexual anesthesia]**.
　　＊She says she just can't get aroused. と言ってもいい。 sexual anesthesia は医学専門用語。

244 靴擦れ　　**blisters**
＊新しい靴を履いて、かかとに**靴擦れ**ができちゃった。
　My new shoes are giving me **blisters** on my heels.

245 花粉症　　**hay fever**
＊**花粉症**は杉などの花粉で起こるアレルギー性の症状ですよ。
　Hay fever is an allergic symptom caused by pollens such as cedar.
　　＊allergic symptom 「アレルギー性の症状」　pollen 「花粉」　caused by 「〜で起こる」　such as 〜 「〜などの」　cedar 「杉」

246 エコノミークラス症候群　　**economy-class syndrome**
＊長時間飛行機の座席に座っているときは、**エコノミークラス症候群**にかからないように、時々足の運動をしなさいね。
　You should exercise your legs sometimes to prevent **economy-class syndrome**, which you can get if you sit in a plane for a long time.
　　＊exercise 「運動をする」　prevent 「防ぐ、予防する」

247 認知症　　**dementia**
＊母は**認知症**を患っています。
　My mother is suffering from **dementia**.
　　＊suffer from 〜 「〜を患う、〜に悩む」

248 緑内障　**glaucoma**
　　＊**緑内障**は白内障より悪いということを知っている？
　　　Do you know that **glaucoma** can be worse than cataracts?
　　　＊be worse than ～　「～より悪い」

249 白内障　**cataracts**
　　＊叔父は**白内障**の治療を受けているんですよ。
　　　My uncle is undergoing treatment for **cataracts.**
　　　＊「治療を受ける」は undergo treatment で表わす。

250 水虫　**athlete's foot**
　　＊**水虫**の何かいい薬がありますか？
　　　Do you have any effective drugs for **athlete's foot**?
　　　＊effective drug 「効き目がある薬」　athlete's foot 「運動選手の足」が「水虫」の意味になる。

251 喘息　**asthma**
　　＊彼女は**喘息**で呼吸困難に陥っていますよ。
　　　She has difficulty breathing because of **asthma**.
　　　＊She sometimes lapses into dyspnea because of asthma. と言ってもいい。
　　　　have difficulty ～ ing 「～するのが困難である」

252 高血圧　**high blood pressure [hypertension]**
　　＊毎日**高血圧**の薬を飲んでいます。
　　　I take medicine for **high blood pressure [hypertension]** every day.
　　　＊take medicine 「薬を飲む」　hypertension は医学専門用語。

253 低血圧　**low blood pressure**
　　＊妻は貧血で**低血圧**です。
　　　My wife has both anemia and **low blood pressure**.

254 貧血　**anemia**
　　＊妻は**貧血**のせいでよくめまいがすると言っています。
　　　My wife says that she often feels dizzy due to **anemia**.
　　　＊feel dizzy 「めまいがする」　due to ～ 「～のせいで、～の原因で」

255 おたふく風邪　**(the) mumps**
　　＊子供たちは**おたふく風邪**に罹っているのよ。
　　　My children are suffering from (the) **mumps**.
　　　＊My children have (the) mumps. と言っても OK。

256 結核　**tuberculosis [TB]**
＊結核はかって不治の病として恐れられていました。
　　Tuberculosis [TB] was once feared as <u>an incurable</u> [a fatal] disease.
　　　＊be feared as ～　「～として恐れられる」　　incurable [fatal] disease　「不治の病」

257 痛風　**gout**
＊尿酸値が少し高いので、痛風に罹る恐れがありますよ。
　　You're at risk of getting **gout** because your uric acid level is a little high.
　　　＊be at risk of ～　「～の恐れがある」　　uric acid level　「尿酸値」

258 はしか　**the measles**
＊はしかにかかったことがありますか？
　　Have you ever had **the measles**?

259 風疹　**rubella [German measles]**
＊今年は風疹が流行していますね。
　　<u>**Rubella** is prevalent</u> [**German measles** are widespread] this year.
　　　＊German measles are going around this year. でもいい。　　be prevalent　「流行している」= be widespread

260 口唇ヘルペス（疱疹）　**cold sore**
＊時々下唇にヘルペスができます。
　　I get a **cold sore** on my lower lip from time to time.

261 水疱瘡（水痘）　**chickenpox**
＊娘は水疱瘡で高熱を出していますよ。
　　Due to **chickenpox**, my daughter has a high fever.
　　　＊due to ～　「～のせいで、～のために」　　high fever　「高熱」

262 糖尿病　**diabetes**
＊糖尿病は余病を併発するので、恐ろしい病気ですよ。
　　Diabetes is a dreadful disease because it causes many complications.
　　　＊「糖尿病患者」は diabetic と言う。　　dreadful　「恐ろしい」　　complications　「合併症や余病」

263 胆石　**gallstone**
＊手術中彼女の胆嚢から、7個の胆石が取り除かれました。
　　Seven **gallstones** were removed from her gallbladder during the surgery.
　　　＊remove　「取り除く」　　gallbladder　「胆嚢」　　during the surgery　「手術中」

264 腎臓疾患　**kidney disease**
　　＊**腎臓疾患**のため、(腎臓)透析を受けていますよ。
　　　I'm undergoing dialysis for **kidney disease**.
　　　＊undergo 「受ける」　　dialysis 「(腎臓)透析」

265 腎臓結石　**kidney stone [renal calculus]**
　　＊彼は**腎臓結石**の手術を今日受けます。
　　　He's going to be operated on for a **kidney stone [renal calculus]**.
　　　＊be operated on for ～ 「～の手術を受ける」

266 椎間板ヘルニア　**herniated disc**
　　＊**椎間板ヘルニア**のせいで腰が痛いです。
　　　I have (a) lower back pain because of a **herniated disc**.
　　　＊lower back pain 「腰痛」　　because of ～ 「～のせいで、～の理由で」

267 ぎっくり腰　**slipped disc [slipped disk]**
　　＊重い荷物を持ち上げたとき、**ぎっくり腰**になったよ。
　　　I got a **slipped disc [disk]** when I was lifting heavy baggage.
　　　＊lift 「持ち上げる」　　baggage 「荷物」

268 神経障害　**neurological disorder**
　　＊父は**神経障害**を患っています。
　　　My father suffers from a **neurological disorder**.

269 うつ　**depression**
　　＊彼女は**うつ**で、夜よく眠れないと言っています。
　　　She says that her **depression** keeps her awake at night.
　　　＊keep ＋人＋ awake 「(人)を目を覚ましておく」

270 躁うつ病　**bipolar disorder [manic-depression]**
　　＊彼は**躁うつ病**の治療のため、精神科に通院しています。
　　　He has been seeing a psychiatrist regularly to treat his **bipolar disorder [manic-depression]**.
　　　＊「精神科に通院する」は「精神科医に診てもらう」ということで、see a psychiatrist で表わす。

271 ノイローゼ　**nervous breakdown [neurosis]**
　　＊彼女はもう半年も、**ノイローゼ**で通院しているんですよ。
　　　She has been seeing a doctor for half a year because of her **nervous breakdown [neurosis]**.
　　　＊see a doctor 「医者に診てもらう」　　neurosis は医学専門用語。

272 　心の病気　　**mental disorder**
　　＊彼は**心の病気**を患っていて、よく幻聴が聞こえると言っていますよ。
　　　He has a **mental disorder** that causes frequent auditory hallucinations.
　　　　＊frequent「頻繁な」　　auditory hallucination「幻聴」

273 　熱中症（熱射病）　　**heatstroke**
　　＊今年は**熱中症**で、多くの人々が病院に搬送されていますね。
　　　Many people have been taken to the hospital for **heatstroke** this year.

274 　日射病　　**sunstroke**
　　＊**日射病**にならないように、帽子をかぶって外で遊ぶのよ。
　　　Keep your hat on outside to prevent **sunstroke**.
　　　　＊keep one's hat on「帽子をかぶったままでいる」　　prevent「予防する」

275 　インフルエンザ　　**the flu**
　　＊**インフルエンザ**にかからないように気をつけてね。
　　　Take care not to catch **the flu**.
　　　　＊「インフルエンザ」は influenza と言うが、口語では the flu で表現する。　take care「気をつける」

276 　心臓病　　**heart disease**
　　＊彼は**心臓病**のため、ペースメーカーを利用していますよ。
　　　He has a pacemaker because of **heart disease**.

277 　心臓発作　　**heart attack**
　　＊彼は昨夜**心臓発作**を起こし、救急車で病院に搬送されましたよ。
　　　He had a **heart attack** and was rushed to the hospital by ambulance last night.
　　　　＊be rushed to ～「急いで～に運ばれる」　　ambulance「救急車」

278 　心臓麻痺　　**heart failure**
　　＊父は**心臓麻痺**で意識を失ったが、心臓マッサージで生き返りました。
　　　My father had **heart failure** and lost consciousness, but he was revived by a heart massage.
　　　　＊lose consciousness「意識を失う」　　be revived「生き返る」

279 　心不全　　**cardiac insuffiency**
　　＊**心不全**で亡くなる人は多いですね。
　　　Many people die of **cardiac insuffiency**.
　　　　＊die of ～「～で亡くなる」　　cardiac insuffiency は医学専門用語。

280 心筋梗塞　　**myocardial [cardiac] infarction**
　　＊**心筋梗塞**は狭心症より致命的な病気ですよ。
　　　<u>**Myocardial [Cardiac] infarction**</u> is a more fatal disease than angina (pectoris).
　　　　＊fatal disease 「致命的な病気」　　angina (pectoris) 「狭心症」

281 狭心症　　**stricture of the heart [angina (pectoris)]**
　　＊毎日**狭心症**の薬を飲んでいますよ。
　　　I take medicine for <u>**stricture of the heart** [**angina (pectoris)**]</u> every day.
　　　　＊take medicine 「薬を飲む」　　angina (pectoris) は医学専門用語。

282 十二指腸潰瘍　　**duodenal ulcer**
　　＊母は昨年、**十二指腸潰瘍**の手術を受けました。
　　　My mother had an operation for a **duodenal ulcer** last year.
　　　　＊have an operation for ～ 「～の手術を受ける」

283 胃潰瘍　　**gastric ulcer**
　　＊この間の検査の結果は**胃潰瘍**でした。
　　　The results of the last test turned up a **gastric ulcer**.
　　　　＊results 「結果」　　test 「検査」　　turn up ～ 「(結果が)～となる、～と分かる」

284 歯槽膿漏　　**pyorrhea**
　　＊昨日、**歯槽膿漏**で歯が２本取れましたよ。
　　　Two teeth of mine came out yesterday because of **pyorrhea**.
　　　　＊come out 「(物が)取れる、外れる」

285 エボラ出血熱　　**Ebola [Ebola hemorrhagic fever]**
　　＊西アフリカで、**エボラ出血熱**に罹った患者が日ごとに増えていますね。
　　　The number of the patients contracting **Ebola [Ebola hemorrhagic fever]** is increasing day by day in west Africa.
　　　　＊contract 「(病気)に罹る」　　increase 「増える」　　day by day 「日ごとに、毎日」= every day

286 中東呼吸器症候群　　**MERS**
　　＊新聞によると、韓国の**マーズ**の死者は36人になったそうですよ。
　　　According to the newspaper, 36 people have died from **MERS**.
　　　　＊according to ～ 「～によると(…だそうだ)」　　die from ～ 「～で死ぬ」
　　　　外傷・不注意などで死ぬ場合、die from ～を用いるとされていたが、現在では、die of ～で表現することが多い。

287　性病　**venereal disease**
＊**性病**に罹る人が毎年増えていますね。
There are more and more people contracting **venereal disease** every year.
＊more and more 「ますます多くの」　contract 「罹る」

288　エイズ　**AIDS [acquired immune deficiency syndrome]**
＊**エイズ**の特効薬はまだありません。
There is still no specific remedy for **AIDS**.
＊specific remedy 「特効薬」「特効薬」は miracle drug と言っても OK。

289　梅毒　**syphilis**
＊**梅毒**は性病の一つです。
Syphilis is a sexually transmitted disease.
＊sexually transmitted disease 「性病」

290　淋病　**gonorrhea**
＊**淋病**も性病の一つです。
Gonorrhea is another sexually transmitted disease.

291　癌　**cancer [carcinoma]**
＊**癌**は治りにくい悪性腫瘍です。
Cancer [Carcinoma] is a malignant tumor that is hard to treat.
＊carcinoma は医学専門用語。　malignant [benign] tumor 「悪性［良性］腫瘍」

292　肺癌　**lung cancer**
＊彼は10年前、**肺癌**で死にました。
He died of **lung cancer** 10 years ago.
＊die of ～ 「～で死ぬ、～で亡くなる」

293　乳癌　**breast cancer**
＊少なくとも１年に２回は、**乳癌**の検査は受けたほうがいいですよ。
You should undergo a test for **breast cancer** at least twice a year.
＊undergo a test 「検査を受ける」　at least 「少なくとも」

294　胃癌　**gastric cancer**
＊**胃癌**検査でバリウムを飲むのは嫌ですね。
I hate the idea of having to do [drink] a barium meal for a **gastric cancer** test.
＊hate 「嫌う、憎む」　do [drink] a barium 「バリウムを飲む」

295 皮膚癌　**skin cancer**
　　＊日光に長い間当たっていると、**皮膚癌**になるよ。
　　You can get **skin cancer** from staying in the sun too long.
　　　＊stay in the sun 「日光に当たる」　too long 「とても長い間」

296 子宮癌　**uterine cancer**
　　＊女性では、**子宮癌**が胃癌に次いで多いですよ。
　　Among women, **uterine cancer** is the second-most-common form of cancer behind gastric cancer.
　　　＊be frequent 「多い、頻繁である」　behind ～ 「～に次いで」　gastric cancer 「胃癌」

297 舌癌　**tongue cancer**
　　＊歯並びが悪いと、**舌癌**になる可能性が高くなるそうですよ。
　　I hear that if you have crooked teeth, you're more likely to develop **tongue cancer**.
　　　＊「私は歯並びが悪いです」は I have crooked teeth. と言う。　be more likely to do ～ 「～する傾向が高い」　develop 「(病気)になる」

298 食道癌　**esophagus cancer**
　　＊父は49歳の時に、**食道癌**で亡くなりましたよ。
　　My father died of **esophagus cancer** at the age of 49.
　　　＊at the age of ～ 「～歳の時に」

299 喉頭癌　**larynx cancer**
　　＊彼は**喉頭癌**の治療を受けて命は助かったが、声を失いました。
　　Treatment for **larynx cancer** may have saved the man's life, but he lost his voice in the process.
　　　＊lose one's voice 「声を失う」　in the process 「その過程で」

300 白血病　**leukemia**
　　＊**白血病**は血液の癌ということを知っていましたか？
　　Did you know that **leukemia** is cancer of the blood?

301 末期癌　**terminal cancer**
　　＊彼女のお母さんは**末期癌**で、余命いくばくもありませんよ。
　　Her mother has just a few years to live because of **terminal cancer**.
　　　＊have a few years to live 「余命いくばくもない」

302 　脳腫瘍　　**brain tumor**
　　＊その患者は昨日、**脳腫瘍**で亡くなりましたよ。
　　The patient died of a **brain tumor** yesterday.

303 　脳梗塞　　**cerebral infarction**
　　＊日本では毎年、7万人以上が**脳梗塞**で死んでいます。
　　In Japan, more than 70,000 people die of **cerebral infarction** every year.

304 　脳溢血　　**cerebral hemorrhage**
　　＊上司は昨日、**脳溢血**で倒れました。
　　My boss had a **cerebral hemorrhage** yesterday.

305 　脳卒中　　**stroke [cerebral apoplexy]**
　　＊彼は**脳卒中**の後遺症で、下半身が麻痺しています。
　　The lower half of his body is paralyzed because of the aftereffects of a **stroke [cerebral apoplexy]**.
　　　＊the lower half of one's body 「下半身」　　be paralyzed 「麻痺している」
　　　　aftereffects 「後遺症」

306 　脳挫傷　　**cerebral contusion**
　　＊**脳挫傷**の疑いがあるので、コンピューター断層撮影をしますね。
　　I'm going to give you a CT [computed tomography] scan to see if you have a **cerebral contusion**.
　　　＊「コンピューター断層撮影」は computed tomography と言うが、略して CT で表わす。

307 　脳血栓　　**cerebral thrombosis**
　　＊**脳血栓**があるので、緊急に手術が必要ですね。
　　Your **cerebral thrombosis** needs to be operated on immediately.
　　　＊immediately 「ただちに、緊急に」

308 　痔（疣痔）　　**hemorrhoids [blind piles]**
　　＊便秘の人は**痔**になりやすいそうです。
　　I've heard that constipation makes you more prone to **hemorrhoids [blind piles]**.
　　　＊constipation 「便秘」　　be prone to ～ 「～になりやすい」

309 血友病　**hemophilia**
＊**血友病**は主に男性に見られる遺伝性の病気です。
Hemophilia is a hereditary disease mainly seen in males.
＊hereditary disease 「遺伝性の病気」　mainly 「主に」　male 「男性」「女性」は female と言う。

310 肝臓病　**liver disease**
＊彼は**肝臓病**のため、黄疸症状が出ていますよ。
He shows symptoms of jaundice because of **liver disease**.
＊symptom 「症状」　jaundice 「黄疸」

311 慢性の胃弱　**chronic indigestion**
＊私たちの先生は**慢性の胃弱**のため、大変やせていますよ。
Our teacher is very thin due to **chronic indigestion**.

312 盲腸炎(虫垂炎)　**appendicitis**
＊彼は急性**盲腸炎**の手術を受けましたよ。
He was operated on [underwent an operation] for acute **appendicitis**.
＊be operated on ~ 「~の手術を受ける」　acute 「急性の」「慢性の」は chronic と言い、「慢性病」は chronic disease [illness] と言う。

313 日本脳炎　**Japanese encephalitis**
＊**日本脳炎**が蔓延しているので、蚊に刺されないように気をつけてね。
Since **Japanese encephalitis** is spreading, make sure to watch out for mosquitoes.
＊be spreading 「蔓延している」　make sure to do ~ 「必ず~するようにする」　watch out for ~ 「~に気をつける」　mosquito 「蚊」

314 関節炎　**arthritis**
＊母は重度の**関節炎**のため、歩行が困難です。
My mother's serious **arthritis** has made it hard for her to walk.
＊serious 「重度の、深刻な」　make it hard for S to do ~ 「Sが~するのを困難にする」

315 口内炎　**canker sore [stomatitis]**
＊赤ちゃんが**口内炎**にかかって、ミルクを飲むことができないんですよ。
My baby has a **canker sore** [**stomatitis**] and can't drink milk.
＊stomatitis は医学専門用語。

316 気管支炎　**bronchitis**
＊先月より**気管支炎**を患って、治療を受けていますよ。
I've been receiving treatment for **bronchitis** since last month.

317 胃炎　**gastritis**
＊**胃炎**で食欲がありません。
My **gastritis** has taken away my appetite.
＊take away one's appetite 「食欲がない」

318 中耳炎　**inflammation of the middle ear**
＊孫息子が長い間、**中耳炎**の治療を受けています。
My grandson has been seeing the doctor for **inflammation of the middle ear** for a long time.
＊grandson 「孫息子」　for a long time 「長い間」

319 鼻炎　**rhinitis**
＊**鼻炎**の治療を受けていますよ。
I'm undergoing treatment for **rhinitis**.

320 胸膜炎　**pleurisy**
＊**胸膜炎**は肋膜の炎症で、多くは結核性です。
Pleurisy is an inflammation in the pleura, many of which are tuberculous.
＊inflammation 「炎症」　pleura 「肋膜、胸膜」　tuberculous 「結核性の」

321 肝炎　**hepatitis**
＊上司はアルコール性**肝炎**のため、ドクターストップがかかってアルコール飲料は飲みません。
My boss doesn't drink alcoholic beverages on his doctor's orders due to alcoholic **hepatitis**.
＊beverage 「飲料」　「ドクターストップ」は和製英語で、英語ではdoctor's orders と言う。

322 大腸炎　**colitis**
＊叔父は**大腸炎**で入院しています。
My uncle is in the hospital with **colitis.**
＊be in the hospital 「入院している」

323 結膜炎　**conjunctivitis**
＊**結膜炎**の疑いがありますね。
You might have **conjunctivitis**.

324 皮膚炎　**dermatitis**
＊娘は**皮膚炎**治療のため、週1回病院に通っています。
My daughter goes to the hospital once a week for her **dermatitis** treatment.

325 アトピー性皮膚炎　**atopic dermatitis**
＊海水は**アトピー性皮膚炎**に良いと言われていますよ。
Sea water is said to be good for **atopic dermatitis**.

326 リュウマチ性関節炎　**rheumatoid arthritis**
＊母は**リュウマチ性関節炎**を患って、10年になりますね。
My mother has been suffering from **rheumatoid arthritis** for ten years.

327 扁桃腺炎　**tonsillitis**
＊従兄弟は去年、**扁桃腺炎**の手術を受けましたよ。
My cousin underwent an operation for **tonsillitis** last year.
＊undergo an operation for ～　「～の手術を受ける」= have an operation for ～

328 咽頭炎　**pharyngitis**
＊**咽頭炎**の治療を受けて1ヶ月になります。
It's been a month since I underwent **pharyngitis** treatment.

329 尿道炎　**urethritis**
＊血尿があるので、**尿道炎**の疑いがありますね。
The blood in your urine indicates that you might have **urethritis**.
＊urine「尿」　indicate that ～「～の徴候である、～を(暗に)示す」

330 てんかん　**epilepsy**　(てんかんの　**epileptic**)
＊彼は時々、**てんかん**の発作を起こしますよ。
He sometimes has **epileptic** seizures.
＊seizure　「(病気の)発作」

331 むち打ち症　**whiplash**
＊交通事故にあってから、**むち打ち症**になっていますよ。
I got **whiplash** from that traffic accident I had.

332 自閉症　**autism**
＊あなたの子は**自閉症**の疑いがありますね。
There's a chance that your child has **autism.** [Your child might be **autistic**.]

333 更年期障害　**menopausal disorder**
＊あなたには**更年期障害**の症状が見られますね。
You show signs of **menopausal disorder**.

334 自立神経失調症　**autonomic imbalance [vegetative ataxia]**
＊母は**自律神経失調症**を患っています。
My mother is suffering from **autonomic imbalance** [**vegetative ataxia**].
＊vegetative ataxia は医学専門用語。

335 蕁麻疹　**hives**
＊アレルギー反応があるとき、**蕁麻疹**が体中に出ますよ。
My whole body breaks out in **hives** when I have an allergic reaction.
＊break out 「発生する、出る」　allergic reaction 「アレルギー反応」

336 狂犬病　**rabies [hydrophobia]**
＊**狂犬病**は犬の法定伝染病の一つだそうですね。
I hear that **rabies** [**hydrophobia**] is a legally designated infectious disease for dogs.
＊hydrophobia は医学専門用語。　legally designated infectious disease 「法定伝染病」

337 高山病　**altitude sickness [mountain sickness]**
＊その登山家は**高山病**にかかって、めまいと吐き気を訴えています。
The mountain climber has **altitude sickness** [**mountain sickness**] and complains of dizziness and nausea.
＊complain of ～ 「～を訴える」　dizziness 「めまい」　nausea 「吐き気」

338 しもやけ（凍傷）　**frostbite**
＊その登山家は両手が**しもやけ**になりました。
The mountain climber got **frostbite** on both of his hands.

339 デング熱　**dengue (fever)**
＊日本で**デング熱**に罹った患者が、70年ぶりに出ましたね。
Patients with **dengue (fever)** appeared in Japan for the first time in 70 years.
＊appear 「現れる」　for the first time in ～ year(s) 「～年振りに」

340 心的外傷後ストレス障害　　**posttraumatic stress disorder [PTSD]**
＊彼は**心的外傷後ストレス障害**のため、エレベーターに乗れませんよ。
Due to **posttraumatic stress disorder [PTSD]**, he can't ride elevators.

341 子宮筋腫　　**myoma of the uterus**
＊**子宮筋腫**は子宮の筋層にできる良性腫瘍です。
Myoma of the uterus is a benign tumor that develops in the muscle layers of the uterus.
　　＊benign tumor「良性腫瘍」　develop in ～「～にできる」　muscle layer「筋層」

342 胸部疾患　　**chest disease**
＊**胸部疾患**の疑いがあるため、胸部エックス線写真を撮りましたよ。
I had chest X-rays taken on the suspicion of a **chest disease**.
　　＊on the suspicion of ～「～の疑いがあるため」

343 肺の病気　　**lung disease**
＊叔母は**肺の病気**を患っています。
My aunt suffers from **lung disease**.

344 腎臓病　　**kidney disease**
＊彼女は**腎臓病**のため、尿毒症を起こしましたよ。
She developed uremia due to **kidney disease**.
　　＊develop uremia「尿毒症を起こす」　due to ～「～のため、～のせいで」

345 尿失禁　　**(urinary) incontinence**
＊**尿失禁**とはどんな病気ですか？
What kind of disease is **(urinary) incontinence**?

346 湿疹　　**eczema**
＊**湿疹**は皮膚の表面にできる炎症ですよ。
Eczema is an inflammation seen on the surface of skin.
　　＊inflammation「炎症」　on the surface of ～「～の表面に」　skin「皮膚」

347 脳性麻痺　　**cerebral palsy**
＊その子は**脳性麻痺**のため、自由に手足を動かすことができません。
The child can't move his hands and legs freely because of **cerebral palsy**.
　　＊move「動かす」　freely「自由に」

348 小児麻痺　**polio [infantile paralysis]**
＊彼は**小児麻痺**で体が不自由です。
　He's physically handicapped because of **polio [infantile paralysis]**.
　　＊be physically handicapped 「体が不自由である」　口語では polio が使われる。

349 食中毒　**food poisoning**
＊多くの人々が**食中毒**で入院しましたよ。
　Many people were hospitalized due to **food poisoning**.
　　＊be hospitalized 「入院する」

350 伝染病　**infectious disease [contagious disease]**
＊彼は**伝染病**に罹って、隔離患者になっていますよ。
　He caught **an infectious disease** [a **contagious disease**] and had to be quarantined.
　　＊空気感染による伝染病は infectious disease、接触感染による伝染病は contagious disease と言うが、しばしば両者は区別なく用いられたりする。　be quarantined 「隔離される」

351 靭帯損傷　**damaged ligament**　（靭帯を損傷する　**tear [damage] a ligament**）
＊足首の**靭帯を損傷**したため、歩行が困難です。
　I have trouble walking because I **tore** [**damaged**] **a ligament** in my ankle.
　　＊have trouble 〜 ing 「〜するのが困難である」

352 顔面神経痛　**facial neuralgia**
＊彼の病気は**顔面神経痛**と診断されましたよ。
　He was diagnosed with **facial neuralgia**.
　　＊be diagnosed with 〜 「〜と診断される」

353 百日咳　**whooping cough**
＊**百日咳**は幼児に多い細菌性の病気で、咳がひどく長引きます。
　Whooping cough is a bacterial disease, common in children, that causes severe, prolonged coughing attacks.
　　＊bacterial disease 「細菌性の病気」　prolonged 「長引いた」

354 アルツハイマー病　**Alzheimer's disease**
＊**アルツハイマー病**は、脳の萎縮によって起こる老人性痴呆症ですってね。
　They say that **Alzheimer's disease** is senile dementia caused by cerebral atrophy.
　　＊senile dementia 「老人性痴呆症」　cerebral atrophy 「脳の萎縮」

355 バセドー病　**Grave's disease**
＊**バセドー病**って、どんな病気か知っていますか？
Do you know what kind of illness **Grave's disease** is?

356 パーキンソン病　**Parkinson's disease**
＊**パーキンソン病**は、脳の中心部の損傷によって起こる病気だそうですね。
I understand that **Parkinson's disease** is caused by damage to the central part of the brain.
　＊damage「損傷」　central part「中心部」

357 ペスト　**the Black Death**
＊14世紀の欧州で起こった世界的流行病の**ペスト**で、多くの人々が死んだのよ。
Millions of people died in the **Black Death**, a pandemic that occurred in Europe in the 14th century.
　＊millions of 〜「多くの〜、数百万の〜」　pandemic「世界的流行病」　occur「起こる」

358 コレラ　**cholera**
＊**コレラ**の特徴は激しい嘔吐と下痢で、法定伝染病ですよ。
Cholera is a legally designated infectious disease characterized by violent vomiting and diarrhea.
　＊legally designated infectious disease「法定伝染病」　characterized by 〜「〜が特徴を成す」　violent「激しい」　vomiting and diarrhea「嘔吐と下痢」

359 マラリア　**malaria**
＊戦争中**マラリア**で亡くなった人は多いですね。
Many people died of **malaria** during the war.
　＊die of 〜「〜で死ぬ」　during the war「戦争中」

360 赤痢　**dysentery**
＊彼は**赤痢**に罹って、隔離病棟に隔離されていますよ。
He has come down with **dysentery** and is being quarantined in the isolation ward.
　＊come down with 〜「(病気)に罹る」　be quarantined「隔離される」　isolation ward「隔離病棟」

3 [医療・医薬品とその関連表現]

361 受付　reception desk
＊すみません、**受付**はどこですか？
Excuse me, but where is the **reception desk**?

362 初診　first visit
＊**初診**ですか？
Is this your **first visit**?

363 診療科　department
＊何**科**にかかりたいですか？
What **department** do you want to visit?

364 保険証　insurance card
＊**保険証**をお持ちですか？
Do you have an **insurance card**?

365 健康診断　checkup [medical examination]
＊**健康診断**を受けたいのですが…
I'd like to get a **checkup [medical examination]**.
＊get a checkup [medical examination]　「健康診断を受ける」

366 診察申し込み用紙　application form for one's checkup
＊この**診察申し込み用紙**に必要事項を記入してください。
Please fill out this **application form for your checkup**.
＊「必要事項を記入する」はfill outで表わす。

367 カルテ　(medical) chart
＊初診ですので、**カルテ**を作りましょうね。
Since this is your first visit, I'll make a **(medical) chart** for you.
＊first visit「初診」　「カルテ」はドイツ語に由来する和製英語。

368 病歴　medical history
＊あなたの**病歴**について質問をしたいのですが…
I'd like to ask you some questions about your **medical history**.

369 大病　serious illness
＊これまでに**大病**に罹ったことがありますか？
Have you ever had any **serious illnesses**?
＊have a serious illness　「大病に罹る」

— 48 —

370 体温　**temperature**　（体温を測る　**take one's temperature**）
＊**体温**を測ってください。
　Please **take your temperature**.

371 身長と体重　**height and weight**
＊**身長と体重**を測りましょう。
　I'll measure your **height and weight**.
　＊measure 「測る、測定する」

372 血圧　**blood pressure**
（血圧を測る　**check one's blood pressure**）
＊**血圧**を測りましょうね。
　Now I'm going to **check your blood pressure**.

373 深呼吸　**deep breath**
＊**深呼吸**をしてください。
　Please take a **deep breath**.
　＊take a deep breath 「深呼吸をする」

374 診察室　**examination room**
＊斉藤さん、3番の**診察室**に入ってください。
　Mr. Saito, please come into **examination room** number 3.
　＊come into ～ 「～に入る」

375 診察台　**examination table**
＊**診察台**に仰向けに寝てください。
　Please lie on your back on the **examination table**.
　＊lie on one's back 「仰向けに寝る」= lie face up

376 うつ伏せ　（うつ伏せになる　**lie face down**）
＊**うつ伏せ**になってください。
　Please **lie face down**.
　＊「横向けに寝る」は lie on one's side と言う。

377 心音　**heartbeat**
＊**心音**を聞きましょうね。
　I'm going to listen to your **heartbeat**.
　＊listen to ～ 「～を聞く」

378 採血　**blood drawing**　（採血する　**draw some blood**）
＊**採血**しますね。
　Now I'm going to **draw some blood**.

379 注射　**shot [injection]**
　　＊**注射**をしましょうね。
　　　Now I'm going to give you **a shot** [**an injection**].
　　　＊「注射をする」は give + 人 + a shot [an injection] で表現する。

380 診断書　**medical certificate**
　　＊**診断書**を1通書いてください。
　　　I'd like a copy of my **medical certificate**.
　　　＊a copy of ～ 「1通の～」

381 検査　**test**
　　＊**検査**の予約をしたいのですが…
　　　I'd like to set up [make] an appointment for my **test**.
　　　＊「(検査などの)予約をする」は set up [make] an appointment for ～で表わす。

382 尿　**urine**
　　＊このコップに**尿**を採って来てください。
　　　Please collect your **urine** sample in this cup.
　　　＊collect 「採取する」　　sample 「サンプル」

383 便　**stool**
　　＊今日**便**の検査をしましたよ。
　　　I had my **stool** examined today.
　　　＊have + O + examined 「O を検査してもらう」

384 検査室　**lab [laboratory]**
　　＊この標本を**検査室**まで持って行って下さい。
　　　Please take this specimen to the **lab** [**laboratory**].
　　　＊take A(物) to B(場所) 「A(物)をB(場所)に持っていく」 take A(人) to B(場所) 「A(人)をB(場所)に連れていく」　　specimen 「標本」

385 レントゲン　**X-ray**
　　＊放射線科で**レントゲン**を撮ってください。
　　　Please get an **X-ray** at the X-ray department.
　　　＊get an X-ray 「レントゲンを撮る」　department 「部門、科」

386 血液検査　**blood test**
　　＊**血液検査**をする必要がありますね。
　　　You need to have a **blood test**.

387 喀痰検査　**sputum test**
　＊**喀痰検査**の結果は正常でした。
　　The results of your **sputum test** turned out (to be) normal.
　　　*turn out (to be) ～　「（結果が）～になる、～であることが分かる」　　normal
　　　「正常な」　反対の語は abnormal 「異常な」と言う。

388 血液生化学検査　**blood chemistry test**
　＊**血液生化学検査**がありますので、検査室に行ってください。
　　Please go to the lab to take a **blood chemistry test**.

389 心電図検査　**ECG [electrocardiogram]**
　＊**心電図検査**で心臓肥大が見られますね。
　　Your **ECG [electrocardiogram]** shows hypertrophy of the heart.
　　　*hypertrophy　「肥大」　　heart　「心臓」

390 超音波検査　**ultrasound [echogram]**
　＊椎間板ヘルニアの疑いがあるので、**超音波検査**をしますよ。
　　I'm going to give you an **ultrasound [echogram]** to check for a herniated disk.
　　　*herniated disk　「椎間板ヘルニア」

391 胃内視鏡検査　**gastroscopy**
　＊9時に**胃内視鏡検査**の予約をしていますが…
　　I have an appointment for a **gastroscopy** at nine.

392 子宮癌検査　**uterine cancer screening [Pap test]**
　＊**子宮癌検査**を受けますか？
　　Are you going to have a **uterine cancer screening [Pap test]**?
　　　*Pap test はそれを考案した Papanicolaou の名前をつけて、Pap(anicolaou) test [smear] と呼んでいる。

393 尿検査　**urinalysis [urine test]**
　＊**尿検査**で尿に淡白が出ていますよ。
　　Your **urinalysis [urine test]** indicates that you have albumin in your urine.
　　　*indicate　「（徴候が）ある、を示している」　　albumin　「淡白」　　urine　「尿」

394 視力検査　**eye [vision] test**
　＊**視力検査**をやりましょうね。
　　You need to have **an eye** [a **vision**] **test**.
　　　*You need to have your eyes [vision] tested [checked]. と言っても OK。

— 51 —

395 聴力検査　**hearing test**
　＊これから**聴力検査**をします。
　I'm going to give you a **hearing test** now.

396 検査結果　**test results**
　＊エイズの**検査結果**は陰性でした。
　Your **test results** turned out negative for AIDS.
　　＊negative は「陰性」で、その反対の「陽性」は positive と言う。

397 承諾書　**consent form**
　＊この**承諾書**にサインしてください。
　Please sign this **consent form**.

398 薬物アレルギー　**drug allergy**
　＊**薬物アレルギー**があります。
　I have a **drug allergy**.
　　＊I'm allergic to a drug. でも OK。

399 手術　**surgery [operation]**
　＊明日盲腸炎の**手術**を受けるのよ。
　I'm having **surgery** [an **operation**] for appendicitis tomorrow.
　　＊appendicitis 「盲腸炎、虫垂炎」

400 応急手当　**first aid**
　＊顔から出血しているので、**応急手当**をしましょうね。
　Your face is bleeding, so I'll need to give you **first aid**.
　　＊bleed 「出血する」

401 麻酔の注射　**anesthetic injection**
　＊これから**麻酔の注射**をしますね。
　Now I'm going to give you an **anesthetic injection**.

402 輸血　**blood transfusion**
　＊患者は**輸血**を受ける必要がありますね。
　The patient needs a **blood transfusion**.

403 縫合　**stitches**
　＊傷を**縫合**しなければなりませんね。
　I need to put **stitches** in the wound.
　　＊I need to stitch up the wound. でも OK。　put stitches 「縫合する」　wound 「傷」

404 人工透析　**dialysis**
＊彼は腎臓を悪くして、**人工透析**を受けていますよ。
　　He is undergoing **dialysis** for his kidney problems.
　　　＊undergo「受ける」　　kidney「腎臓」

405 流動食　**liquid meal**
＊明日は**流動食**になりますね。
　　You'll be having a **liquid meal** tomorrow.

406 治療法　**treatment [cure]**
＊その医者は癌の最新の**治療法**を試みていますよ。
　　The doctor is testing out the latest **treatment** [**cure**] for cancer.
　　　＊test out ～「～を試みる」　　the latest「最新の」　　cancer「癌」

407 食事療法　**diet therapy**
＊この病気には、**食事療法**を試みるようお勧めします。
　　I advise you to try **diet therapy** for your condition.
　　　＊condition は口語では体の異常、病気や疾患を意味する。

408 化学療法　**chemotherapy**
＊この病気の治療には、**化学療法**しかありませんか？
　　Is **chemotherapy** the only option for treating this disease?
　　　＊option「選択、方法」

409 薬物療法　**medication [treatment with drugs]**
＊姉は**薬物療法**中です。
　　My sister is on **medication** [undergoing **treatment with drugs**].
　　　＊My sister's taking drugs for her treatment. でも OK。　　on medication「薬物療法中で」

410 放射線療法　**radiotherapy**
＊**放射線療法**と化学療法を併用する可能性もありますね。
　　There is also a possibility of using a combination of **radiotherapy** and chemotherapy.
　　　＊possibility「可能性」　　use a combination of A and B「A と B を併用する」

411 点滴(静注)　**IV [intravenous drip]**
＊明日**点滴(静注)**をする必要がありますよ。
　　You'll be put on an **IV** [**intravenous drip**] tomorrow.
　　　＊be put on an IV [intravenous drip]「点滴(静注)をする」

412 浣腸　**enema**
　＊手術前に**浣腸**をしますね。
　　Before surgery, you'll have an **enema**.

413 リハビリ　**rehab [rehabilitation]**
　＊彼女は今リハビリ中です。
　　She is undergoing **rehab [rehabilitation]** now.
　　　＊She's in rehab now. と言ってもOK。　undergo「受ける」

414 松葉杖　**crutches**
　＊叔母は右足を骨折して、**松葉杖**をついて歩いています。
　　My aunt broke her right leg and walks on **crutches**.
　　　＊「足を骨折する」は break one's leg で表わす。　walk on crutches「松葉杖をついて歩く」

415 氷のう　**ice pack**
　＊お子さん熱がありますので、しばらく**氷のう**を頭に置いていてください。
　　Since your child has a fever, keep an **ice pack** on his head for a while.
　　　＊fever「熱」　keep A on B「AをBに置いておく」　for a while「しばらく」

416 マスク　**surgical mask**
　＊インフルエンザが流行っているので、外出の際は**マスク**をつけたほうがいいですよ。
　　The flu is going around, so you should wear a **surgical mask** when you go out.
　　　＊go around「流行る」　「インフルエンザ」は influenza と言うが、口語では the flu で OK。

417 看護婦詰め所　**nurses' station**
　＊**看護婦詰め所**はどこですか？
　　Where is the **nurses' station**?

418 救急室　**emergency room**
　＊3人の急患がたった今**救急室**に搬送されました。
　　Three emergency cases were just brought into the **emergency room**.
　　　＊emergency case「急患」　be brought into ～「～に搬送される」

419 待合室　**waiting room**
　＊**待合室**でしばらく待ってください。
　　Please wait for a while in the **waiting room**.

— 54 —

420 見舞い時間　**visiting hours**
　＊**見舞い時間**は午後 2 時から 8 時までです。
　　Visiting hours are from 2 p.m. to 8 p.m.

421 病室　**(hospital) room**
　＊すみませんが、305号の**病室**はどこですか？
　　Pardon me. How can I get to **(hospital) room** 305?

422 病棟　**ward**
　＊産科**病棟**は 3 階ですよ。
　　The maternity **ward** is on the third floor.
　　　＊maternity 「産科」　the third floor 「3 階」

423 集中治療室　**intensive care unit [ICU]**
　＊その患者は今**集中治療室**で点滴注射を受けています。
　　The patient is now being given an IV [intravenous drip] infusion in the **intensive care unit** [ICU].
　　　＊patient 「患者」　IV [intravenous drip] 「点滴注射」　infusion 「注入、点滴」

424 分娩室　**delivery room**
　＊奥さんは**分娩室**で出産の待機中です。
　　Your wife is standing by [waiting] for delivery in the **delivery room**.
　　　＊stand by ～ 「～の近くにいる、待機する」　delivery 「出産」

425 育児室　**nursery**
　＊10人の生まれたばかりの赤ちゃんが**育児室**に保管されていますよ。
　　There are 10 newborn [newly born] babies in the **nursery**.
　　　＊newborn [newly born] 「生まれたばかりの」

426 流産　**miscarriage**
　＊彼女は**流産**しました。
　　She had a **miscarriage.**

427 早産　**premature birth**　（早産する　**give birth prematurely**）
　＊妹は昨日**早産**しました。
　　My sister **gave birth prematurely** yesterday.
　　　＊「未熟児」は a premature baby と言う。

428 中絶　**abortion**
　＊彼女は**中絶**したそうよ。
　　I hear that she got an **abortion.**

— 55 —

429 医療保険制度　　**medical insurance system**
＊日本には**医療保険制度**があります。
Japan has a **medical insurance system**.

430 医療費　　**medical expenses**
＊来年**医療費**が上がりますね。
Medical expenses are going up next year.
＊go up 「(費用や値段などが)上がる」

431 医療過誤　　**malpractice**
＊あの医者は**医療過誤**で訴えられましたよ。
That doctor was sued for **malpractice**.
＊be sued for ～ 「～で訴えられる」

432 診断　　**diagnosis**
＊その医者の**診断**は間違っていました。
The doctor's **diagnosis** was wrong.
＊The doctor made a misdiagnosis. でもいい。

433 人工呼吸　　**artificial respiration [mouth-to-mouth resuscitation]**
＊誰か**人工呼吸**ができる方はいませんか？
Is there anyone here who can perform **artificial respiration** [do **mouth-to-mouth resuscitation**]?

434 心肺機能蘇生法　　**CPR [cardiopulmonary resuscitation]**
＊彼は**心肺機能蘇生法**で意識のない人を助けましたよ。
He rescued an unconscious man with **CPR [cardiopulmonary resuscitation]**.
＊rescue 「助ける、救助する」　unconscious 「意識のない、無意識の」

435 乳房レントゲン撮影法　　**mammography**
＊左胸を**乳房レントゲン撮影法**で調べてみましょう。
I'll examine your left breast by performing a **mammography**.
＊perform 「行う、する」

436 美容整形　　**cosmetic surgery**
＊韓国では**美容整形**をする女性が多いそうですね。
I hear that many women in South Korea have **cosmetic surgery**.

437 （病院の）薬局　**hospital pharmacy**
＊この処方箋を**薬局**に持って行って、薬をもらってください。
Please take this prescription to the **hospital pharmacy** and get some medicine.
＊「処方箋」は prescription と言う。　medicine「薬」

438 救急車　**ambulance**
＊**救急車**を至急呼んでください。
Call an **ambulance** immediately.
＊immediately「至急、直ちに」= promptly, right away

439 カイロプラクティックの治療　**chiropractic treatment**
＊腰痛で**カイロプラクティックの治療**を受けていますよ。
I'm getting **chiropractic treatment** for my lower back pain.
＊lower back pain「腰痛」

440 内科　**internal medicine**
＊**内科**はどこですか？
Where is **internal medicine**?

441 外科　**surgery**
＊**外科**を訪れたいんですが…
I want to visit **surgery**.

442 放射線科　**radiology**
＊**放射線科**に行くように言われました。
I was told to go to **radiology**.

443 産婦人科　**obstetrics and gynecology**
＊**産婦人科**を探しているんですが…
I'm looking for **obstetrics and gynecology**.
＊obstetrics は「産科」のことで、gynecology は「婦人科」のことを言う。

444 泌尿器科　**urology**
＊**泌尿器科**の鈴木先生と、今日の午後2時にアポを取っていますが…
I have an appointment with Dr. Suzuki in **urology** at 2 p.m. today.
＊have an appointment with ～「～とアポを取っている」

445 精神科　**psychiatry department**　［入院の場合は　**psychiatric ward**］
＊知人がこの**精神科**に入院しています。
My acquaintance is hospitalized in this **psychiatric ward**.
＊「～に入院している」は be hospitalized in ～や be in the hospital in ～ で表現する。

446 歯科　**dentistry department**
＊この病院には**歯科**はありませんよ。
This hospital doesn't have a **dentistry department**.

447 皮膚科　**dermatology**
＊体中に蕁麻疹ができたので、**皮膚科**に行かないといけないんだよ。
I need to go to **dermatology** for this rash I've got all over my body.
＊rash「蕁麻疹」 hives とも言う。　all over one's body「体中」

448 小児科　**pediatrics department**
＊**小児科**はいつも患者でいっぱいですね。
The **pediatrics department** is always full of patients.
＊be full of ～「～でいっぱいである」　patient「患者」

449 整形外科　**orthopedics**
＊この**整形外科**で、椎間板ヘルニアの治療を受けていますよ。
I've been receiving treatment for a herniated disc at **orthopedics** here.
＊receive treatment「治療を受ける」　herniated disc「椎間板ヘルニア」

450 眼科　**eye clinic**　［眼科医　**ophthalmologist**］
＊ここの**眼科**で白内障の治療中ですよ。
I'm undergoing cataract treatment at this **eye clinic** [**ophthalmologist**].
＊cataract「白内障」　undergo treatment「治療を受ける」

451 耳鼻咽喉科　**ENT clinic [otorhinolaryngology department]**
＊**耳鼻咽喉科**は担当の先生が出張のため今日はお休みです。
The **ENT clinic [otorhinolaryngology department]** is closed today because the doctor in charge is away on business.
＊in charge「担当の」　be away「留守である」　on business「出張で」

452 脳神経外科　**neurosurgery [the neurosurgery department]**
＊**脳神経外科**は今日休診です。
Neurosurgery [The neurosurgery department] is closed today.

453 麻酔科　**anesthesiology**　［麻酔科医　**anesthesiologist**］
＊アメリカでは、**麻酔科医**が手術を管理するというのは本当ですか？
Is it true that, in America, the **anesthesiologist** is in charge of the operation?
＊Is it true that ～?「～は本当ですか？」　be in charge of ～「～を管理する、～を担当する」

454 心臓外科　**cardiosurgery**
＊甥はこの病院の**心臓外科**で、先週ペースメーカーを入れる手術を受けましたよ。
My nephew underwent an operation in **cardiosurgery** at this hospital last week to have a pacemaker inserted.
＊nephew「甥」　insert「挿入する、入れる」

455 抗がん剤　**anticancer drugs**
＊この**抗がん剤**は非常にきついよ。
These **anticancer drugs** are very strong.

456 漢方薬　**herbal medicine**
＊**漢方薬**の養生法を試していただきたいのですが…
I'd like you to try a regimen of **herbal medicine**.
＊regimen「養生法」

457 解熱剤　**anti-pyretic [fever suppressant]**
＊万一に備えて**解熱剤**をあげましょうね。
I'll give you some **anti-pyretics** [**fever suppressants**] just in case.
＊just in case「万一に備えて」

458 痛み止め（鎮痛剤）　**painkiller**
＊痛いときにこの**痛み止め**を飲んでください。
Take this **painkiller** when you have pain.

459 睡眠薬　**sleeping pill**
＊眠れないときに**睡眠薬**を２錠飲んでください。
Take two **sleeping pills** when you can't sleep.

460 咳止め　**cough medicine**
＊これは３日分の**咳止め**です。
This **cough medicine** will last you three days.
＊This is three days' worth of cough medicine. でも OK。　last「もつ、足りる」

461 うがい薬　**mouthwash**
＊１日３回、**うがい薬**で口をゆすいでください。
　Please rinse out your mouth with this **mouthwash** three times a day.
　＊「〜をゆすぐ」は rinse out 〜で表わす。　three times a day 「１日３回」

462 点鼻薬　**nasal drops**
＊この**点鼻薬**は鼻づまりに効きますよ。
　These **nasal drops** are good for a stuffy nose.
　＊「鼻づまり」のことを stuffy nose と言う。　be good for 〜 「〜に効く」

463 胃腸薬　**intestinal medicine**
＊大腸に炎症が見られますので、**胃腸薬**を上げましょうね。
　I'll give you **intestinal medicine** for your inflamed large intestine.
　＊inflamed 「炎症を起こしている」　large intestine 「大腸」

464 便秘薬（下剤）　**laxative**
＊便秘しているので、**便秘薬**ください。
　Could I have some **laxatives** for my constipation?
　＊「便秘」は constipation と言い、「下痢」は diahrrea と言う。

465 下痢止め　**anti-diarrheal drug**
＊これは**下痢止め**です。
　This is an **anti-diarrheal** drug.

466 抗生物質　**antibiotics**
＊炎症がありますので、**抗生物質**を処方しますね。
　I'll prescribe **antibiotics** for your inflammation.
　＊「処方する」は prescribe で表わし、「処方箋」は prescription と言う。
　　inflammation 「炎症」

467 かゆみ止め　**salve for itching**
＊この**かゆみ止め**は背中のかゆみに効きますか？
　Is this **salve for itching** good for itchiness on my back?

468 クリーム（ぬり薬）　**cream**
＊やけど跡にこの**クリーム**をぬってください。
　Apply this **cream** to your burn scar.
　＊apply A to B 「BにAをぬる」　burn scar 「やけど跡」

469 湿布　**compress**
＊右肩に冷［温］**湿布**してください。
　Put a <u>cold</u> [hot] **compress** on your right shoulder.

— 60 —

470 ギブス **(plaster) cast**
＊彼は足を骨折して、**ギブス**をはめていますよ。
　　He is in a **(plaster) cast** for his broken leg.
　　　＊His broken leg is in a (plaster) cast. と言っても OK。　　broken leg「足の骨折」

471 血圧降下剤　**hypotensive drug**
＊血圧が高いので、**血圧降下剤**を処方しましょうね。
　　I'll prescribe a **hypotensive drug** for your high blood pressure.
　　　＊prescribe「処方する」　blood pressure「血圧」

472 鎮静薬　**sedative**
＊手術後に**鎮静薬**を上げますね。
　　After surgery, you'll be given a **sedative.**

473 座薬　**suppository**
＊熱が下がらなかったら、肛門から**座薬**を入れてください。
　　If your fever won't come down, insert this **suppository** into your anus.
　　　＊come down「下がる」　insert A into B「AをBに入れる」　anus「肛門」

474 錠剤（丸薬）　**pill**
＊毎日ビタミン（錠）剤を、朝食後1錠飲んでいるよ。
　　I take one vitamin **pill** after breakfast every day.
　　　＊「ビタミン剤や薬を飲む」は drink ではなく、take を使う。

475 錠剤　**tablet**
＊毎食後、2錠この**錠剤**を飲んでください。
　　Take two **tablets** after every meal.

476 水薬　**liquid medicine**
＊寝る前に、この**水薬**を5 cc 飲んでください。
　　Take 5 cc of this **liquid medicine** before going to sleep.
　　　＊before going to sleep「寝る前に」

477 散剤（粉薬）　**powdered medicine**
＊**散剤**は飲みづらいので嫌いです。
　　I don't like **powdered medicine** because it's hard to swallow.
　　　＊swallow「飲み込む、飲み下す」

478 経口避妊薬　**oral contraceptive [birth control pill]**
＊毎日**経口避妊薬**を飲んでいるのよ。
　　I take <u>**oral contraceptives**</u> [<u>**birth control pills**</u>] every day.

479 絆創膏　**Band-Aid**

＊**絆創膏**を右手の中指に貼ってちょうだい。
Could you put a **Band-Aid** on the middle finger of my right hand?
＊Band-Aid は商標名。　　the middle finger 「中指」

480 副作用　**side effect**

＊この薬、**副作用**はありませんか？
Does this medicine have any **side effects**?
＊「副作用がある」は have side effects で表現する。

4 [気象とその関連表現]

481 天気　**weather**
＊今日の天気はどう？
What's the **weather** like for today?
＊How's the weather today? でも OK。

482 晴れ(快晴) (よく晴れた / 快晴の　**sunny [clear / fine]**)
＊今日は晴れ(晴天)です。
It's **sunny [clear / fine]** today.

483 日本晴れ　**perfect [ideal] weather**
＊今日は日本晴れです。
It's **perfect [ideal] weather** today.

484 雨　**rain**　(雨の / 雨降りの　**rainy**)
＊天気予報では、今日は雨ですよ。
According to the weather forecast, it'll be **rainy** today.
＊「雨が降っています」は It's raining. で表わす。　according to ～ 「～によれば」

485 曇りの　**cloudy**
＊明日は1日中曇りです。
It'll be **cloudy** the whole day [all day] tomorrow.

486 雪　**snow**　(雪が降る　**snow**)
＊雪が降りそうですね。
It looks like it's going to **snow**.
＊「雪が降っていますよ」は It's snowing. で表現する。　look like + S be going to do ～ 「～になりそうだ」

487 あられ　**hail**　(あられが降る　**hail**)
＊以前は沖縄でも、時々あられが降ったよ。
It sometimes **hailed** even in Okinawa before.

488 ひょう　**hailstone**
＊あられとひょうの違い分かる？
Do you know the difference between hail and a **hailstone**?

489 みぞれ　　**sleet**
＊雨がいつの間にか**みぞれ**になったよ。
　　　The rain turned to **sleet** before we knew it.
　　　　＊turn to ～ 「～に変わる」= change to ～　　before we knew it 「いつの間にか」

490 風　　**wind**　　（風が強い　　**windy**）
＊今日は**風が強い**から、ゴルフは取り止めたほうがいいね。
　　　It's **windy** today, so we should call our round of golf off.
　　　　＊should ～ 「～したほうがいい」　call ～ off 「～を取り止める、～を中止する」
　　　　　= cancel

491 霧　　**fog**　　（霧の深い　　**foggy**）
＊**霧深く**て前方がほとんど見えないよ。
　　　It's so **foggy** that I can hardly see ahead of me.
　　　　＊fog は濃い霧のことで、mist, haze の順で薄くなる。「濃い霧」は dense [thick]
　　　　　fog と言う。　can hardly ～ 「ほとんど～できない」　ahead of ～ 「～の前
　　　　　方に」

492 濃霧警報　　**dense fog warning**
＊この地域に今朝、**濃霧警報**が発令されたよ。
　　　This morning, a **dense fog warning** was announced in this area.
　　　　＊be announced 「発令される」　in this area 「この地域に」

493 霞　　**haze [mist]**　　（霞がかかった　　**hazy / misty**）
＊**霞がかかって**きたね。
　　　It's getting **hazy** [**misty**].

494 スモッグ　　**smog**
＊まあ、ひどい**スモッグ**だわ！
　　　Wow, the **smog** is terrible!
　　　　＊smog は smoke と fog の合成語。「スモッグが出ているよ」は It's smoggy. で表
　　　　　わす。

495 木枯らし　　**cold blast [cold wintry wind]**
＊明日は**木枯らし**1号が吹くでしょう。
　　　The first **cold blast** [**cold wintry wind**] will hit tomorrow.

496 吹雪　　**snowstorm**
＊**吹雪**、すぐ止んで欲しいね。
　　　I hope the **snowstorm** stops [lets up] soon.
　　　　＊snowstorm より blizzard のほうが吹雪く程度が激しい。　stop [let up] soon
　　　　　「すぐ止む」

497 猛吹雪　**blizzard**
＊**猛吹雪**のため、今日学校は休みですよ。
　School's canceled today because of the **blizzard**.
　＊「猛吹雪は強風と大雪を伴う嵐です」は A blizzard is a storm with a lot of wind and snow. と言う。

498 晴れのち曇り　**fair [clear], cloudy later**
＊今日の天気は**晴れのち曇り**です。
　Today's weather is <u>fair</u> [<u>clear</u>], <u>cloudy later</u>.

499 晴れ時々曇り　**fair, occasionally cloudy**
＊明日の天気は**晴れ時々曇り**でしょう。
　Tomorrow's weather will be **fair** [**clear**], **occasionally cloudy**.

500 曇り時々雨　**cloudy, with occasional rain**
＊明後日は**曇りときどき雨**の天気が予想されます。
　The forecast for the day after tomorrow is **cloudy, with occasional rain**.
　＊forecast「予想」　the day after tomorrow「明後日」

501 曇りのち晴れ　**cloudy, clear later**
＊明日の天気は**曇りのち晴れ**です。
　Tomorrow's weather will be **cloudy, clear later.**

502 穏やかな天気　**mild (weather)**
＊今日は**穏やかな天気**ですね。
　It's **mild (weather)** today, isn't it?

503 ひどい天気　**horrible [terrible] weather**
＊今日は**ひどい天気**ですね。
　The **weather** is <u>horrible</u> [<u>terrible</u>] today, isn't it?

504 荒れ模様の天気　**inclement weather**
＊**荒れ模様の天気**だから、外出しないほうがいいよ。
　You should not go out because of the **inclement weather**.
　＊go out「外出する」　inclement「(天候が)荒れ模様の、険悪な」

505 温暖な気候　**mild climate**
＊沖縄は**温暖な気候**ですよ。
　Okinawa has a **mild climate**.
　＊climate と weather の違いは、climate はある地方や国の長期間にわたる天候のことを言い、weather は特定の時や場所における天候や天気のことを言う。

506 天気予報　　**weather report [weather forecast]**
＊今日の**天気予報**はどうだった？
What's the **weather report [forecast]** for today?

507 週間天気予報　　**weekly weather report [weekly weather forecast]**
＊**週間天気予報**によれば、来週の月曜日は曇りです。
According to the **weekly weather report [forecast]**, it'll be cloudy next Monday.
*according to ～　「～によれば」

508 天気概況　　**general weather conditions**
＊これが今週の**天気概況**です。
Here are the **general weather conditions** for this week.

509 天気図　　**weather map [weather chart]**
＊今日の**天気図**を見てみましょう。
Let's look at today's **weather map [chart]**.

510 高気圧　　**high (atmospheric) pressure area**
＊日本列島は現在、**高気圧**に覆われているので明日は晴れるでしょう。
It'll be sunny [fine / clear] tomorrow because the Japanese Islands are currently covered by a **high (atmospheric) pressure area**.
*the Japanese Islands「日本列島」　currently「現在」　be covered by ～「～に覆われる」

511 低気圧　　**low (atmospheric) pressure area**
＊沖縄諸島は**低気圧**の縁にあるため、明日は雨になるでしょう。
It'll be rainy tomorrow because the Okinawa Islands are at the edge of a **low (atmospheric) pressure area**.
*at the edge of ～　「～の縁に」

512 気圧配置　　**pressure pattern**
＊**気圧配置**によると、関東地方に高気圧が張り出しています。
According to the **pressure pattern**, there is an area of high (atmospheric) pressure extending over the Kanto area.
*extending over ～　「～に張り出している」　the Kanto area「関東地方」

513 西高東低　**a high pressure area to the west and a low pressure area to the east**

＊明日の気圧配置は、**西高東低**になるでしょう。
For tomorrow's pressure pattern, there'll be **a high pressure area to the west and a low pressure area to the east**.

514 気圧の谷　**pressure trough**

＊九州地方は**気圧の谷**にあるので、天気は下り坂です。
Since the Kyushu area is in the **pressure trough**, the weather is going downhill.
　　＊the Kyushu area「九州地方」　go downhill「下り坂になる、悪くなる」

515 温度　**temperature**

＊今日の**温度**は32度です。
Today's **temperature** is 32 degrees.

516 華氏　**Fahrenheit (F)**

＊摂氏の32度は、摂氏の何度ですか？
What is 32º C in **Fahrenheit**?
　　＊Fahrenheit は略して F で表す。32ºC は 32 degrees Centigrade [Celsius] と読む。

517 摂氏　**Centigrade [Celsius / C]**

＊気温は**摂氏**20度です。
The temperature reads [stands at] 20º **Centigrade [Celsius / C]**.
　　＊Centigrade [Celsius] は略して C で表す。　read [stand at]「指している、(～で)ある」

518 温度計　**thermometer**

＊**温度計**が氷点下3度を指しています。
The **thermometer** reads 3 degrees below zero.
　　＊below zero「氷点下」

519 体感温度　**windchill factor**

＊風が強いので、**体感温度**はもっと低いよね。
Since it's windy, the **windchill factor** is lower, right?

520 寒冷前線　**cold front**

＊**寒冷前線**が南下しつつあります。
A **cold front** is moving south.

521 温暖前線　**warm front**
＊**温暖前線**が北上しつつあります。
　A **warm front** is moving north.

522 秋雨前線　**autumnal rain front**
＊台風27号は**秋雨前線**を刺激するので、大雨が降ることが予想されます。
　Heavy rains are expected because typhoon number 27 has stimulated the **autumnal rain front.**
　　＊be expected 「予想される」　　stimulate 「刺激する」

523 停滞前線　**stationary front**
＊**停滞前線**が九州地方に張り出しています。
　There is a **stationary front** extending over the Kyushu area.
　　＊extending over ～ 「～に張り出している」

524 梅雨前線　**the seasonal rain front**
＊沖縄諸島近くにある**梅雨前線**が、北のほうに移動しています。
　The seasonal rain front near the Okinawa Islands is moving north.

525 最高気温　**the high (temperature)**
＊今日の**最高気温**は32度だってよ。
　The high (temperature) for today will be 32 degrees.

526 降水確率　**probability [chance] of rain**
＊明日の午前の**降水確率**は、90パーセントです。
　The **probability [chance] of rain** for tomorrow morning is 90 percent.

527 降水量　**precipitation**
＊東北地方の年間**降水量**は、2,000ミリに達します。
　The annual **precipitation** in the Tohoku area amounts to 2,000 millimeters.
　　＊annual 「年間の」　　amount to ～ 「～に達する」　　the Tohoku area 「東北地方」

528 猛烈な雨　**violent rainfall**
＊昨日一日中当地では、**猛烈な**雨が降りましたよ。
　We had **violent rainfall** here all day yesterday.
　　＊all day 「一日中」　　「当地では」は here で表わす。

529 豪雨　**downpour [heavy rain]**
＊**豪雨**になりそうだから、急いだほうがいいよ。
We should be in a hurry because we're likely to have a **downpour [heavy rain]**.
＊「急ぐ」は be in a hurry や hurry (up) で表現する。　be likely to do ~ 「~しそうである」

530 暴風雨　**rainstorm**
＊午後から**暴風雨**になりそうですね。
It looks like we'll be having a **rainstorm** in the afternoon.
＊in the afternoon 「午後に」

531 集中豪雨　**torrential rain [localized heavy rain]**
＊この地域に**集中豪雨**があり、大きな川が氾濫していますよ。
The **torrential rain [localized heavy rain]** in this area has flooded the big river.
＊area 「地域」　flood 「氾濫させる」

532 鉄砲水　**flash flood**
＊集中豪雨で、**鉄砲水**が起こる可能性が高いです。
There is a high possibility of a **flash flood** because of the torrential rain.
＊a high possibility of ~ 「~の可能性が高い」　torrential rain 「集中豪雨」

533 雷雨　**thunderstorm**
＊午後は**雷雨**になりそうですね。
We're likely to have a **thunderstorm** in the afternoon.

534 小雨　**sprinkle [drizzle]**　　（小雨が降る　**sprinkle [drizzle]**）
＊**小雨**が降っているよ。
It's **sprinkling [drizzling]**.

535 断続的な雨　**intermittent rainfall**
＊今日は朝から**断続的な**雨が降っているね。
We've been having **intermittent rainfall** since this morning.

536 にわか雨　**rain shower**
＊**にわか雨**が来そうですね。
We're going to have a **rain shower**, I think.

537　夕立　　evening shower

＊昨日仕事帰りに、**夕立**にあったよ。

I got caught in an **evening shower** on my way home from work yesterday.

＊「(夕立・にわか雨)にあう」は get caught in ～で表わす。　　on one's way home 「帰宅途中」

538　酸性雨　　acid rain

＊**酸性雨**が長く降り続いたため、多くの建物が損害を受けているんですよ。

Because of a long spell of **acid rain**, many buildings have been damaged.

＊a long spell of ～ 「長続きの～」　　be damaged 「損害を受ける」

539　梅雨　　the rainy season

＊**梅雨**が始まりましたね。

The rainy season has set in.

＊「梅雨が終わったね」は The rainy season is over. と言う。　　set in 「始まる」

540　梅雨明け　　the end of the rainy season

＊雨はうんざりだわ。**梅雨明け**はいつかしら。

I'm sick and tired of this rain. I wonder when **the end of the rainy season** will come.

＊I'm fed up with this rain. I wonder when the rainy season will be over. とも言う。
be sick and tired of ～ 「～にうんざりする」= be fed up with ～

541　雨天　　rainy weather

＊明日は**雨天**が予想されています。

Rainy weather is forecast for tomorrow.

＊be forecast 「予想される」

542　洪水警報　　flood warning

＊この地域に**洪水警報**が発令されました。

A **flood warning** was issued for this area.

＊be issued 「発令される」　　for this area 「この地域に」

543　冠水　　flood　　(冠水する　　be flooded)

＊多くの地域で、多くの道路が豪雨で**冠水**しています。

Many roads in many areas **are flooded** because of heavy rain.

544 避難勧告　　**evacuation advisory**
＊土砂崩れの危険性が高いため、その地域に**避難勧告**が出されました。
An **evacuation advisory** has been issued for the area because there's a significant risk of a mudslide.
*there's a significant risk of ～ 「～の危険性が高い」　　mudslide「土砂崩れ」 「土石流」なら rockslide や avalanche of rocks and earth で表現する。

545 大暑　　**the hottest time of the year**
＊明日は**大暑**ですね。
We'll be experiencing **the hottest time of the year** tomorrow.

546 乾期　　**the dry season**
＊**乾期**に入ったので、火の元には十分気をつけてくださいよ。
Now that we're in **the dry season**, take good care with fire.
*now that ～ 「もう～のだから」　　take good care with ～ 「～に十分気をつける」

547 カラカラ天気　　**dry weather**
＊この１ヶ月間、**カラカラ天気**が続いていますね。
We've had **dry weather** for the last month.
*for the last month 「この１ヶ月間」

548 猛暑　　**intense heat**
＊日本列島は今年の夏、**猛暑**続きですね。
The Japanese Islands have been going through a long spell of **intense heat** this summer.
*go through ～ 「～を経験する」　　a long spell of ～ 「長続きの～」

549 日照り（旱魃）　　**dry weather [drought]**
＊**日照り**が１ヶ月近く続いていますね。
This **dry weather [drought]** has lasted for nearly a month, hasn't it?
*last 「続く」　　nearly 「近く」

550 蒸し暑い　　**humid [muggy]**
＊今日は本当に**蒸し暑い**ね。
It's really **humid [muggy]** today, isn't it?

551 湿度　　**humidity**
＊今日の**湿度**はいくら？
How high is the **humidity** today?

552 台風　　**typhoon**
　　＊**台風**25号が、沖縄諸島に近づいています。
　　　Typhoon number 25 is approaching the Okinawa Islands.
　　　＊be approaching「近づいている」

553 暴風警報　　**windstorm warning**
　　＊今朝の7時に、**暴風警報**が発令されました。
　　　A **windstorm warning** was announced at seven this morning.

554 瞬間最大風速　　**the maximum instantaneous wind velocity**
　　＊台風25号の**瞬間最大風速**は、50メートルになるでしょう。
　　　The maximum instantaneous wind velocity of typhoon number 25 will be 50 meters.

555 波浪警報　　**high-sea warning**
　　＊南西諸島近海に、**波浪警報**が出ています。
　　　A **high-sea warning** has been announced for the sea off the southwestern islands.
　　　＊the southwestern islands「南西諸島」

556 高波　　**high waves**
　　＊海上や海岸付近では、**高波**に注意してください。
　　　Be careful of **high waves** on the sea and near the coast.
　　　＊be careful of ～「～に気をつける」　　near the coast「海岸付近で」

557 時化　　**stormy weather (at sea)**　　（時化る　　**be stormy**）
　　＊明日は台風のため、南方海上は**時化る**でしょう。
　　　The southern sea will **be stormy** tomorrow because of the typhoon.
　　　＊The southern sea will be rough tomorrow because of the typhoon. とも言う。

558 強風注意報　　**storm warning**
　　＊**強風注意報**が、東北地域に発令されていますよ。
　　　A **storm warning** has been issued for the Tohoku area.
　　　＊be issued「発令される」

559 突風　　**strong gusts [blasts] of wind**
　　＊昨日の午後、**突風**で数軒の家の屋根が吹き飛ばされたそうよ。
　　　I hear the roofs of several houses were blown off by **strong gusts [blasts] of wind** yesterday afternoon.
　　　＊several houses「数件の家」　　be blown off「吹き飛ばされる」

560 暴風圏　　**storm zone**
　　＊予想では沖縄本島は**暴風圏**に入りません。
　　　The **storm zone** is expected to miss Okinawa Island.
　　　　＊be expected to do ~ 「~することが予想される」　Okinawa Island 「沖縄本島」

561 熱帯性低気圧　　**tropical cyclone**
　　＊台風24号は、今朝**熱帯性低気圧**になりました。
　　　Typhoon number 24 became a **tropical cyclone** this morning.

562 雷注意報　　**thunder warning**
　　＊今日は**雷注意報**が出ているから、ゴルフは取り止めたほうがいいよ。
　　　There's a **thunder warning** today, so we should cancel our (golf) tee time.
　　　　＊cancel 「取り止める」 = call off

563 紫外線　　**ultraviolet [UV] rays**
　　＊明日は全国至る所、**紫外線**は強いでしょう。
　　　Ultraviolet [UV] rays will be strong across the country tomorrow.
　　　　＊across the country 「全国至る所」

564 積乱雲　　**storm [cumulonimbus] clouds**
　　＊竜巻は**積乱雲**から生まれるそうですね。
　　　I understand that tornadoes develop [appear] in **storm [cumulonimbus] clouds**.
　　　　＊tornado 「竜巻」　develop 「発達する、現れる」　cumulonimbus は気象用語。

565 日の出　　**sunrise**
　　＊今日の**日の出**は、午前6:37です。
　　　Today's **sunrise** will be at 6:37 a.m.
　　　　＊The sun will rise at 6:37 a.m. today. と言ってもいい。

566 日の入り　　**sunset**
　　＊今日の**日の入り**は、午後5:47です。
　　　Today's **sunset** will be at 5:47 p.m.
　　　　＊The sun will set at 5:47 p.m. today. と言ってもいい。

567 満潮　　**high [full] tide**
　　＊今日の**満潮**は、午前5:32と午後5:29です。
　　　Today's **high [full] tide** will be at 5:32 a.m. and 5:29 p.m.

568 干潮　**ebb [low] tide**
　　＊今日の**干潮**は、午前11：27と午後11：56です
　　　Today's **ebb [low] tide** will be at 11:27 a.m. and 11:56 p.m.

569 風向き　**wind direction**
　　＊明日の那覇の**風向き**は、南から北西でしょう。
　　　The **wind direction** in Naha tomorrow will be from the south to the northwest.
　　　　＊The wind in Naha will be blowing from the south to the northwest tomorrow. でも OK。

570 風速　**wind velocity**
　　＊今日の東京の**風速**は、秒速8メートルでしょう。
　　　The **wind velocity** in Tokyo today will be 8 meters per second.
　　　　＊Tokyo will be seeing winds of 8 meters per second today. でもOK。　　per second 「秒速」

571 波高　**wave height**
　　＊今日の八重山諸島の**波高**は、1.5メートルから2メートルでしょう。
　　　The **wave height** around the Yaeyama Islands today will be from 1.5 meters to 2 meters.
　　　　＊The waves around the Yaeyama Islands will be 1.5 to 2 meters high today. でも OK。

572 黄砂　**Asian dust**
　　＊明日九州地方に、中国から**黄砂**が飛来するでしょう。
　　　Asian dust will travel from China over the Kyushu area tomorrow.

573 浮遊粒子状物質　**PM 2.5**
　　＊今日の**PM 2.5**は、午前、午後とも少ないでしょう。
　　　Today's **PM 2.5** level will be low in the morning and afternoon.

574 地震　**earthquake**
　　＊今朝早く**地震**があったけど気づいた？
　　　Did you notice that we had an **earthquake** early this morning?

575 震源地　**epicenter**
　　＊**震源地**は、東北地方の沿岸から10キロ先の海底だそうですよ。
　　　I hear the **epicenter** was on the ocean floor 10 kilometers off the Tohoku coast.
　　　　＊the ocean floor 「海底」　　coast 「沿岸」

576 震度規模　**magnitude**
＊地震の**震度規模**はいくらだったと思う？
What do you think the **magnitude** of the earthquake was?

577 津波　**tsunami [tidal wave]**
＊今回の地震による**津波**の心配はないの？
Are there any concerns about this earthquake causing a **tsunami [tidal wave]**?
＊concern 「心配、懸念、不安」　earthquake 「地震」

578 竜巻　**tornado**
＊昨日の午後、埼玉県で**竜巻**が発生したってね。
There was a **tornado** in Saitama Prefecture yesterday afternoon, wasn't there?
＊prefecture 「県」

579 温室効果　**the greenhouse effect**
＊**温室効果**により、地球の平均気温が年々上昇しているそうよ。
I understand the earth's average temperature rises annually because of **the greenhouse effect**.
＊average temperature 「平均気温」　rise 「上昇する、上がる」　annually 「年々、毎年」= every [each] year

580 異常気象　**abnormal [unusual] weather**
＊今年は地球の多くの地域で、**異常気象**の現象が見られると新聞が報じているよ。
Newspapers say that we can see **abnormal [unusual] weather** phenomena in many areas on the earth this year.
＊phenomena 「現象」は phenomenon の複数形。　on the earth 「地球で(の)」

5　[食べ物・調味料とその関連表現]

581　食べ物　**food**
　　＊大好きな**食べ物**は何ですか？
　　What's your favorite **food**?

582　すし　**sushi**
　　＊**すし**が大好きです。
　　I like **sushi** very much.
　　　＊My favorite food is sushi. と言ってもいい。

583　ステーキ　**steak**
　　＊「**ステーキ**の焼き加減はどうしますか？」「よく焼いてください。」
　　"How would you like your **steak**?"　"Well-done, please."
　　　＊ステーキの焼き加減は、rare「レア(生焼き)にして」、medium「中ぐらいに焼いて」、と well-done「よく焼いて」などがある。

584　鶏肉　**chicken**
　　＊肉の中では**鶏肉**が一番好きです。
　　I like **chicken** most of all meats.

585　豚肉　**pork**
　　＊**豚肉**の生姜焼き大好きですよ。
　　I really like gingered-flavored slices of fried **pork**.
　　　＊gingered-flavored「生姜の風味のある」　「豚肉の生姜焼き」は gingered-flavored slices of fried pork と言う。

586　牛肉　**beef**
　　＊**牛肉**より豚肉が好きですよ。
　　I prefer pork to **beef.**
　　　＊I like pork better than beef. と言っても OK。　prefer A to B「B より A が好きである」= like A better than B

587　鹿の肉　**venison**
　　＊シカの肉、食べたことがありますか？
　　Have you ever eaten **venison**?

588　羊肉　**mutton**
　　＊**羊肉**と言えば、子羊の肉がとてもおいしいですよ。
　　Speaking of **mutton**, lamb is very delicious.
　　　＊speaking of ～「～と言えば」　lamb「子羊」

— 76 —

589 ヒレ肉　**fillet**
　　＊**ヒレ肉**って何の肉か知っている？
　　　Do you know what animal a **fillet** comes from?

590 ヒレステーキ　**fillet steak**
　　＊この**ヒレステーキ**、脂肪が少なくてとてもおいしいわ。
　　　This **fillet steak** has just a little fat and tastes great.
　　　＊fat 「脂肪」　　taste great 「とてもおいしい」

591 ひき肉　**ground meat**
　　＊**ひき肉**を100グラムください。
　　　Give me 100 grams of **ground meat**, please.

592 ハンバーガー　**hamburger**
　　＊ほとんどのアメリカ人は、**ハンバーガー**が好きでしょ？
　　　Most Americans like **hamburgers**, don't they?

593 あばら肉ステーキ（リブステーキ）　**rib steak**
　　＊あのレストランの**あばら肉ステーキ**、本当においしいよ。
　　　They serve really good **rib steak** at that restaurant.
　　　＊serve 「出す」　　really good 「本当においしい」

594 冷凍牛肉　**frozen beef**
　　＊冷蔵庫から**冷凍牛肉**を取り出さなくちゃ。
　　　I've got to take the **frozen beef** out of the fridge.
　　　＊「冷蔵庫」は refrigerator と言うが、口語では fridge を使う。

595 霜降り牛肉　**fat-marbled beef**
　　＊この**霜降り牛肉**、いくらですか？
　　　How much is this **fat-marbled beef**?

596 豚カツ　**pork cutlet**
　　＊以前ほどは**豚カツ**を食べませんよ。
　　　I don't eat as much **pork cutlet** as I used to.
　　　＊not as ～ as... 「…ほど～でない」　　used to do ～ 「以前～した（～であった）」

597 子牛のカツレツ　**veal cutlet**
　　＊**子牛のカツレツ**のお味はいかがですか？
　　　How do you like the **veal cutlet**?
　　　＊How do you like ～? 「～はいかがですか？」

598 蒲焼　**broiled eel**
＊蒲焼ってどんな食べ物？
　　What kind of food is **broiled eel**?
　　　＊What kind of ～?「どんな～？」　broil「(肉などを)焼く、あぶる」

599 牛丼　**beef rice bowl**
＊この牛丼、おいしそうだね。
　　This **beef rice bowl** looks tasty.
　　　＊look tasty「おいしそうだ」

600 コーンビーフ　**corned beef**
＊コーンビーフを5人前買って来てちょうだい。
　　Get five servings of **corned beef,** will you?
　　　＊Will you get five servings of corned beef? でもOK。　serving「(飲食物の)1人前(分)」

601 前菜　**appetizer**
＊これが今日の前菜です。
　　This is today's **appetizer**.

602 カレーライス　**curry and [with] rice**
＊カレーライスを好きな子供は多いですね。
　　Many children like **curry and [with] rice**.
　　　＊Many children are fond of curry. でもOK。

603 チャーハン　**fried rice**
＊このチャーハンはとてもおいしいよ。
　　This **fried rice** tastes excellent.
　　　＊taste excellent「とてもおいしい」=taste great

604 オムライス　**omelet and rice**
＊今日は昼食に、オムライスに決めたわ。
　　I've decided on an **omelet and rice** for lunch today.
　　　＊decide on ～「～に決める」

605 焼きそば　**fried noodles [chow mein]**
＊焼きそばを注文しようね？
　　Let's order **fried noodles [chow mein]**, shall we?
　　　＊order「注文する」　～, shall we? は「～しましょうね？」の意味で相手の意向を聞く表現。

606 うどん　　**wheat noodles [thick white noodles]**
　　＊私は**うどん**を注文したいわ。
　　　I want to order some **wheat noodles** [thick white noodles].

607 そば　　**buckwheat noodles [(Japanese) noodles]**
　　＊日本本土の**そば**と沖縄のそばは、色も味も違うね。
　　　The **buckwheat noodles** [(Japanese) noodles] of the Japanese mainland are different in color and taste from those of Okinawa.
　　　　＊mainland 「本土」　　be different from ～ 「～と違う」　　color and taste 「色と味」

608 ラーメン　　**Chinese noodles**
　　＊そばより**ラーメン**が好きですか？
　　　Do you prefer **Chinese noodles** to buckwheat noodles [(Japanese) noodles]?
　　　　＊prefer A to B = like A better than B 「BよりAが好きである」

609 スパゲッティ　　**spaghetti**
　　＊今日は**スパゲッティ**どう？
　　　How about **spaghetti** today?
　　　　＊How about ～？ 「（～については）どうですか？」

610 パスタ　　**pasta**
　　＊**パスタ**はスパゲティなどイタリアの麺類の総称ですってね。
　　　Pasta is a general term for Italian noodles such as spaghetti, isn't it?
　　　　＊general term 「総称」　　such as ～ 「～など」

611 ピザ　　**pizza**
　　＊1週間に1回、**ピザ**を食べることにしていますよ。
　　　I make it a habit to eat **pizza** once a week.
　　　　＊make it a habit to do ～ 「～することにしている」　　once a week 「1週間に1回」

612 シュウマイ　　**Chinese steamed meat dumplings**
　　＊**シュウマイ**はあまり好きではないよ。
　　　I don't like **Chinese steamed meat dumplings** very much.
　　　　＊not ～ very much 「あまり～でない」

613 焼き鳥　**yakitori [grilled chicken skewered on a bamboo stick]**
＊ビールを飲みながら**焼き鳥**を食べるのが好きですよ。
　I like to have beer with **yakitori [grilled chicken skewered on a bamboo stick]**.
　　＊「焼き鳥」はyakitoriでもいいが、説明的にgrilled chicken skewered on a bamboo stickと言ってもOK。

614 すき焼き　**sukiyaki [sliced beef and vegetables cooked in a shallow pan]**
＊冬は**すき焼き**に限るね。
　There's nothing like **sukiyaki** in the winter.
　　＊There's nothing like ～　「～に限る」　「すき焼き」も[ ]のように説明的な表現でもOK。

615 蒲鉾（カマボコ）　**boiled fish cake [steamed fish paste]**
＊**蒲鉾**は八重山産の**蒲鉾**が一番おいしいと思うよ。
　I think that **boiled fish cake [steamed fish paste]** from Yaeyama is the most delicious.
　　＊the most delicious　「一番おいしい」

616 海苔（ノリ）　**dried laver [seasoned dried laver]**
＊息子は子供のころ、よく**海苔**を食べましたよ。
　My son often ate sheets of **dried laver [seasoned dried laver] in his childhood** [when he was a boy].
　　＊sheets of ～　「数枚の～」　in one's childhood [when one was a boy]　「子供のころ」

617 昆布　**kelp [sea tangle]**
＊沖縄県は**昆布**の消費量が全国1位ですよ。
　Okinawa Prefecture eats more **kelp [sea tangle]** than any other place in Japan.

618 若布（ワカメ）　**dried seaweed**
＊料理に**若布**をよく使いますか？
　Do you often use **dried seaweed** in cooking?

619 春雨　**gelatin noodles**
＊**春雨**は大好きですよ。
　I like **gelatin noodles** very much.

620 春巻き　**spring roll**
＊今日は夕食に**春巻き**を作るわ。
　I'm going to cook **spring rolls** for dinner.

621 ロールキャベツ　**cabbage [stuffed cabbage] roll**
＊この**ロールキャベツ**、とてもおいしい味がするわ。
　These **cabbage [stuffed cabbage] rolls** are very tasty.
　＊be tasty 「おいしい味がする」

622 卵　**egg**
＊「**卵**はどのように料理しますか？」「いり卵にしてくだい。」
　"How would like your **eggs**?" "Scrambled, please."
　＊「いり卵」は scrambled egg、「ゆで卵」は boiled egg、「半熟卵」は soft-boiled egg、「固ゆで卵」は hard-boiled egg、「生卵」は raw egg、「目玉焼き」は sunny-side up、「両面焼き」は over easy、「卵焼き」は omelet と言う。

623 酢の物　**vinegared food [vinegared dish]**
＊酢は健康によいというので、**酢の物**をできるだけ食べるようにしています。
　Since vinegar is said to be good for the health [Since they say vinegar is healthy], I try to eat **vinegared food [dishes]** as often as possible.
　＊vinegar 「酢」　try to do ~ 「~するようにする」　as often as possible 「できるだけ頻繁に」

624 焼芋　**baked sweet potatoes**
＊**焼芋**の大ファンですよ。
　I'm a big fan of **baked sweet potatoes**.
　＊「大ファン」は big fan で表わす。

625 納豆　**fermented soybeans**
＊**納豆**は最初食べられなかったけど、今は食べられますよ。
　At first I couldn't eat **fermented soybeans**, but now I can.
　＊at first 「最初は」

626 豆腐　**tofu [bean curd]**
＊**豆腐**は植物性の蛋白質を豊富に含んでいて、健康にいいですよ。
　Tofu [Bean curd] contains a lot of vegetable protein, so it's really healthy.
　＊contain 「含む」　vegetable protein 「植物性蛋白質」　healthy 「健康にいい」

627 小麦粉　**flour**
＊誕生ケーキを作りたいけど、**小麦粉**あった？
I want to make a birthday cake, but do we have **flour**?

628 バター付きパン　**bread and butter**
＊朝食に**バター付きパン**2枚と、バナナ1本食べたよ。
I had two slices of **bread and butter** and a banana for breakfast.

629 シリアル(穀物)　**cereals**
＊オートミールやコーンフレークスなどの**シリアル**を、朝食によく食べるよ。
I often eat **cereals** such as oatmeal and cornflakes for breakfast.

630 菓子パン　**pastry**
＊**菓子パン**、2個ください。
Give me two **pastries**, please.

631 シュークリーム　**cream puff**
＊この**シュークリーム**、とってもおいしいわ！
This **cream puff** is excellent!
＊「シュークリーム」は和製英語。「シュークリーム」と言うと「靴墨」と間違えられるので要注意。

632 ポテトフライ　**French fries [French fried potatoes]**
＊**ポテトフライ**は脂肪分が多いので、以前ほどは食べませんよ。
French fries [French fried potatoes] are high in fat, so I don't eat them as often as I used to.
＊「ポテトフライ」は和製英語。　high in fat 「脂肪分が多い」　not ～ as - as ... 「…ほど－でない」　used to do ～ 「以前～した」

633 ポテトチップス　**(potato) chips**
＊**ポテトチップス**を食べ始めたら、止められなくなってしまうわ。
Once I start eating **(potato) chips**, it's hard for me to stop.
＊once ～ 「いったん～すると」

634 ロールパン　**bun [roll]**
＊**ロールパン**、3個ください。
Give me three **buns [rolls]**, please.

635 あんパン　**sweet bean-jam bun**
＊今日昼食に、**あんパン**を2個食べちゃったよ。
I had two **sweet bean-jam buns** for lunch today.

636 ドーナツ **doughnut**
＊おやつに**ドーナツ**を食べたい？
Do you want **doughnuts** for a snack?
＊for a snack 「おやつに」

637 チョコレートパフェ **chocolate parfait**
＊あの店の**チョコレートパフェ**はおいしいよ。
They serve nice **chocolate parfaits** at that store.

638 かりんとう **fried-dough cookie**
＊**かりんとう**は駄菓子の一種だよ。
Fried-dough cookies are a kind of cheap sweets.
＊a kind of ~ 「一種の~」　cheap sweets 「駄菓子」

639 氷砂糖 **rock [sugar] candy**
＊あなたは**氷砂糖**が好きなら、甘党に違いないね。
If you like **rock [sugar] candy**, you must have a sweet tooth.
＊「私は甘党です」は I have a sweet tooth. と言う。　must ~ 「~に違いない」

640 団子 **dumpling**
＊**団子**は普通、お米と小麦粉でできているということ知っていた？
Did you know that **dumplings** are usually made of rice and wheat flour?
＊usually 「普通」　be made of ~ 「~でできている」　wheat flour 「小麦粉」

641 もち **rice cake**
＊喉に詰まらせることがあるから、**もち**を食べるときは気をつけてね。
When you eat a **rice cake**, be careful because it can get stuck in your throat.
＊be careful 「気をつける」　get stuck 「詰まる、はまり込む」　throat 「喉」

642 プリン **custard pudding**
＊うちの子供たちは、本当に**プリン**に目がないわ。
Our kids are really fond of **custard pudding**.
＊「プリン」は和製英語。　「~に目がない」は be fond of ~ で表わすとよい。

643 ビスケット **cookies**
＊**ビスケット**を食べ過ぎると太るよ！
You'll gain weight if you eat too many **cookies**!
＊gain weight 「太る」　「やせる」は lose weight と言う。

644 チョコレート　**chocolate**
＊**チョコレート**嫌いな女の子って、本当に珍しいね。
　A girl who hates **chocolate** is really rare.
　＊It's rare to meet a girl who doesn't like chocolate. と言ってもOK。　rare「珍しい」

645 ようかん　**sweet bean-jam jelly**
＊甘党ですから**ようかん**大好きです。
　I like **sweet bean-jam jellies** because I have a sweet tooth.
　＊have a sweet tooth「甘党である」

646 カステラ　**sponge cake**
＊**カステラ**の材料は何かしら。
　I wonder what the ingredients of a **sponge cake** are.
　＊「カステラ」はポルトガル語に由来する和製英語。　ingredient「(料理の)材料、成分」

647 煎餅　**rice cracker**
＊**煎餅**を自由に召し上がってください。
　Help yourself to the **rice crackers**.
　＊help oneself to ～「～を自由に召し上がる」

648 綿飴　**cotton candy**
＊子供のころ、祭りで**綿飴**をよく食べたものです。
　I used to eat **cotton candy** at festivals when I was a child.
　＊used to do ～「よく～したものだ、以前は～であった」　festival「祭り」

649 かき氷　**shaved ice**
＊**かき氷**のシロップは何にしますか？
　What syrup do you want on your **shaved ice**?

650 おやつ　**snack [refreshments]**
＊**おやつ**の時間ですよ！
　It's time for a snack [refreshments]!

651 魚介類　**seafood**
＊話題を**魚介類**に変えようね。
　Let's change the subject to **seafood**, shall we?
　＊change the subject to ～「話題を～に変える」

652 刺身　**sliced raw fish**
　　＊どんな**刺身**が大好きですか？
　　　What kind of **sliced raw fish** is your favorite?

653 鮭(サケ)　**salmon**
　　＊**鮭**は老化防止にいいそうだよ。
　　　I hear that **salmon** is good for anti-aging.
　　　＊「老化防止」は anti-aging と表現する。

654 烏賊(イカ)　**squid**
　　＊**烏賊**の刺身はぬるぬるしてあまり好きではないよ。
　　　I don't like sliced raw **squid** very much because it's slimy.
　　　＊ sliced raw squid 「烏賊の刺身」　「鮪の刺身」なら sliced raw tuna と言う。

655 蛸(タコ)　**octopus**
　　＊ほとんどの英米人は、**蛸**は気味の悪い生物と思って食べませんよ。
　　　Most British and American people don't eat **octopus** because they find it pretty strange.

656 鮪(マグロ)の肉　**tuna**
　　＊**鮪**の肉は多くの日本人に人気がありますね。
　　　Tuna is poplar among many Japanese (people).

657 秋刀魚(サンマ)　**Pacific saury [saury]**
　　＊日本では**秋刀魚**は、秋の味覚の代表的な魚ですよ。
　　　In Japan, **Pacific saury [saury]** is a typical fish to eat in the fall.
　　　＊typical 「代表的な」　fall 「秋」イギリスでは fall の代わりに autumn を使う。

658 鯖(サバ)　**mackerel**
　　＊**鯖**の缶詰ありますか？
　　　Do you have any canned **mackerel**?
　　　＊canned 「缶詰めにした」

659 イクラ　**salmon roe**
　　＊**イクラ**は鮭の卵ということ知っている？
　　　Did you know that **salmon roe** is the eggs of a salmon?
　　　＊roe 「魚の卵」　salmon 「鮭」

660 数の子　**herring roe**
　　＊その**数の子**少し変に見えると思わない？
　　　Don't you think that **herring roe** looks a little strange?
　　　＊herring 「ニシン」　a little 「少し」　strange 「変な、奇妙な」

661 キャビア　**caviar**
＊キャビアはチョウザメの卵ですって？
Is **caviar** the eggs of a sturgeon?
＊sturgeon 「チョウザメ」

662 鰊(ニシン)　**herring**
＊生きている鰊をこれまで見たことがないと思うよ。
I don't think I've ever seen a live **herring**.

663 鰈(カレイ)　**flatfish**
＊鰈はその名前のとおり平べったい魚ですよ。
Flatfish is a flat fish, just as its name suggests.
＊flat 「平べったい」　suggest 「示唆する、ほのめかす」

664 鰹(カツオ)　**bonito**
＊鰹の刺身好きですか？
Do you like sliced raw **bonito**?
＊「鰹節」は dried bonito と言う。

665 トロ　**fatty tuna**
＊トロの刺身は最高ですよ。
Sliced raw **fatty tuna** is great.
＊「大トロ」は very fatty tuna、「中トロ」は moderately fatty tuna で表現する。

666 鯛(タイ)　**sea bream**
＊鯛科の中で、真鯛は一番めでたい魚だとみなされているそうですね。
I understand that red sea bream is considered one of the most auspicious types of **sea bream**.
＊red sea bream 「真鯛」　be considered ～ 「～とみなされる」　auspicious 「めでたい」

667 旗魚(カジキ)　**swordfish**
＊旗魚の刺身を食べたことがありますか？
Have you tasted sliced raw **swordfish** before?

668 鰤(ブリ)　**yellowtail**
＊鰤の刺身は大好きな刺身の一つです。
Sliced raw **yellowtail** is one of my favorite kinds of sashimi.

669 鰯(イワシ)　**sardine**
　　＊**鰯**が食用の他に肥料や飼料に用いられているということを知らなかったよ。
　　I didn't know that **sardines** are used for fertilizer and feed besides food.
　　　＊fertilizer「肥料」　feed「飼料」　besides ～「～の他に、～に加えて」

670 鯉(コイ)　**carp**
　　＊**鯉**ってどんな味がする？
　　How does **carp** taste?
　　　＊What does carp taste like? と言ってもいい。

671 魚の煮付け　**fish boiled and seasoned with sugar and soy sauce**
　　＊彼女は以前よく**魚の煮付け**を食べたものです。
　　She used to eat **fish boiled and seasoned with sugar and soy sauce**.
　　　＊boil「煮る、ゆでる」　season「味をつける」　soy sauce「醤油」

672 かに　**crab**
　　＊**かに**と言えば、北海道産が本当にいいね。
　　Speaking of **crab**, Hokkaido crab is [Hokkaido crabs are] really good.
　　　＊speaking of ～「～と言えば」= talking of ～

673 牡蠣(カキ)　**oyster**
　　＊**牡蠣**はミネラルやビタミンなどを多く含み、「海のミルク」と言われているのよ。
　　Oysters, which contain lots of minerals and vitamins, are called "the milk of the sea."
　　　＊contain「含む」　lots of ～「たくさんの～」　vitamin「ビタミン」

674 雲丹(ウニ)　**seasoned urchin eggs**
　　＊実を言うと、**雲丹**は苦手なんですよ。
　　To tell the truth, I don't like **seasoned urchin eggs**.
　　　＊「実を言うと」は to tell the truth で表わす。

675 伊勢海老(イセエビ)　**lobster**
　　＊**伊勢海老**は大好物ですよ。
　　Lobster is my favorite [I love **lobster**].

676 エビフライ　**fried prawn**
　　＊「**エビフライ**好きですか？」「ええ、大好きです。」
　　"Do you like **fried prawns**?" "Yes, I love them."

677 小エビ　　**shrimp**
　　＊小エビのサラダありますか？
　　　Do you have **shrimp** salad?

678 蛤（ハマグリ）　　**clam**
　　＊蛤と浅蜊の区別できる？
　　　Can you distinguish **clams** from short-neck clams?
　　　　＊distinguish A from B 「AとBを区別する」= tell A from B　　short-neck clam 「浅蜊」

679 帆立貝　　**scallop**
　　＊まあ、この帆立貝大きくておいしそうだね。
　　　Wow, this big **scallop** looks delicious.
　　　　＊look delicious 「おいしそうだ」

680 赤貝　　**ark shell**
　　＊赤貝を一度も食べたことがないよ。
　　　I've never eaten **ark shells**.

681 調味料　　**seasoning**
　　＊「すき焼きを作るのにどんな調味料を使う？」「塩、砂糖、みりんやしょうゆなどを使うよ。」
　　　"What **seasonings** do you use for cooking sukiyaki?"　"We use salt, sugar, sweet cooking rice wine, soy sauce, and the like."
　　　　＊sweet cooking rice wine 「みりん」　　soy sauce 「しょうゆ」　　and the like 「～など」

682 人工甘味料　　**artificial sweetener**
　　＊どんな人口甘味料があるか教えてくれる？
　　　Can you tell me what kind of **artificial sweeteners** there are?
　　　　＊Can you tell me ～? 「～を教えてくれる？」

683 塩　　**salt**
　　＊血圧が高いので、塩は減らしたほうがいいよ。
　　　You should cut down on the **salt** because of your high blood pressure.
　　　　＊cut down on ～ 「～を減らす」　　high blood pressure 「高血圧、血圧が高い」

684 砂糖　　**sugar**
　　＊普段コーヒーに砂糖を2さじ入れるわ。
　　　I usually put two spoonfuls of **sugar** in my coffee.
　　　　＊usually 「普段」　　two spoonfuls of ～ 「2さじの～」

685 しょうゆ **soy sauce**
　　＊刺身を食べるとき、**しょうゆ**にちょっと漬けてから食べるのよ。
　　When we eat sliced raw fish, we dip it in **soy sauce** fisrt.
　　　　＊dip 「ちょっと漬ける」

686 味噌 **miso [fermented soybean paste]**
　　＊一日に一回、味噌汁を飲むことにしていますよ。
　　I make it a rule to have **miso [fermented soybean paste]** soup once a day.
　　　　＊make it a rule to do ～ 「～することにしている」　once a day 「一日に一回」

687 酢 **vinegar**
　　＊酢は健康によいと思われているので、酢の和え物を食べるように努めています。
　　Since **vinegar** is supposed to be good for the health, I try to eat vegetables with vinegar.
　　　　＊be supposed to be ～ 「～であると思われている」　try to do ～「～するように努める」　vegetables with vinegar 「酢の和え物」

688 バルサミコ酢 **balsamic vinegar**
　　＊バルサミコ酢はデザートの味付けに加えて、サラダに使われていますよ。
　　Balsamic vinegar is used for salad as well as for seasoning desserts.
　　　　＊A as well as B 「Bに加えてAも、BばかりでなくAも」　season 「(食物)に味をつける」

689 みりん **sweet cooking rice wine**
　　＊みりんはさまざまな料理に用いられていますよ。
　　Sweet cooking rice wine is used for many different kinds of cooking.
　　　　＊many different kinds of ～ 「さまざまな～」

690 マヨネーズ **mayo [mayonnaise]**
　　＊「さらだにどんなドレッシングを使いますか？」「マヨネーズをください。」
　　"What kind of dressing would you like for your salad?" "**Mayo [Mayonnaise]**, please."
　　　　＊mayo は口語表現。

691 胡椒　**pepper**
＊胡椒を取ってください。
Will you pass (me) the **pepper**?
＊Please pass (me) the pepper. や Pass (me) the pepper, please. と言っても OK。

692 辛子（芥子）　**mustard**
＊この辛子は辛味が強いですね。
This **mustard** has a sharp taste.

693 だし（だし汁）　**(soup) stock**
＊「何でだしをとるの？」「普段、鰹節で取るわ。」
"What do you make **(soup) stock** with?" "I usually make it with dried bonito."
＊dried bonito 「鰹節」

694 シナモン　**cinnamon**
＊シナモンは漢方ばかりでなく、香辛料やお菓子を作るのにも用いられるというのは本当ですか？
Is it true that **cinnamon** is used not only for Chinese medicine but also for spices and making pastries?
＊not only A but also B 「AばかりでなくBも」　Chinese medicine 「漢方」
　spices 「香辛料」　pastry 「お菓子」

695 鰹節　**dried bonito**
＊味噌汁を味付けるために鰹節を使うのはいいですね。
I think **dried bonito** is great for seasoning miso soup.

696 香辛料　**spices**
＊普段料理に香辛料をたくさん入れるの？
Do you usually put lots of **spices** in your dishes?
＊dish 「料理」

697 ソース　**sauce**
＊間違って料理にソースの代わりにしょうゆを掛けちゃった！
I accidentally put soy sauce on the dish instead of **sauce**!
＊accidentally 「間違って」　soy sauce 「しょうゆ」　instead of ～ 「～の代わりに」

698 ウスターソース　**Worcester sauce**
＊ウスターソースがどんなものか分からないの？
Don't you know what **Worcester sauce** is like?

699 肉用ソース **gravy**
＊この**肉用ソース**は辛い？
Is this **gravy** spicy?

700 タルタルソース **tartar sauce**
＊「**タルタルソース**は何でできているの？」「マヨネーズにピクルスとたまねぎや他の成分を刻んで混ぜ込んだソースでできているのよ。」
"What's **tartar sauce** made of?" "It's a mixture of mayo, pickles, chopped onions, and other ingredients."
＊mixture 「混ぜ込んだ物」　ingredient 「成分」

701 チリソース **chili sauce**
＊この**チリソース**は少し辛いね。
This **chili sauce** is a little bit spicy.
＊香辛料の利いたひりひりした辛さは spicy を使い、唐辛子などのひりひりするような辛さやわさびの持つ辛さは hot を、塩辛さは salty を使って表現する。

702 バジルソース **pesto**
＊「どんな料理に**バジルソース**は掛けるの？」「イタリア料理、特にパスタに掛けるの。」
"What kind of dishes do you put **pesto** on?" "We put it on Italian dishes, especially pasta."

703 バーベキューソース **barbecue sauce**
＊**バーベキューソース**が切れたので、１瓶買って来てくれる？
We've run out of **barbecue sauce**. Can you go and get a bottle?
＊run out of ～ 「～を切らす、～を使い尽くす」　go and get 「(行って)買って来る」

704 ケチャップとタバスコのソース **cocktail sauce**
＊**ケチャップとタバスコのソース**は、えびやかになどのカクテル料理に使われるのでしょ？
Cocktail sauce is used for cocktail dishes such as prawns and crabs, isn't it?

705 辛いトマトソース **salsa**
＊**辛いトマトソース**はたまねぎ、トマト、チリや唐辛子でできているのよ。
Salsa is made of onions, tomatoes, chilies, and red pepper.

706 タバスコ　**Tabasco**
＊「**タバスコ**は何で作られている？」「唐辛子でしょ。」
"What's **Tabasco** made of?" "It's made of red pepper."

707 調理用酒　**cooking wine [cooking sherry]**
＊肉を柔らかくするために**調理用酒**必要だわ。
I need **cooking wine [sherry]** to tenderize the meat.
＊tenderize「柔らかくする」　meat「肉」

708 ケチャップ　**ketchup**
＊トマトが好きなので、**ケチャップ**は大好きな調味料ですよ。
I like tomatoes, so **ketchup** is my favorite seasoning.

709 オリーブ油　**olive oil**
＊私たちは料理によく**オリーブ油**を使いますよ。
We often use **olive oil** for cooking.

710 サラダドレッシング　**salad dressing**
＊どんな**サラダドレッシング**がお好みですか？
What kind of **salad dressing** would you like?

6　[野菜・果物とその関連表現]

711　有機野菜　**organic veggies [organic vegetables]**
＊有機野菜は安全で健康によいね。
　　Organic veggies [vegetables] are safe and healthy.
　　＊「野菜」は vegetable と言うが、口語では veggie がよく使われる。

712　葉野菜　**leafy veggies**
＊レタスは葉野菜の１つでしょ？
　　Lettuce is a **leafy veggie**, isn't it?

713　茎野菜　**stem veggies**
＊アスパラガスはきっと茎野菜と思うよ。
　　I'm pretty sure asparagus is a **stem veggie**.
　　＊be sure ～ 「きっと～と思う」

714　緑黄色野菜　**green and yellow veggies**
＊癌予防のために緑黄色野菜を毎日食べたほうがいいよ。
　　You should eat **green and yellow veggies** every day to prevent cancer.
　　＊prevent cancer 「癌を予防する」

715　野菜サラダ　**green salad**
＊毎日野菜サラダを食べるようにしています。
　　I try to eat **green salad** every day.

716　大根　**Japanese radish**
＊大根はアメリカで栽培されている？
　　Are **Japanese radishes** grown in the States?
　　＊Do they grow Japanese radishes in America? と言ってもよい。

717　ハツカダイコン　**radish**
＊アメリカではハツカダイコンが栽培されているよ。
　　Radishes are grown in the United States.

718　大根下ろし　**grated radish**
＊大根下ろしがどんなものか分かりますか？
　　Do you know what **grated radish** is like?
　　＊what + S + is like 「S がどんなものか」

719 大根の漬物　　**pickled radish**
＊**大根の漬物**はあまり好きではありませんよ。
　　I don't like **pickled radish** very much.
　　　＊「漬物」は pickles と言う。「白菜の漬物」は pickled Chinese cabbage と言う。

720 キノコ　　**mushroom**
＊これは外国産の**キノコ**ですか？
　　Are these foreign-grown **mushrooms**?
　　　＊foreign-grown 「外国産の」

721 ニンニク　　**garlic**
＊**ニンニク**入りのスパゲティを食べたから、息が気になるわ。
　　Since I ate spaghetti with **garlic**, I'm worried about my breath.
　　　＊be worried about ～　「～が気になる、～を心配する」　　breath 「息、呼吸」

722 ピーマン　　**green pepper**
＊**ピーマン**嫌いの子供は多いですね。
　　Many children don't like **green peppers**.

723 赤ピーマン（唐辛子）　　**red pepper**
＊「**赤ピーマン**は唐辛子のことを言うの？」「ええ、そうですよ。」
　　"Does '**red pepper**' mean 'chili pepper'?" "Yes, it does."

724 唐辛子　　**chili pepper [chili]**
＊スープに**唐辛子**を入れすぎるよ。
　　You put too much **chili pepper [chili]** into your soup.
　　　＊chili pepper は特にメキシコ産の香辛料。

725 ほうれん草　　**spinach**
＊**ほうれん草**は鉄分を多く含んでいますよ。
　　Spinach contains a lot of iron.
　　　＊contain 「含む」　　a lot of ～ 「多くの～、たくさんの～」　　iron 「鉄分」

726 かぼちゃ　　**pumpkin**
＊パンプキンパイ、スープやおかずなどの**かぼちゃ**の料理はすべて好きですね。
　　I like all **pumpkin** dishes, from pumpkin pie to soups and side dishes.
　　　＊dish 「料理」　　side dish 「おかず」

727 ズッキーニ　**zucchini**
＊**ズッキーニ**はきゅうりに似た暗緑色のかぼちゃの一種ですってね。
I understand that **zucchini** is a sort of dark green pumpkin that looks like a cucumber.
　＊a sort of ～は「一種の～」の意味で、a kind of ～と言ってもOK。　dark green「暗緑色の」　look like ～「～に似ている」　cucumber「きゅうり」

728 じゃが芋　**potato**
＊これは北海道産の**じゃが芋**です。
These are **potatoes** from Hokkaido.
　＊from Hokkaido「北海道産の」

729 芋(サツマイモ)　**sweet potato**
＊**芋**はどこから始まったと思う？
Where do you think **sweet potatoes** originated?

730 山芋　**yam**
＊**山芋**のこと、何か知っている？
Do you know anything about **yams**?

731 たまねぎ　**onion**
＊私たちは料理に**たまねぎ**をよく使いますよ。
We often use **onions** in cooking.

732 ラッキョウ　**green onion**
＊**ラッキョウ**のさくさくした歯ざわりが好きだね。
I like the crisp bite of a **green onion**.
　＊「さくさくした歯ざわり」は crisp bite で表わす。

733 アスパラガス　**asparagus**
＊缶詰の**アスパラガス**は大好物の野菜の一つですよ。
Canned **asparagus** is one of my favorite veggies.
　＊canned「缶詰の」　one of ～「～の一つ」

734 きゅうり　**cucumber**
＊暑い日には、**きゅうり**はいいですね。
Cucumbers are good on hot days.

735 なす　**eggplant**
＊時々**なす**のおかずを作りますよ。
I occasionally cook side dishes with **eggplant**.
　＊occasionally「ときどき」　「おかず」は side dish で表わす。

736　にんじん　　carrot
＊にんじんは馬の大好物の野菜でしょ？
Carrots are horses' favorite veggies, aren't they?

737　えんどう豆　　pea
＊「えんどう豆のさやは食べられるの？」「もちろん食べられるよ。」
"Is the shell of a **pea** edible?" "Of course, it is."
＊「豆のさやをむく」は shell peas と言う。　　edible「食べられる」　　of course「もちろん」

738　さやいんげん　　green bean
＊さやいんげんを食べるときは、さやも一緒に食べてもいいのよ。
When you eat **green beans**, you can eat their shells, too.
＊shell「さや」

739　そら豆　　broad bean
＊そら豆はどんな料理に使うの？
What kind of dishes are **broad beans** used for?
＊what kind of〜?「どんな〜？」　　be used for〜「〜に使われる」

740　黒豆　　black bean
＊おせち料理に出される黒豆は好きだね。
I'm fond of **black beans** served in special New Year's dishes.
＊「おせち料理」は special New Year's dishes で表現する。　　served「出される」

741　枝豆　　green soybeans
＊枝豆は酒のつまみに最高だよ。
Green soybeans are great for a snack with drinks.
＊be great for〜「〜に最高である」　　「酒のつまみ」は snack with drinks と言う。

742　ブロッコリー　　broccoli
＊ブロッコリーはあまり好きではないけど、健康にいいから食べているよ。
I don't like **broccoli** very much, but I eat it because it's healthy.
＊be healthy「健康にいい」

743　パセリ　　parsley
＊ステーキにパセリが添えられているけど、私はいつも食べませんよ。
Steak is served garnished with **parsley**, but I never eat it.
＊be served garnished with〜「〜が添えられて出される」

744 カリフラワー　　**cauliflower**
＊カリフラワーのこと、花キャベツと呼ばれているのを聞いたことある？
Have you heard that **cauliflower** is called "flower cabbage?"
＊Have you heard that ～?「～を聞いたことがある？」　flower cabbage「花キャベツ」

745 萌やし　　**bean sprouts**
＊萌やしって栄養あるかしら。
I wonder if **bean sprouts** are nutritious.
＊wonder if ～「～かしら」　nutritious「栄養のある」

746 主食　　**staple food**
＊日本人の主食はお米ですよ。
The Japanese **staple food** is rice.　[Rice is the **staple food** in Japan.]

747 とうもろこし　　**corn**
＊メキシコ人の主食はとうもろこしです。
The Mexican staple food is **corn**.　[**Corn** is the staple food in Mexico.]

748 玄米　　**brown rice**
＊玄米は健康にいいということなので、最近は玄米を食べています。
I've been eating **brown rice** recently because people say it's healthy.

749 白米　　**polished rice [white rice]**
＊レストランで食事をするときは、玄米は出ないので白米を食べざるを得ませんよ。
When I eat at a restaurant, I have to eat **polished rice** [**white rice**] because they don't serve brown rice.

750 ねぎ　　**leek [green onion]**
＊「スーパーで何が必要？」「ねぎ、にんじん、たまねぎとジャガイモね。」
"What do we need from the supermarket?" "We need some **leeks** [**green onions**], carrots, onions, and potatoes."

751 ところてん　　**gelidium jelly**
＊ところてんは何の料理に用いられるの？
What dishes is **gelidium jelly** used for?

752 蓮根　　**lotus root**
＊蓮根ははすの地下茎でしょ？
Lotus roots are the roots of a lotus, right?
＊root「地下茎」　lotus「はす」

753 白菜　**Chinese cabbage**
＊白菜は英語の名前から分かるように、中国原産ですよ。
Chinese cabbage originally came from China, as you can tell from its English name.
　＊「～原産である」は originally came from ～で表現する。　　can tell 「分かる」

754 バクチョイ　**bok choy**
＊「バクチョイって何？」「白菜のことだよ。」
"What is **bok choy**?"　"It's Chinese cabbage."
　＊Chinese cabbage 「白菜」

755 竹の子　**bamboo shoot**
＊「竹の子好き？」「ええ、あなたはどう？」
"Do you like **bamboo shoots**?"　"Sure. How about you?"
　＊How about ～?　「～はどうですか？」

756 ごぼう　**burdock root**
＊アメリカ人は料理にごぼうを使わないですってね。
I heard that Americans don't use **burdock roots** in cooking.

757 レタス　**lettuce**
＊台風が続いたために、レタスの値段が上がりましたね。
The price of **lettuce** has gone up because of a series of typhoons.
　＊go up 「(値段が)上がる」　　a series of ～ 「一続きの～、一連の～」

758 甜菜　**sugar beet**
＊甜菜は砂糖を作るのにしか使われないのかしら。
I wonder if **sugar beets** are used only for making sugar.

759 大麦　**barley**
＊大麦は味噌、醤油やビールなどの原料だということを知っている？
Did you know that **barley** is an ingredient in fermented soybean paste, soy sauce, and beer?
　＊ingredient 「原料、成分」　　fermented soybean paste 「味噌」　　soy sauce 「醤油」

760 小麦　**wheat**
＊小麦粉はパンやうどんを作るのに使われるんでしょ？
Wheat flour is used to make bread and wheat noodles, isn't it?

761 　寒天　**agar** [agar-agar]
　　　＊寒天ってどんな味がするの？
　　　　What's the taste of **agar** [agar-agar] like?
　　　　＊What does agar taste like? でも OK。

762 　トマト　**tomato**
　　　＊トマトは果物ですか、それとも野菜ですか？
　　　　Are **tomatoes** fruits or veggies [vegetables]?
　　　　＊「野菜」は vegetable と言うが、口語では veggie がよく使われる。

763 　野菜　**veggie** [vegetable]
　　　＊トマトは野菜ですよ。
　　　　Tomatoes are **veggies** [vegetables].

764 　果物　**fruit**
　　　＊大好きな果物は何ですか？
　　　　What's your favorite **fruit**?

765 　バナナ　**banana**
　　　＊果物の中でバナナが一番好きです。
　　　　Of all fruits, I like **bananas** best.
　　　　＊Bananas are my favorite fruit. でも OK。

766 　ナシ（西洋梨）　**pear**　［日本梨　**Japanese pear**］
　　　＊日本梨は西洋梨と形も味も違いますね。
　　　　Japanese pears are different from **pears** in shape and taste.
　　　　＊be different from ～　「～と違う」　in shape and taste 「形も味も」

767 　モモ　**peach**
　　　＊モモとナシとでは、どちらが好きですか？
　　　　Which do you like better, **peaches** or pears?

768 　りんご　**apple**
　　　＊有名な諺にもあるように、りんごは健康にいいんですよ。
　　　　As the famous proverb suggests, **apples** are good for the health.
　　　　＊"An apple a day keeps the doctor away."「1日1個のりんごで医者いらず」という諺があるほど、りんごは健康によいと言われている。

769 　パイン　**pineapple**
　　　＊パインは沖縄の主な農作物の1つです。
　　　　Pineapples are one of Okinawa's main types of produce.
　　　　＊produce 「農作物」

770 すいか　**watermelon**
　　＊**すいか**のお味見はいかがですか？
　　　Would you like to try the **watermelon**?
　　　　＊Would you like to try ～？「～のお味見はいかがですか？」

771 マンゴー　**mango**
　　＊ハワイにいたとき、**マンゴー**をたくさん食べましたよ。
　　　I ate lots of **mangoes** when I was in Hawaii.

772 ぶどう　**grapes**
　　＊**ぶどう**と言えば、種無しぶどうがいいね。
　　　When it comes to **grapes**, seedless grapes are best.
　　　　＊「～と言えば」は when it comes to ～で表現する。　　seedless「種無しの」

773 干しぶどう　**raisin**
　　＊**干しぶどう**が好きなので、ぶどうパンはよく食べるよ。
　　　I like **raisins**, so I often eat raisin bread.

774 びわ　**loquat**
　　＊**びわ**を食べる機会はあまりありませんね。
　　　I have very few opportunities to eat **loquats.**
　　　　＊I rarely get the chance to eat loquats. と言っても OK。　　very few ～「～がほとんどない」　　opportunity「機会」

775 柿　**persimmon**
　　＊この**柿**は渋いわ。
　　　This **persimmon** tastes astringent.
　　　　＊「渋い」は astringent、「甘い」は sweet、「辛い」は hot / spicy、「苦い」は bitter、「すっぱい」は sour で表現する。

776 グレープフルーツ　**grapefruit**
　　＊この**グレープフルーツ**は少し苦い味がしますね。
　　　This **grapefruit** tastes a little bitter.

777 杏(アンズ)　**apricot**
　　＊**杏**の実は食用で、種は薬用になるそうですね。
　　　I hear that **apricot** nuts are good to eat and apricot seeds are good for medicinal purposes.
　　　　＊nut「(木の)実」　　seed「種」　　for medicinal purpose「薬用」

778 メロン　**melon**
＊「その**メロン**、どう？」「おいしいですよ。」
"How do you like the **melon**?"　"It's delicious."

779 レモン　**lemon**
＊**レモン**スカッシュを２つください。
Give me two **lemon** sodas, please.
＊「レモンスカッシュ」は lemon soda で表わす。

780 オレンジ　**orange**
＊**オレンジ**とタンジェリンはどう違うの？
What's the difference between **oranges** and tangerines?
＊the difference between A and B 「AとBとの違い」

781 みかん　**tangerine**
＊**タンジェリン**は日本の温州みかんのことで、果実は多汁で甘いわよ。
Tangerines, or "Unshu mikan" in Japanese, have fruit that's sweet and juicy.
＊fruit 「果実」　　sweet 「甘い」　　juicy 「汁(液)の多い」

782 さくらんぼ　**cherry**
＊「**さくらんぼ**を味見してもいいですか？」「はい、どうぞ。」
"May I sample a **cherry**?"　"Sure, go ahead."
＊May I ～? 「してもいいですか？」は許可を得る時に使う。Can I ～? よりも丁寧で改まった用法。　　sample 「味を見る、質を試す」　　go ahead 「どうぞ」

783 プルーン　**prune**
＊**プルーン**がプラムの実だなんて知らなかったわ。
I didn't know that **prunes** are the fruit of a plum.
＊plum 「プラム(スモモ)」

784 イチゴ　**strawberry**
＊スーパーに行くとき、**イチゴ**を１パック買って来てくれる？
Would you get a pack of **strawberries** when you go to the supermarket?
＊a pack of ～ 「１パックの～」

785 ナッツ　**nut**
＊**ナッツ**も酒のつまみにいいね。
Nuts are great for a snack with drinks, too.
＊「酒のつまみ」は snack with drinks で表わす。

786 胡桃（クルミ）　**walnut**
　　＊この**胡桃**、割って頂戴。
　　　Crack this **walnut**, would you?
　　　　＊胡桃や栗などの堅い殻などを割る場合にはcrackを使う。

787 栗　**chestnut**
　　＊東京に住んでいたとき、あの小さな袋に入ったおいしい**栗**を買うのが大好きだったよ。
　　　When I lived in Tokyo, I loved getting those little bags of tasty **chestnuts**.

788 どんぐり　**acorn**
　　＊**どんぐり**と栗、どう違うの？
　　　How are **acorns** and chestnuts different?

789 ラズベリー（木苺）　**raspberry**
　　＊この**ラズベリー**どんな味がするの？
　　　How do these **raspberries** taste?
　　　　＊taste「味がする」

790 ブルーベリー　**blueberry**
　　＊**ブルーベリー**は目によいというのは本当？
　　　Is it true that **blueberries** are good for your eyes?
　　　　＊Is it true that～？「～は本当ですか？」　be good for～「～によい」

791 アーモンド　**almond**
　　＊チョコレートの中では、**アーモンド**チョコレートが一番好きだわ。
　　　I like **almond** chocolates best of all chocolates.

792 スモモ　**plum**
　　＊この**スモモ**まだ熟していないね。
　　　This **plum** isn't ripe yet.
　　　　＊not～yet「まだ～ない」　ripe「熟した」

793 キウイ　**kiwi**
　　＊この**キウイ**は甘酸っぱいね。
　　　This **kiwi** has a sweet and sour taste.
　　　　＊「酸っぱい」だけならsourでいいが、「甘酸っぱい」はsweet and sourで表現する。

794 イチジク　**fig**
　　＊**イチジク**、一度も食べたことがないわ。
　　　I've never tasted a **fig**.

795 アボカド　**avocado**
＊アボカドは森のバターと呼ばれているのでしょ？
Avocadoes are called "the butter of the forest," aren't they?
＊forest「森、森林」

796 ココナッツ　**coconut**
＊ココナッツを味見してみませんか？
How about trying a **coconut**?
＊How about ～ ? は「～はどうですか？」の意味で、提案や勧誘を表わす表現。

797 パパイヤ　**papaya**
＊熟したパパイヤの半分がハワイのマックで売られていたよ。
A McDonald's in Hawaii was selling ripe **papaya** halves.
＊ripe「熟した」　halves は「半分だけ、半分ほど」の意味で、half の複数形。

798 プランテーン　**plantain**
＊プランテーンは料理用のバナナということを知らなかったわ。
I didn't know that **plantains** are bananas for cooking.

799 ネクタリン　**nectarine**
＊ネクタリンは桃の一種だと聞いたことはあるが、まだ食べたことがないわ。
I've heard **nectarines** are a kind of peach, but I haven't eaten one yet.
＊a kind of ～「～の一種」

800 ナツメヤシ　**date**
＊「ナツメヤシって何？」「それはやし科に属し、その実は食用ですよ。」
"What are **dates**?" "They belong to the palm family, and their fruit is good for food."
＊belong to ～「～に属する」　palm family「やし科」　「食用」は good for food で表わす。

7　[飲み物とその関連表現]

801　飲み物　**something to drink** [a drink / a beverage]
＊何か**飲み物**いただけますか？
Could I have **something to drink** [a drink / a beverage]?
＊drink は茶、コーヒー、アルコールなどに使い、beverage は水、薬以外の飲み物に使う。

802　飲食物　**refreshments**
＊この部屋に**飲食物**の持ち込みはできませんよ。
You're not allowed to bring **refreshments** into this room.
＊be not allowed to do ～「～することはできない」　bring A into B「B に A を持ち込む」

803　スポーツ飲料　**sports drink**
＊運動した後、冷たい**スポーツ飲料**を飲むと気分がさわやかになるわ。
After exercise, a cold **sports drink** is so refreshing.
＊exercise「運動」　refreshing「気分がさわやかな」

804　炭酸飲料　**soft drink** [soda]
＊**炭酸飲料**をください。
May I have **a soft drink** [soda]?

805　低カロリー炭酸飲料　**diet soda**
＊ダイエットしているので、普段は**低カロリー炭酸飲料**を飲んでいるのよ。
I'm on a diet, so I usually drink **diet soda**.
＊「ダイエットしているよ」は I'm on a diet. と言う。　usually「普段」

806　炭酸水　**sparkling water** [carbonated water]
＊最近は、**炭酸水**はますます人気が出てきているね。
These days, **sparkling water** [carbonated water] is becoming more and more popular.
＊more and more「ますます」　become popular「人気がでる」

807　水道水　**tap water**
＊この**水道水**は飲める？
Is this **tap water** good to drink?

808　練乳　**condensed milk**
＊**練乳**が好きだったので、以前はよく飲んだものです。
I used to drink **condensed milk** because I liked it.

809 濃縮果汁　**condensed fruit juice**
＊この**濃縮果汁**は甘くておいしいわ。
　　This **condensed fruit juice** is sweet and tasty.
　　＊sweet and tasty 「甘くておいしい」

810 オレンジジュース　**orange juice [O.J.]**
＊私はコーラより**オレンジジュース**が好きですよ。
　　I prefer **orange juice [O.J.]** to Coke.

811 コーラ　**Coke [cola / Coca-Cola]**
＊ほとんどのアメリカ人は**コーラ**が好きでしょ？
　　Most Americans are fond of **Coke [cola / Coca-Cola]**, aren't they?
　　＊be fond of ～ 「～が好きである」= like

812 冷凍オレンジジュース　**frozen orange juice**
＊**冷凍オレンジジュース**ってどんなもの？
　　What is **frozen orange juice** like?
　　＊What is + S + like? 「S はどのようなもの（ところ、人、具合）？」

813 フルーツジュース　**fruit juice**
＊この**フルーツジュース**本当においしいわ。
　　This **fruit juice** is really tasty.

814 グレープジュース　**grape juice**
＊**グレープジュース**は孫娘の大好きな飲み物ですよ。
　　Grape juice is my granddaughter's favorite drink.

815 グレープフルーツジュース　**grapefruit juice**
＊**グレープフルーツジュース**はアメリカ南部の特産品ですよ。
　　Grapefruit juice is a specialty of the southern United States.
　　＊「特産品」は specialty で表わす。　the southern United States 「アメリカ南部」

816 粉末ジュース　**powdered drink mix**
＊**粉末ジュース**を作るときは、さじでよくかき回してね。
　　When you make a drink with **powdered mix**, stir the mix well with a spoon.
　　＊stir A with B は「B で A をかき回す（かき混ぜる）」という意味。「コーヒーにクリームを入れてスプーンでかき混ぜる」なら stir cream into one's coffee with a spoon で表現する。

817　パインジュース　**pineapple juice**
＊パインジュースを２杯ください。
Give me two glasses of **pineapple juice**, please.
＊two glasses of ～　「２杯の～」

818　トマトジュース　**tomato juice**
＊トマトジュースを嫌いな子もいるね。
Some kids don't like **tomato juice**.

819　リンゴジュース　**apple juice**
＊リンゴジュースは健康によいと言われているよ。
Apple juice is said to be good for your health.

820　紙パック入りジュース　**juice packs**
＊冷蔵庫に**紙パック入りジュース**がまだ残っているよ。
We still have some **juice packs** left in the fridge.
＊still「まだ」　have A left「Aが残っている」　fridge「冷蔵庫」= refrigerator

821　缶入りジュース　**canned juice**
＊どんな種類の**缶入りジュース**を買ってきてもらいたいの？
What kind of **canned juice** do you want me to get?

822　ビン入りジュース　**bottled juice**
＊「ビン入りジュースもう１杯飲みたい？」「いいえ、ありがとう。」
"Do you want another glass of **bottled juice**?" "No, thank you."

823　清涼飲料水　**soft drinks**
＊コーラやソーダのような炭酸を含んださわやかな飲み物は、**清涼飲料水**と呼ばれているのよ。
Refreshing carbonated drinks like Coke and cider are called **soft drinks**.
＊refreshing「さわやかな」　「炭酸を含んだ飲み物」は carbonated drinks と言う。

824　清涼剤　**tonic [restorative]**
＊「**清涼剤**ってどんなもの？」「気分をさわやかにする飲み薬だよ。」
"What's **tonic [restorative]** like?" "It's a medicine that makes you feel better [refreshed]."

825　ミネラルウォーター　**bottled [mineral] water**
＊ミネラルウォーターにはミネラルが含まれているので、健康にいいのよ。
Bottled [Mineral] water contains minerals, so it's good for your health.

826 クリームソーダ　**float [ice cream float]**
＊クリームソーダの材料（素材）は何なの？
　　What are the ingredients of <u>a</u> **float** [an **ice cream float**]?

827 牛乳　**milk**
＊毎朝牛乳を１杯飲むことにしているよ。
　　I make a habit of drinking a glass of **milk** every morning.
　　＊make a habit of ～ ing 「～することにしている」　every morning 「毎朝」

828 無脂肪ミルク（脱脂乳）　**skim [nonfat] milk**
＊最近太っているみたいね。低脂肪ミルクの代わりに無脂肪ミルクを飲んだほうがいいよ。
　　You look like you've gained weight recently. You should drink **skim [nonfat] milk** instead of low-fat milk.
　　＊gain weight は「太る」反対の表現の「やせる」は lose weight. instead of ～ 「～の代わりに」

829 低脂肪ミルク　**low-fat milk**
＊紙パックにまだ低脂肪ミルク残っている？
　　Is there still some **low-fat milk** left in the carton?
　　＊carton 「紙パック」

830 バターミルク　**buttermilk**
＊バターミルクはどんな味がするの？
　　How does **buttermilk** taste?

831 紅茶　**(black) tea**
＊紅茶にはコーヒーよりもカフェンが多く含まれているそうですね。
　　I hear that **(black) tea** contains more caffeine than coffee.
　　＊contain 「含む」　more ～ than... 「…よりも多くの～」　caffeine 「カフェン」

832 ハーブティ　**herbal tea**
＊ハーブティを３グラムください。
　　I'll have three grams of **herbal tea**, please.
　　＊three grams of ～ 「３グラムの～」

833 抹茶　**powered [ground] tea**
＊抹茶いかがですか？
　　Would you like some **powdered [ground] tea**?
　　＊Would you like ～ ? 「～はいかがですか？」 = Would you care for ～ ?

834 麦茶　　**barley tea**
＊うちの子供たちは夏には、**麦茶**を飲むのが好きですよ。
My kids like to drink **barley tea** in the summer.

835 緑茶　　**green tea**
＊あなた、**緑茶**を１杯召し上がる？
Honey, would you care for a cup of **green tea**?
＊Would you care for ～?「～はいかがですか？」　a cup of ～「１杯の～」

836 ウーロン茶　　**oolong tea**
＊**ウーロン茶**を飲むとやせるって本当なの？
Is it true that drinking **oolong tea** helps you lose weight?

837 ハブ茶　　**senna tea**
＊「これまでに**ハブ茶**を飲んだことある？」「いや、ないよ。」
"Have you ever tried **senna tea**?" "No, I haven't."

838 煎じちゃ　　**roasted tea**
＊**煎じちゃ**の作り方、教えていただけますか？
Could you tell me how to make **roasted tea**?
＊Could you tell ～?「～を教えていただきますか？」　how to do ～「～の仕方、～の方法」

839 レモンティー　　**tea with lemon**
＊「何か飲みたいですか」「**レモンティー**お願いします。」
"Would you like something to drink?"　"**Tea with lemon**, please."
＊something to drink「何か飲み物」　「レモンティー」は和製英語。

840 コーヒー　　**coffee**
＊「**コーヒー**はどのようにしますか？」「ブラックでお願いします。」
"How would you like your **coffee**?"　"Black, please."
＊「砂糖とミルクをお願いします」は "With sugar and milk, please." と言えばよい。

841 インスタントコーヒー　　**instant coffee**
＊私の上司は決して**インスタントコーヒー**を飲みませんよ。
My boss never drinks **instant coffee**.

842 ノンカフェンのコーヒー　　decaf [**decaffeinated coffee**]
＊血圧が高いので、普段ノンカフェンのコーヒーを飲んでいるよ。
I have high blood pressure, so I usually drink <u>decaf</u> [**decaffeinated coffee**].
＊high blood pressure は「高血圧」の意味で、医学用語では hypertension と言う。

843 エスプレッソ **espresso**
＊**エスプレッソ**って、イタリア風の強いコーヒーのことでしょ？
Espresso is strong Italian-style coffee, right?
＊Italian-style 「イタリア風の」

844 カフェオレ **café au lait**
＊**カフェオレ**はミルクがいっぱい入っているコーヒーですよ。
Café au lait is coffee with plenty of milk in it.
＊plenty of ～は「いっぱいの～、たくさんの～」という意味で、lots of ～と言ってもいい。

845 カプチーノ **cappuccino**
＊「**カプチーノ**の味はどう？」「最高よ！」
"How does the **cappuccino** taste?" "Exquisite!"
＊How does + S + taste?「Sの味はどう？」　exquisite「申し分のない、見事な」

846 コーヒー牛乳 **coffee-flavored milk**
＊**コーヒー牛乳**は飲みやすいね。
Coffee-flavored milk is really easy to drink.
＊「コーヒーミルク」は和製英語。　be easy to drink「飲みやすい」

847 ココア **cocoa [hot chocolate]**
＊熱い**ココア**は大好きで、よく飲みますよ。
I often drink hot **cocoa** [**hot chocolate**], which is definitely my favorite drink.
＊definitely「確かに、確実に」

848 ノンアルコールビール **nonalcoholic beer**
＊この**ノンアルコールビール**いまいちだね。
This **nonalcoholic beer** isn't very good.
＊「いまいちである」は be not very good で表現する。

849 ノンアルコールカクテル **virgin cocktail**
＊この**ノンアルコールカクテル**には、アルコールは本当に入っていませんか？
Is this **virgin cocktail** really alcohol-free?

850 アルコール飲料 **alcoholic drinks**
＊アルコールにアレルギーがあるので、**アルコール飲料**は飲みませんよ。
I'm allergic to alcohol, so I never try any **alcoholic drinks**.
＊be allergic to ～「～にアレルギーがある」

851 ビール　**beer**
　　＊生ビールをジョッキで3つください。
　　　Give me three draft **beers** by the mug, please.
　　　　＊Give me three mugs of draft beer, please. でも OK。　by the mug「ジョッキで」「ボトルで」なら by the bottle と言う。

852 発泡酒　**low-malt liquor**
　　＊**発泡酒**は生ビールに比べて安いね。
　　　Low-malt liquor is cheaper than draft beer, isn't it?

853 ジンジャービール　**ginger beer**
　　＊ジンジャービール、飲んだことある？
　　　Have you ever tried **ginger beer**?

854 黒ビール　**stout**
　　＊「黒ビールってどんなビール？」「濃い色でこくのある強いビールだよ。」
　　　"What's **stout** like?" "It's dark, full-bodied, strong beer."
　　　　＊dark「濃い色の」　full-bodied「こくのある」

855 ワイン　**wine**
　　＊「ワインは何にしますか？」「赤ワインお願いします。」
　　　"What kind of **wine** would you like?" "Red, please."

856 辛口ワイン　**dry wine**
　　＊辛口ワインが好きです。
　　　I prefer **dry wine.**
　　　　＊「辛口ワイン」は dry wine と言い、「甘口ワイン」は sweet wine と言う。

857 甘口ワイン　**sweet wine**
　　＊以前は**甘口ワイン**を飲んでいましたが、今は違います。
　　　I used to drink **sweet wine**, but now I don't.
　　　　＊used to do ～「以前(昔)は～していた」

858 スパークリングワイン　**sparkling wine**
　　＊この**スパークリングワイン**は口当たりがよくておいしいね。
　　　This **sparkling wine** is smooth and tasty.
　　　　＊「口当たりがよい」は be smooth で表わす。　be tasty「おいしい」

859 シャンペン　**champagne**
　　＊シャンペンで乾杯しよう！
　　　Let's make a toast with **champagne**!
　　　　＊make a toast「乾杯する」

860 ウイスキー　**whiskey**
　＊「**ウイスキー**はどのようにしますか？」「ストレートでお願いします。」
　　"How would you like your **whiskey**?" "Neat, please."
　　＊「ストレート」は straight と言ってもいいが、neat のほうがもっとよく用いられる。

861 ウイスキーの水割り　**whiskey with water**
　＊**ウイスキーの水割り**を2杯ください。
　　Give me two **whiskeys with water.**
　　＊「ウイスキーのソーダ割り」は whiskey with soda と言う。

862 スコッチウイスキー　**Scotch whiskey**
　＊「**スコッチウイスキー**はどのようにしますか？」「水で薄めに割ってください。」
　　"How would you like your **Scotch whiskey**?" "(Dilute it) with water, please."
　　＊dilute A with B 「AをBで割る（薄める）」

863 ウオッカ　**vodka**
　＊**ウオッカ**って、ロシアの強い酒でしょ？
　　Vodka is strong Russian liquor, isn't it?
　　＊Russian「ロシアの」　liquor「酒」

864 ジョニーウォーカーの黒　**Johnnie Walker-Black Label**
　＊**ジョニーウォーカーの黒**をストレートで飲むのが好きですよ。
　　I like **Johnnie Walker-Black Label** neat.
　　＊neat「ストレートで」

865 ジョニーウォーカーの赤　**Johnnie Walker-Red Label**
　＊**ジョニーウォーカーの赤**の水割りを1杯ください。
　　Give me a **Johnnie Walker-Red Label** with water, please.

866 ブランデー　**brandy**
　＊**ブランデー**がワインを蒸留した強い酒だということを、知らなかったよ。
　　I had no idea that **brandy** is a strong liquor made by distilling wine.
　　＊have no idea「分からない」　liquor「酒」　distill「蒸留する」

867 チェリーブランデー　**cherry brandy**
　＊**チェリーブランデー**を飲んだことがなかったら、飲んでみたら？
　　Why don't you give **cherry brandy** a try if you've never tasted it?
　　＊Why don't you ～?「～したらどう？」　give ～ a try「（試しに）～をやってみる」

868 バーボンのオンザロック　**bourbon on the rocks**
＊バーボンのオンザロック以外に何かありますか？
　Do you have something other than **bourbon on the rocks**?
　＊other than ～　「～以外に」

869 ストロベリー・マルガリータ　**strawberry margarita**
＊ストロベリー・マルガリータをお勧めしますよ。
　I'd recommend a **strawberry margarita**.
　＊recommend　「勧める、推薦する」

870 カクテル　**cocktail**
＊「カクテル、アルコール抜きにしてください。」
　Make my **cocktail** virgin, please.
　＊virgin　「混ぜ物のない(アルコール抜きの)」

871 えびのカクテル　**shrimp cocktail**
＊「えびのカクテルどうでした？」「まあまあでしたね。」
　"How did you like the **shrimp cocktail**?"　"It was all right, I guess."
　＊How did you like ～？　「～はどうでしたか？」　all right　「まあまあ」

872 焼酎　**shochu [clear distilled liquor]**
＊「この焼酎はどれくらい強いの？」「ワインより強いよ。」
　"How strong is this **shochu [clear distilled liquor]**?"　"It's stronger than wine."

873 ジントニック　**gin and tonic**
＊「わあ、このジントニックはとても強いね。少し弱めにしてくれる？」
　"Wow, this **gin and tonic** is pretty strong. Could you add a little water?
　＊Could you add a little water? の代わりに Could you make it a little weaker? でも OK。　add　「加える」　a little water　「水を少し」

874 ラム酒　**rum**
＊ラム酒は糖蜜でできた強い蒸留酒ですよ。
　Rum is strong distilled liquor made from sugar cane syrup.
　＊distilled liquor　「蒸留酒」　made from ～　「～でできた」　sugar cane syrup　「糖蜜」

875 テキーラ　**tequila**
＊**テキーラ**はメキシコ産の強い酒でしょ？
　Tequila is hard liquor from Mexico, right?
　＊「強い酒」は hard liquor と言うが、strong liquor と言っても OK。

876 強い酒　**hard [strong] liquor**
＊酒に弱いので、**強い酒**は苦手です。
　I get drunk very easily, so I don't like **hard** [**strong**] **liquor.**
　＊「酒に弱い」は get drunk very easily で表わす。

877 ほろよい　**buzz**　（ほろよいの　**tipsy**）
＊**ほろ酔い**機嫌だよ。
　I've got a pretty good **buzz** right now.
　＊I'm pretty tipsy right now. と言ってもいい。

878 千鳥足　**stagger [reel]**　（千鳥足で歩く　**stagger [reel]**）
＊彼は通りを**千鳥足**で歩いているよ。
　He **is staggering** [**reeling**] along the street.
　＊along the street 「通りを」

879 はしご酒　**barhopping**　（はしご酒をする　**barhop / go barhopping**）
＊昨夜は遅くまで**はしご酒**をしたので、今日は二日酔いだよ。
　I was out late **barhopping** last night, so I have a hangover today.
　＊have a hangover 「二日酔いである」

880 飲み放題　**all you can drink [all-you-can drink option]**
＊この居酒屋では2,000円で酒が**飲み放題**だよ。
　This bar **is all you can drink** [has an **all-you-can-drink option**] for 2,000 yen.

8 [台所用品・調理器具とその関連表現]

881 台所用品　**kitchen utensils**
＊結婚したばかりなので、**台所用品**をいろいろ買わないといけないね。
We just got married, so we need to get a lot of different **kitchen utensils**.

882 調理器具類　**cooking utensils**
＊さし当たって必要な**調理器具類**にはどんなものがある？
What kind of **cooking utensils** do we need for the time being?
＊What kind of ～?「どんな～?」　「さし当たって」は for the time being と言う。

883 深鍋　**pot**
＊**深鍋**はないので買わなくちゃ。
We've got to buy a **pot** because we don't have one.

884 浅鍋　**pan**
＊**浅鍋**は古いのがあるから、買わないでそれを使いましょうよ。
We have an old **pan**, so let's use that instead of getting a new one.
＊instead of ～　「～する代わりに、～しないで」

885 フライパン　**frying pan [skillet]**
＊この**フライパン**はだいぶ古いので、新しいのを買いたいわ。
I want to buy a new **frying pan** [**skillet**] since the one I have is very old.

886 シチュウ鍋　**casserole pan**
＊実家から**シチュウ鍋**持って来たわ。
I brought a **casserole pan** from my parents' house.
＊parents' house「実家」

887 スープ鍋　**stockpot**
＊**スープ鍋**も買う必要があると思わない？
Don't you think we need to get a **stockpot**, too?

888 片手鍋　**saucepan**
＊**片手鍋**なしで済ませると思うわ。
I think we can do without a **saucepan**.
＊do without ～　「～なしで済ます」

889 圧力鍋　**pressure cooker**
＊**圧力鍋**は長い間とても欲しかったわ。
I've really wanted a **pressure cooker** for a long time.
＊for a long time 「長い間」

890 中華鍋　**wok**
＊**中華鍋**は今必要かしら。
I wonder if we'll need [be needing] a **wok** now.

891 やかん　**kettle**
＊**やかん**でお湯を沸かしてくれる？
Will you boil water in the **kettle**?
＊Will you ～? は「～してくれますか？」という意味の依頼を表わす表現。

892 包丁　**kitchen knife**
＊その古い**包丁**はよく切れないから、新しいのを買ったほうがいいね。
We should get a new **kitchen knife** because the old one doesn't cut well.

893 果物ナイフ　**paring knife**
＊**果物ナイフ**でりんごの皮をむいてくれる？
Peel [Pare] an apple with the **paring knife**, will you?
＊りんご・梨などの皮を刃物でむくは pare を、みかん・バナナ・芋・野菜などの皮を手でむくは peel を使うが、実際交互に使うことができる。最近では、peel のほうがよく使われる。

894 まないた　**chopping [cutting] board**
＊古い**まないた**を新しいものと取り替えなければならないでしょ？
We need to replace the old **chopping [cutting] board** with a new one, right?
＊replace A with B 「A を B と取り替える」

895 ひしゃく　**dipper [(water) ladle]**
＊「**ひしゃく**は何に使うの？」「みずやお湯を掬うのに使うのよ。」
"What's a **dipper** used for?" "It's used for dipping up cold water and hot water."
＊dip up ～ 「～を掬う」

896 しゃもじ　**rice scoop**
＊この**しゃもじ**、まだ洗ってないの？
Haven't you washed this **rice scoop** yet?

897 炊飯器　**rice cooker**
　　＊この**炊飯器**のタイマーのセットの仕方分からないよ。
　　　I don't know how to set the timer on this **rice cooker**.
　　　＊set the timer 「タイマーをセットする」

898 泡立て器　**whisk**
　　＊「この器具何と言うの？」「**泡立て器**と言うのよ。」
　　　"What do you call this utensil?" "It's called a **whisk**."

899 卵泡たて器　**eggbeater**
　　＊**卵泡たて器**で卵3個かき混ぜて欲しいわ。
　　　I need you to beat three eggs with the **eggbeater**.
　　　＊beat 「かき混ぜる」

900 レモン絞り器　**lemon squeezer**
　　＊**レモン絞り器**でレモン2個絞ってちょうだい。
　　　I want you to squeeze two lemons with the **lemon squeezer**.
　　　＊squeeze 「絞る」

901 こし器　**strainer**
　　＊我が家に**こし器**あったかしら。
　　　I wonder if we have a **strainer** at our house.
　　　＊wonder if ～ 「～かしら」

902 茶こし器　**tea strainer**
　　＊**茶こし器**の網が破れているので、新しいのを買ってもいい？
　　　The **tea strainer** net is broken, so can I get a new one?
　　　＊be broken 「破れている、壊れている」

903 製粉器　**grinder**
　　＊小麦粉を作る**製粉器**がぜひ必要だわ。
　　　We'll definitely need a **grinder** to make wheat flour.
　　　＊definitely 「ぜひ、確かに」　「小麦粉」のことを wheat flour と言う。

904 ジャガイモつぶし器　**potato masher**
　　＊**ジャガイモつぶし器**が見つからないわ。
　　　I can't find the **potato masher**.

905 蒸し器　**steamer**
　　＊我が家に**蒸し器**必要と思う？
　　　Do you think we need a **steamer** at our house?

906 野菜用水切り器　**spinner**
　　＊「これ何？」「野菜の水を切るための**野菜用水切り器**だよ。」
　　　"What's this?" "It's a **spinner**, which drains the veggies off."
　　　＊drain ～ off 「～の水を切る」　　veggie「野菜」

907 皮むき器　**peeler**
　　＊**皮むき器**でジャガイモの皮をむこうか？
　　　Shall I peel [pare] the potatoes with the **peeler**?
　　　＊Shall I ～ ?「～しましょうか？」

908 食器　**tableware**
　　＊**食器**はまだ十分じゃないね。
　　　We don't have enough **tableware** yet.
　　　＊not ～ yet「まだ～ない」

909 水切り（ろ過器）　**colander**
　　＊**水切り**でスパゲティの水を切ってちょうだい。
　　　Please drain the water off the spaghetti with the **colander**.

910 湯沸かし器　**hot water heater**
　　＊**湯沸かし器**でお湯を沸かしてくれる？
　　　Will you boil water in the **hot water heater**, please?
　　　＊「お湯を沸かす」は boil water と言う。

911 ガス湯沸かし器　**gas water heater**
　　＊お風呂場のお湯は、**ガス湯沸かし器**で沸かしているのよ。
　　　We heat water for the bathroom with a **gas water heater**.
　　　＊heat water「お湯を沸かす」= boil water　　bathroom「風呂場、浴室」

912 消火器　**fire extinguisher**
　　＊万一に備えて、台所に**消火器**を備えておく必要があるね。
　　　Our kitchen needs to be equipped with a **fire extinguisher** just in case.
　　　＊be equipped with ～「～を備えておく」　「万一に備えて」は just in case と言う。

913 フライ返し（へら）　**spatula**
　　＊**フライ返し**は卵を裏返しするのに使うのよ。
　　　I use this **spatula** to turn eggs over.
　　　＊turn [flip] ～ over「～を裏返しにする、～をひっくり返す」

914 ふきん　**kitchen towel [kitchen dishcloth]**
＊スーパーでふきんを何枚か買って来ましょうか？
Shall I get some more **kitchen towels [dishcloths]** from the supermarket?

915 ふきん掛け　**dish-towel rack**
＊このふきん掛け、壁からはずれているので直してね。
This **dish-towel rack** came off the wall. Would you fix it for me?
＊come off ～「～からはずれる、(ボタン・柄などが)取れる」　fix「直す、修理する」

916 テーブル掛け　**tablecloth**
＊テーブル掛け汚れているから洗濯しなくちゃね。
The **tablecloth** is dirty, so it needs washing.
＊be dirty「汚れている」　need washing「洗濯する必要がある」

917 お玉(しゃくし)　**ladle**
＊「これ何といい、何に使うの？」「お玉と言って、スープを掬うのに使うのよ。」
"What do you call this, and what's it used for?" "It's a **ladle**, and it's used for ladling soup."
＊ladle soup「スープを掬う」

918 計量カップ　**measuring cup**
＊計量カップは液体の量を測るのに便利な器具ですよ。
A **measuring cup** is a handy utensil for measuring the amount of a liquid.
＊handy「便利な」　utensil「器具」　the amount of ～「～の量」　liquid「液体」

919 計量スプーン　**measuring spoon**
＊あなた、計量スプーンで水を10cc測ってくれる？
Honey, will you measure out 10 cc of water with the **measuring spoon**?
＊measure out ～「～を測る」

920 計量器　**scale [gauge]**
＊この計量器どこかおかしいわ。
Something is wrong with this **scale [gauge]**.
＊something is wrong with ～「～がおかしい、～はどこか具合が悪い」

921 にんにくつぶし器　**garlic press**
　＊「これは何に使うの？」「**にんにくつぶし器**で、にんにくをつぶすのに使うのよ。」
　"What is this used for?" "It's a **garlic press**. You use it to mash garlic."
　　＊mash garlic 「にんにくをつぶす」

922 冷蔵庫　**fridge**
　＊夕食の残り物、**冷蔵庫**に入れてくれる？
　Will you put the leftovers from dinner in the **fridge**?
　　＊「冷蔵庫」は refrigerator と言うが、口語では fridge を使う。　leftovers 「残り物」　put A in B 「A を B に入れる」

923 電子レンジ　**microwave (oven)**
　＊**電子レンジ**、故障しているかも。電気がこないよ。
　The **microwave (oven)** might be broken. It won't turn on.
　　＊won't ～ 「どうしても～しようとしない」　turn on 「(電気)がつく、をつける」

924 (ガス)レンジ　**(gas) range**
　＊ケーキを作りたいけど、この**(ガス)レンジ**の使い方が分からないわ。
　I want to make a cake, but I don't know how to operate this **(gas) range**.
　　＊how to operate 「使い方」

925 肉焼き道具(じか焼き炉)　**broiler**
　＊**肉焼き道具**があればなあ。チキンの丸焼きができるのに。
　I wish we had a **broiler**. We could roast a chicken whole.
　　＊「チキンを丸焼きする」は roast a chicken whole で表わす。

926 (菓子焼き・料理用)鉄板　**griddle**
　＊ホットケーキを作るので、**鉄板**を準備してね。
　I'm going to make pancakes. Would you get the **griddle** ready, please?
　　＊「ホットケーキ」は和製英語で、英語では pancake と言う。　get ～ ready 「～を準備する」

927 魔法瓶　**thermos**
　＊その**魔法瓶**は新製品なの？
　Is that **thermos** new?

928 皿洗い機　**dishwasher**
＊このシステムキッチンには、**皿洗い機**は付いていますか？
　　Does this built-in kitchen come with a **dishwasher**?
　　＊「システムキッチン」は和製英語で、英語では built-in kitchen と言う。

929 流し台　**sink**
＊このシステムキッチンの**流し台**、広々としているから気に入ったわ。
　　I like the **sink** of this built-in kitchen because it's so big.

930 戸棚（食器棚）　**cupboard**
＊**戸棚**からシチュウ鍋下ろしてくれる？
　　Get the casserole pan down from the **cupboard**, will you?
　　＊～, will you?「～してくれる？」は依頼を示す付加疑問文で、Will you ～？と同じ意味。　get A down from B「BからAを下ろす」

931 米びつ　**rice chest [rice bin]**
＊**米びつ**どこに置こうかしら？
　　Where should we put the **rice chest [bin]**?

932 食卓　**(dining) table**
＊この**食卓**は大きくて豪華に見えるね。
　　This **(dining) table** looks large and gorgeous.

933 小型食器台　**serving table**
＊**小型食器台**を買うのをどう思う？
　　What do you think of getting a **serving table**?
　　＊What do you think of ～?「～をどう思う？」

934 鍋つかみ　**oven mitt**
＊**鍋つかみ**を取ってくれる？
　　Will you get me the **oven mitt**?

935 網じゃくし　**skimmer [ladle strainer]**
＊**網じゃくし**を使って油をくみ出してちょうだい。
　　Please scoop some oil out using the [with the] **skimmer [ladle strainer]**.
　　＊scoop ～ out「～をすくい取る、～を取り（くみ）出す」

936 キッチンタイマー　**kitchen timer**
＊ケーキを作るには、**キッチンタイマー**が必要だわ。
　　We need a **kitchen timer** in order to make a cake.
　　＊in order to do ～「～するために」

937 おろし金　**grater**
＊「おろし金って何？」「大根、しょうが、わさびなどをすりおろすための器具だよ。」
"What's a **grater**?" "It's a utensil for grating Japanese radish, ginger, Japanese horseradish, and so on."
＊grate「すりおろす」　Japanese radish「大根」　ginger「しょうが」
Japanese horseradish「わさび」

938 ざる　**(bamboo) colander**
＊このざるは竹でできているのよ。
This **colander** is made of bamboo.
＊be made of 〜「〜でできている」　bamboo「竹」

939 水差し　**pitcher**
＊水差しに水を入れてくれる？
Put some water into the **pitcher**, will you?

940 広口瓶　**jar**
＊間違ってただ一つの広口瓶を割ってしまって、すごく残念だわ。
I'm awfully sorry I broke our only **jar** by mistake.
＊be awfully sorry「すごく残念である」　by mistake「間違って」

941 ふるい　**sifter**
＊ケーキを作るので、小麦粉をふるいにかけなくちゃ。
I'm going to make a cake, so I've got to put flour through the **sifter**.
＊I'm going to make a cake, so I've got to sift some flour. と言ってもOK。　put A through the sifter「Aをふるいにかける」

942 油きり用ざる　**deep frying basket**
＊明日まで油きり用ざるを貸していただけませんか？
Could you lend me your **deep frying basket** till tomorrow?

943 砥石　**whetstone**
＊この包丁はよく切れないので、砥石で研いで欲しいよ。
This kitchen knife doesn't cut well, so I want you to sharpen it on the **whetstone**.
＊sharpen「研ぐ」

944 砂糖入れ　　**sugar bowl**
＊**砂糖入れ**には、砂糖は残ってないよ。
　　There isn't any sugar left in the **sugar bowl.**
　　　＊There is A left　「A は残っている」

945 クリーム入れ　　**creamer**
＊**クリーム入れ**には、クリームは少ししか残ってないよ。
　　There's only a little cream left in the **creamer.**

946 バター入れ　　**butter dish**
＊**バター入れ**のバター切れちゃったわ。
　　We've run out of butter in the **butter dish**.
　　　＊run out of ～　「～が切れる、～がなくなる」

947 食卓用食塩入れ　　**salt shaker**
＊**食卓用食塩入れ**に塩をもっと入れてちょうだい。
　　Please fill the **salt shaker** with more salt.

948 食卓用こしょう入れ　　**pepper shaker**
＊**食卓用こしょう入れ**がないので、店で一つ買わなくちゃ。
　　We don't have a **pepper shaker**, so we should pick one up at the store.
　　　＊pick up ～ , pick ～ up　「～を拾い上げる、～を買う、迎えに行く」

949 お皿　　**plate**
＊食器棚にはいろいろな**お皿**が入っていますよ。
　　We have many different kinds of **plates** in the cupboard.
　　　＊many different kinds of ～　「いろいろな～」　　cupboard 「食器棚」

950 小皿　　**dish [small plate]**
＊食器棚から**小皿**3枚、取り出してちょうだい。
　　Please take out three **dishes** [**small plates**] from the cupboard.
　　　＊take out ～　「～を取り出す、～を持ち出す」

951 取り皿　　**platter**
＊**取り皿**が十分ないので、いくつか買わなくちゃ。
　　We don't have enough **platters**, so we've got to buy some.

952 受け皿　　**saucer**
＊今夜のパーティに、コーヒー茶わんと**受け皿**が5セット不足しているわ。
　　We're short five sets of coffee cups and **saucers** for tonight's party.
　　　＊be short (of) ～　「～が不足している」口語では of は省略される。

953 　紙皿　　**paper plate**
＊明日のピクニックに、**紙皿**をいくつか持っていくのを忘れないでね。
　　Don't forget to take some **paper plates** for tomorrow's picnic.
　　＊don't forget to do ~　「~するのを忘れない、忘れずに~する」

954 　オーブントースター　　**toaster (oven)**
＊**オーブントースター**で、パン２枚焼いてくれる？
　　Toast two slices of bread in the **toaster (oven)**, will you?
　　＊toast　「(パン・チーズなどを)こんがり焼く」　　two slices of ~　「２枚の~」

955 　コーヒー沸かし　　**coffee maker**
＊**コーヒー沸かし**にコーヒー残っている？
　　Is there some coffee left in the **coffee maker**?
　　＊there is A left　「Aが残っている」

956 　きゅうす　　**teapot**
＊**きゅうす**にお湯をついでくれる？
　　Will you pour some hot water into the **teapot**?
　　＊pour A into B　「AをBにつぐ(注ぐ)」　　hot water　「お湯」

957 　茶碗　　**teacup**
＊昨日お気に入りの**お茶碗**を落として割っちゃったわ。
　　I dropped and broke my favorite **teacup** yesterday.

958 　コップ　　**glass [cup]**
＊あなたの誕生会にいくつの**コップ**を準備したらいい？
　　How many **glasses [cups]** should I prepare for your birthday party?
　　＊How many ~?「いくつの~？」　prepare for ~　「~に備える、~のために準備をする」　birthday party「誕生会」

959 　マグカップ　　**mug**
＊僕の**マグカップ**どこに置いてあるの？
　　Where do you keep my **mug**?
　　＊「マグカップ」は和製英語で、英語では単に mug と言う。

960 　おわん　　**(soup) bowl**
＊その**おわん**に味噌汁を入れてくれる？
　　Would you put some miso soup in the **(soup) bowl**?
　　＊put A in B　「AをBに入れる」　　miso soup　「味噌汁」

961 ご飯茶碗　**rice bowl**
＊このご**飯茶碗**、片付けてね。
Please put these **rice bowls** away.
＊put ～ away 「～を片付ける」

962 どんぶり　**bowl**
＊おそばをこの**どんぶり**に入れてくれる？
Put buckwheat noodles in this **bowl**, will you?

963 サラダボウル　**salad bowl**
＊**サラダボウル**はもう一つ必要でしょ？
We need another **salad bowl**, right?

964 取り分け用ボウル　**serving bowl**
＊**取り分け用ボウル**を回してくれる？
Would you pass me a **serving bowl**, please?
＊「回す、手渡す」は pass を使って表わす。

965 盆　**tray [server]**
＊お客さんが来たら、その**お盆**でお茶を出してね。
Please serve tea with the **tray [server]** when you have guests.
＊「(お茶・食事などを)出す」は serve を使って表わす。　guest 「お客」

966 箸　**chopsticks**
＊**箸**の使い方お上手ですね。
You're good at using **chopsticks**.
＊be good at ～ 「～が上手である、～が得意である」

967 割り箸　**disposable wooden chopsticks**
＊余分の**割り箸**ありますか？
Do you have any **disposable wooden chopsticks** to spare?
＊Do you have any extra disposable wooden chopsticks? でも OK。　to spare は「余分の」という意味。「暇がないよ」は I have no time to spare. と言う。

968 さじ　**spoon**
＊子供用の**さじ**はありますか？
Do you have a kids' **spoon**?

969 フォーク　**fork**
＊**フォーク**を落としたので、新しいのに取り替えてください。
I dropped my **fork**, so could you give me a clean one?

— 124 —

970 ペーパーナプキン　　**napkins**
＊**ペーパーナプキン**がなくなってきているね。
　　We're running short of **napkins**.
　　＊run short of ～　「～が不足する、～を切らす」

971 ティシューペーパー　　**tissues**
＊スーパーに行くとき、**ティシューペーパー**5箱買ってきてね。
　　Please pick up five boxes of **tissues** when you go to the supermarket.

972 キッチンタオル　　**paper towel**
＊**キッチンタオル**は無くなりそうだね。
　　It looks like we're running out of **paper towels**.
　　＊look like + S + V ～　「Sは～しそうだ」　　run out of ～　「～が無くなる」

973 たわし　　**scrubbing brush**
＊これは台所用の**たわし**？
　　Is this a **scrubbing brush** for the kitchen?

974 缶きり　　**can opener**
＊「さばの缶詰開けてくれる？」「**缶きり**はどこにあるの？」
　　"Could you open a can of mackerel?"　"Where's the **can opener**?"
　　＊「缶詰」はcanと言う。　mackerel「さば」

975 栓抜き　　**bottle opener**
＊あなた、**栓抜き**どこに置いたの？
　　Honey, where did you put the **bottle opener**?

976 コルク栓抜き　　**corkscrew**
＊この**コルク栓抜き**を使って、ワインびんのコルクの栓を抜いてちょうだい。
　　Use this **corkscrew** to uncork the wine bottle.
　　＊uncork「コルクの栓を抜く」　　wine bottle「ワインびん」

977 食器洗い用洗剤　　**dish detergent**
＊**食器洗い用洗剤**、皿洗い機のどこに入れたらいい？
　　Where should I put the **dish detergent** in this dishwasher?
　　＊dishwasher「皿洗い機」

978 ごみ入れ（ごみ箱）　**garbage can**
　＊ごみ入れからごみを出して、ポリ袋に入れてちょうだいね。
　Pease take the garbage out of the **garbage can** and put it into the plastic bag.
　　＊take A out of B 「BからAを取り出す」　「ポリ袋」は和製英語で、英語では plastic bag と言う。

979 アイスクリームサーバー　**ice cream scoop**
　＊そろそろ**アイスクリームサーバー**を買うときだね。
　It's about time we got an **ice cream scoop**.
　　＊It's about time＋S＋過去形〜　「Sはそろそろ〜するときだ」

980 スライーサー　**carving knife**
　＊「いったい**スライーサー**って何？」「パンや肉を薄く切る器具ですよ。」
　"What on earth is a **carving knife**?" "It's a utensil for cutting thin slices of bread and meat."
　　＊on earth 「いったい（全体）」＝ in the world は疑問詞 What を強める表現。
　　　utensil 「器具」　cut thin slices of 〜 「〜を薄く切る」

9 [家庭用品とその関連表現]

981 家庭用品　**household items [household utensils]**
＊**家庭用品**をできるだけ多く揃えなくちゃいけないね。
We have to get as many **household items** [**utensils**] together as possible.
＊get ~ together 「~を揃える」　as many ~ as possible 「できるだけ多くの~」

982 アルミホイル　**aluminum foil**
＊**アルミホイル**はもう少しで切れるよ。
We're almost out of **aluminum foil**.
＊be out of ~ 「~が切れている、~がなくなっている」　almost 「もう少しで、ほとんど」

983 ラップ　**plastic wrap**
＊**ラップ**は切れちゃったわ。
We've run out of **plastic wrap**.

984 パラフィン紙　**wax paper**
＊この贈り物を包む**パラフィン紙**が要るわ。
I need **wax paper** to wrap this gift.
＊wrap 「包む」　gift 「贈り物」

985 石鹸　**soap**
＊この**石鹸**は泡立ちがいいわ。
This **soap** lathers well.
＊lather well 「泡たちがいい」

986 針　**needle**
＊あなた、**針**に糸を通してくれる？
Honey, will you thread a **needle** for me?
＊thread 「糸を通す」

987 ボタン　**button**
＊シャツのボタンが取れたので、**ボタン**をつけてくれる？
A **button** came off my shirt. Could you sew a new one on?
＊come off 「取れる」　sew ~ on 「~を縫いつける」

988 ろうそく　　candle
＊ろうそくを消すのを忘れないでね。
Don't forget to blow out the **candle**.
＊blow out ～　「～を消す」

989 ごみ袋　　trash [garbage] bag
＊台所の生ごみを**ごみ袋**に入れてちょうだい。
I want you to put the garbage into the **trash** [**garbage**] **bag**.

990 紙くずかご　　wastebasket
＊**紙くずかご**がごみでいっぱいだわ。
The **wastebasket** is full of trash.
＊be full of ～　「～でいっぱいである、～で満ちている」　trash「くず、ごみ」

991 ちり取り（ごみ取り）　　dustpan
＊ねえあなた！　ちり取りどこにあるか分かる？
Honey! Do you know where the **dustpan** is?

992 アイロン　　iron
＊これはスチーム**アイロン**ですか？
Is this a steam **iron**?

993 アイロン台　　ironing board
＊**アイロン台**、使った後は片付けてね。
Put the **ironing board** away after you're done using it, will you?
＊「～を片付ける、～をしまう」は put ～ away で表わす。

994 傘　　umbrella
＊この折りたたみ**傘**、借りてもいい？
May I borrow this folding **umbrella**?
＊許可を得る場合、May I ～?「～してもいいですか？」で表現する。　folding umbrella「折りたたみ傘」

995 傘たて　　umbrella stand
＊これから傘は**傘たて**に入れて置いてね。
Please put your umbrella in the **umbrella stand** from now on.
＊put A in B「A を B に入れる」　from now on「今後は、これからは」

996 鏡　　mirror
＊この手**鏡**を割ったのは誰？
Who broke this hand **mirror**?

997 爪きり　　**nail clippers [nail scissors]**
＊「爪きりどこにあるの？」「食器棚の上から2番目の引き出しにあるよ。」
"Where are the **nail clippers [scissors]**?" "They're in the second drawer from the top of the cupboard."
＊drawer「引き出し」　top「上部、上段」　cupboard「食器棚」

998 爪やすり　　**nail file**
＊昨日**爪やすり**で爪を磨いたわ。
I buffed my nails with a **nail file** yesterday.
＊buff「磨く、研ぐ」　nail「爪」　「爪を切る」は cut [trim] one's nails と言う。

999 やすり　　**file**
＊お父さん、木材の表面を**やすり**で滑らかにするのを手伝ってくれる？
Dad, do you think you could help me smooth this wood with a **file**?
＊smooth「滑らかにする」　wood「木材」

1000 マニキュア　　**nail polish**
＊妻は赤い**マニキュア**をいつもしているよ。
My wife wears red **nail polish**.
＊「マニキュアをしてもらったわ」は I got my nails polished [manicured]. と言う。

1001 歯ブラシ　　**toothbrush**
＊この**歯ブラシ**は擦り切れているので、新しいのを買わなくちゃ。
This **toothbrush** is worn out, so I've got to buy a new one.
＊be worn out「擦り切れている」

1002 電動歯ブラシ　　**electric toothbrush**
＊**電動歯ブラシ**は使い易くて便利だね。
Electric toothbrushes are really handy and easy to use.
＊handy「便利な」　「使い易い」は be easy to use と言う。

1003 歯ブラシ立て　　**toothbrush holder**
＊この**歯ブラシ立て**汚れているから、きれいに洗いましょうね。
Let me wash this dirty **toothbrush holder** clean.
＊dirty「汚れた」　wash ～ clean「～をきれいに洗う」

1004 練り歯磨き　　**toothpaste**
＊**練り歯磨き**きれそうだね。
It looks like we're going to need some more **toothpaste** soon.

1005 歯磨き粉　**tooth powder**
＊練り歯磨きと**歯磨き粉**、どちらを使っているの？
Do you use toothpaste or **tooth powder**?

1006 爪楊枝　**toothpick**
＊「**爪楊枝**を使いますか？」「はい、ありがとう。」
"Would you like to use a **toothpick**?"　"Sure. Thanks."

1007 懐中電灯　**flashlight**
＊万一に備えて、**懐中電灯**を手元に置いておく必要があるね。
We have to keep a **flashlight** handy in case of an emergency.
　＊handy 「手元に」　in case of an emergency 「万一に備えて」

1008 電球　**light bulb**
＊**電球**が切れたので、取り替えてくれる？
The **light bulb** burned out. Will you change it?
　＊burn out 「(電球が)切れる、燃え尽きる」　「取り替える」はchangeで表わす。

1009 蚊取り線香　**mosquito coil**
＊部屋に蚊がいるので、**蚊取り線香**をたかなくちゃ。
We've got to burn a **mosquito coil** to get rid of these mosquitoes in the room.
　＊burn 「たく、燃やす、焼く」　get rid of ~ 「~を取り除く、~を片付ける」

1010 殺虫剤　**insectcide [pesticide]**
＊天井にいるゴキブリに**殺虫剤**をかけてちょうだい。
Spray some **insecticide [pesticide]** over the cockroach on the ceiling, will you?
　＊spray 「吹きかける」　cockroach 「ゴキブリ」　ceiling 「天井」

1011 防虫剤(衣料用)　**mothballs**
＊箪笥の引き出しの中に、**防虫剤**をいくつか入れて置きましょうね。
Shall I put some **mothballs** in the bureau drawers?
　＊「箪笥の引き出し」はbureau drawersで表わす。

1012 防虫網　**mosquito net**
＊夏は蚊が多いので、**防虫網**が必要だね。
We need **mosquito nets** to cope with all the mosquitoes in the summer.
　＊cope with ~ 「~に対処する、~を処理する」　mosquito 「蚊」

1013 シャンプー　　**shampoo**
　　＊この**シャンプー**、あまり泡たちがよくないわ。
　　　This **shampoo** doesn't lather very well.
　　　＊not ~ very well「あまり~よくない」　「泡立ちがよい」は lather well で表わす。

1014 ドライヤー　　**hair dryer**
　　＊早く髪を乾かしたかったら、**ドライヤー**を使うといいよ。
　　　If you want to dry your hair quickly, you should use the **hair dryer**.
　　　＊quickly「早く、急いで」

1015 ヘアブラシ　　**hair brush**
　　＊髪がぼさぼさしているよ。私の**ヘアブラシ**を使う？
　　　Your hair is disheveled. Do you want to use my **hair brush**?
　　　＊be disheveled「(髪が)ぼさぼさしている」

1016 ヘアピン　　**hairclip [hairpin]**
　　＊**ヘアピン**どこにしまっておいたかしら。
　　　I wonder where I put my **hairclips [hairpins]**.

1017 髪止め飾りピン　　**barrette**
　　＊「これ何？」「それは**髪止め飾りピン**と言って、髪が前に垂れないようにするために使うのよ。」
　　　"What's this?" "It's called a **barrette**. It keeps your hair from falling forward."
　　　＊keep A from ~ ing「Aが~しないようにする」　　fall forward「前に垂れる」

1018 安全ピン　　**safety pin**
　　＊**安全ピン**、持っていたら貸してくれる？
　　　Could you lend me a **safety pin** if you have one?

1019 櫛(くし)　　**comb**
　　＊この**櫛**は歯が数本欠けているね。
　　　This **comb** has a few missing teeth.
　　　＊missing teeth「歯が欠けている」

1020 バスタオル　　**bath towel**
　　＊使った**バスタオル**は洗濯機に入れてね。
　　　Please put used **bath towels** in the washer [washing machine].
　　　＊used「使った」　　washer [washing machine]「洗濯機」

1021 手ふきタオル　**hand towel**
＊手ふきタオルを使った後は、洗濯かごに入れて置いてね。
After you're done, could you throw your **hand towel** into the hamper?
＊throw A into B 「AをBに入れる」　「洗濯かご」は hamper と言う。

1022 浴用タオル（顔面用手ぬぐい）　**washcloth [facecloth]**
＊浴用タオルはストックがたくさんあるね。
We have lots of **washcloths [facecloths]** in stock.
＊have ～ in stock 「～のストック（在庫品）がある」

1023 バスマット　**bath mat**
＊バスマット湿っぽいので、乾かさなくちゃね。
The **bath mat** is wet, so I've got to let it dry.
＊wet 「湿っぽい」　have got to do ～ 「～しなければならない」　let ～ dry 「～を乾かす」

1024 スポンジ　**sponge**
＊スポンジで背中をごしごしこすってくれる？
Will you scrub my back with a **sponge**?
＊scrub A with B 「AをBでごしごしこする」　back 「背中」

1025 プランジャー（配水管掃除棒）　**plunger**
＊トイレが詰まっているので、プランジャーで直してちょうだい。
Could you unplug the toilet with the **plunger**?
＊unplug ～ 「～から詰まっている（ふさいでいる）物を除く」

1026 トイレブラシ　**toilet brush**
＊このトイレブラシ、かなり使い古しているわ。
This **toilet brush** is pretty worn out.
＊「使い古している」は be worn out で表わす。

1027 トイレットペーパー　**toilet paper**
＊トイレットペーパーが切れそうだね。
It looks like we're almost out of **toilet paper.**

1028 芳香剤　**air freshener**
＊この芳香剤、いい香りがするわ。
This **air freshener** smells good [nice].

1029 洗濯石鹸　**detergent**
　＊私たちは何年も、この銘柄の**洗濯石鹸**を使っているのよ。
　　We've been using this brand of **detergent** for years.
　　　＊brand「銘柄」　for years「何年も」

1030 洗濯籠　**hamper**
　＊まあ、**洗濯籠**、洗濯物でいっぱいだわ。
　　Wow, the **hamper** is full of laundry.
　　　＊be full of ～「～でいっぱいである」　laundry「洗濯物」

1031 洗濯挟み　**clothespin**
　＊**洗濯挟み**が足りないから、いくつかお店で買ってきてね。
　　We don't have enough **clothespins**. Get some at the store, please.

1032 綿棒　**cotton swab [Q-Tip]**
　＊**綿棒**で耳の掃除をしたほうがいいよ。
　　You should clean your ears with **cotton swabs [Q-Tips]**.
　　　＊clean one's ears「耳を掃除する」

1033 靴べら　**shoehorn**
　＊**靴べら**がないと、この新しい靴は履きづらいよ。
　　I have a hard time getting these new shoes on without a **shoehorn**.
　　　＊have a hard time ～ ing「～するのに苦労する」　without「～なしで」

1034 靴ブラシ　**shoe brush [blacking brush]**
　＊あなたの靴汚れているので、**靴ブラシ**で磨いたら。
　　Your shoes are dirty, so why don't you brush them with a **shoe brush [blacking brush]**?
　　　＊be dirty「汚れている」　Why don't you ～?「～したらどう？」　brush「磨く」

1035 靴紐　**shoelace**
　＊片方の靴の**靴紐**が無くなっているよ。
　　You're missing the **shoelace** from one of your shoes.

1036 靴墨　**shoe polish**
　＊靴箱に茶色の**靴墨**ある？
　　Is there brown **shoe polish** in the shoebox?
　　　＊brown「茶色の」　shoebox「靴箱」

1037 鋏（はさみ）　**scissors**
＊あなた、**鋏**でこの糸を切ってくれる？
Honey, cut this thread off with the **scissors**, will you?
＊cut ～ off 「～を切り取る」　　thread 「糸」

1038 ねじ回し　**screwdriver**
＊**ねじ回し**でそのねじを締めてちょうだい。
Please tighten the screw with a **screwdriver**.
＊「（きつく）締める」は tighten で表わす。　　screw 「ねじ」

1039 プラスドライバー　**Phillips screwdriver**
＊このねじを抜くには**プラスドライバー**がいるね。
I need a **Phillips screwdriver** to remove this screw.
＊Phillips はプラスねじを創案した米国の工具メーカーの商標名。　　remove 「取り除く」

1040 ペンチ　**pliers**
＊針金を切る**ペンチ**以前あったけど、どこにも見つからないよ。
I know I used to have **pliers** to cut wire, but I can't find them anywhere.
＊cut wire 「針金を切る」　　not ～ anywhere 「どこにも～ない」

1041 かなづち　**hammer**（かなづちで打ち込む　**hammer**）
＊**かなづち**でこの壁に釘を打ち込んでちょうだい。
Please **hammer** a nail into this wall.
＊Please drive a nail into this wall with a hammer. と言っても OK。　　drive a nail 「釘を打ち込む」

1042 スパナ　**wrench**
＊**スパナ**でゆるんだねじを締めなければならないね。
I've got to tighten that loose screw with a **wrench**.
＊tighten 「固く締める」　　loose screw 「ゆるんだねじ」

1043 毛抜き　**(hair) tweezers**
＊**毛抜き**でここにある白髪を抜いてくれる？
Will you pull out this gray hair with the **(hair) tweezers**?
＊pull out 「抜く」　　gray hair 「白髪」

1044 ビニール袋　**plastic bag**
＊空き缶は**ビニール袋**に入れてね。
Put the empty cans in the **plastic bag**, will you?
＊「ビニール袋」は和製英語で、英語では plastic bag と言う。

1045 体重計　**scale**
＊体重を測るので、**体重計**に乗って。
I'm going to weigh you, so step onto the **scale**.
＊weigh ～「～の体重を測る」　step onto「～に乗る」

1046 体温計　**(clinical) thermometer**
＊赤ちゃんの体温を測りたいが、**体温計**はどこにあるのかしら。
I want to take the baby's temperature, but I wonder where the (clinical) **thermometer** went.

1047 温度計　**thermometer**
＊只今**温度計**は、摂氏12度を指しているよ。
The **thermometer** reads 12 degrees Celsius [C] right now.

1048 血圧計　**blood-pressure meter [sphygmomanometer]**
＊**血圧計**のバッテリーが切れちゃったよ。
The batteries of the **blood-pressure meter [sphygmomanometer]** are dead.
＊「血圧計」は単に manometer とも言う。「(バッテリーが)切れる」は be dead で表わす。

1049 目覚まし時計　**alarm clock**
＊明日の朝早く家を出なくちゃいけないので、**目覚まし時計**を6時にセットしよう。
I've got to leave home early tomorrow morning, so I'll set the **alarm clock** for six.

1050 置き時計　**table [desk] clock**
＊その**置き時計**は、5分遅れていますよ。
The **table [desk] clock** is five minutes slow.
＊「(時計が)遅れて」は slow で、「(時計が)進んで」は fast で表現する。

1051 柱時計　**wall clock**
＊この**柱時計**骨董品みたいだね。
This **wall clock** looks like an antique.
＊「置時計」は (table) clock と言い、「腕時計」は (wrist) watch と言う。antique「骨董品」

1052 状差し　**letter rack**
＊**状差し**、郵便物でいっぱいだわ。
The **letter rack** is full of mail.

1053 スリッパ　**slippers**
＊この部屋では**スリッパ**を履いたほうがいいよ。
You should wear **slippers** in this room.

1054 紙くずかご　**wastebasket**
＊紙くずを部屋に散らかさないで、**紙くずかご**に入れなさいね。
Put your litter into the **wastebasket** instead of messing up the room with it.
＊紙くず・空きびん・空き缶などのごみは litter で表わす。　mess up 「散らかす」

1055 電話帳　**(tele)phone book [(tele)phone directory]**
＊**電話帳**をお借りしてもいいですか？
May I borrow your **(tele)phone book [directory]**?
＊「(電話帳)を借りる」は borrow を使うが、「(電話)を借りる」は use を使う。

1056 ガムテープ　**masking [packing] tape**
＊このボール箱を密封するには**ガムテープ**がいるね。
I need some **masking [packing] tape** to seal up this cardboard box.
＊「ガムテープ」は和製英語。　seal up「密封する」　cardboard box「ボール箱」

1057 哺乳瓶　**(nursing) [baby] bottle**
＊**哺乳瓶**をお湯で消毒してくれる？
Will you sterilize the **(nursing) [baby] bottle** with hot water?
＊sterilize「消毒する」　「哺乳瓶」は単に bottle と言っても OK。　hot water「お湯」

1058 粉ミルク　**powdered [dry] milk**
＊**粉ミルク**を哺乳瓶に入れ、お湯で溶かしてちょうだい。
Put the **powdered [dry] milk** into the (nursing) bottle and melt it with hot water, please.
＊put A into B「AをBに入れる」　melt A with B「AをBで溶かす」

1059 乳児用流動食　**formula**
＊そろそろ赤ちゃんに**乳児用流動食**を上げるときだわ。
It's about time to give the baby some **formula**.

1060 ベビーシリアル　**baby cereal**
＊スーパーで**ベビーシリアル**を買ってきてくれる？
Get some **baby cereal** from the supermarket, will you?

1061　安全かみそり　　**safety razor**
＊**安全かみそり**の刃、そろそろ替えなくちゃ。
　　It's about time for me to put a new blade in my **safety razor**.
　　　＊It's about time for + S + to do ～　「Sがそろそろ～するときだ」　blade「刃」

1062　たわし　　**scrubbing brush**
＊昨日浴室の床を**たわし**でこすって洗ったよ。
　　Yesterday, I scrubbed the floor of the bathroom with a **scrubbing brush.**
　　　＊scrub「こすって洗う」　floor「床」　bathroom「浴室」

1063　ひげそり用クリーム　　**shaving cream**
＊**ひげそり用クリーム**を切らしたので、浴用石鹸でひげを剃ったよ。
　　I had to shave with bath soap because I ran out of **shaving cream**.
　　　＊shave「ひげを剃る」　「浴用石鹸」は bath soap で表わす。

1064　アフターシェイブローション　　**aftershave lotion**
＊**アフターシェイブローション**を使うと顔がすっきりするよ。
　　I use **aftershave lotion** to make my face feel fresh.
　　　＊feel fresh「すっきりする、さわやかである」

1065　止血棒剤　　**styptic**
＊切り口にこの**止血棒剤**を塗るといいよ。
　　You should put some of this **styptic** on that wound.
　　　＊wound「切り口」

1066　洗顔乳液　　**cleanser**
＊**洗顔乳液**が減ってきているね。
　　We're getting low on **cleanser**, aren't we?
　　　＊get low on ～　「～が乏しくなる、～が減る」= run low on ～

1067　乳液　　**lotion**
＊顔の肌が乾燥しているようなので、この**乳液**を使うといいよ。
　　Your face looks dry. Try this **lotion**.

1068　香水　　**perfume**
＊この**香水**はとてもいい匂いがするわ。
　　This **perfume** smells very good.
　　　＊smell good「いい匂いがする」

1069 日焼け止め　**sunscreen [sunblock]**
＊今日はゴルフに行くので、**日焼け止め**を顔に塗らなくちゃ。
I'm going golfing today, so I have to put **sunscreen** [**sunblock**] on my face.
＊「ゴルフに行く」は go golfing と言う。

1070 日焼け止めローション　**suntan lotion**
＊肌が日焼けしやすいので、**日焼け止めローション**を塗るわ。
My skin gets sunburned easily, so I'm going to put some **suntan lotion** on.
＊「(健康的に)日焼けする」は get suntanned と言い、「(ひりひりして痛いほど)日焼けする」は get sunburned と言う。

1071 口紅　**lipstick**
＊この**口紅**の色、気に入ったわ。
I like the color of this **lipstick**.

1072 リップクリーム　**lip balm**
＊乾燥期間中は、**リップクリーム**無しで済ますことはできないわ。
During the dry season, I can't do without **lip balm**.
＊during the dry season 「乾燥期間中」　do without ～ 「～なしで済ます」

1073 ほお紅　**blush [rouge]**
＊化粧するときは、薄く**ほお紅**もつけるの。
When I put on makeup, I put a light touch of **blush** [**rouge**] on my face, too.
＊put on makeup 「化粧する」　put a light touch of ～ 「～を薄くつける」

1074 ファンディション　**foundation**
＊どんな**ファンディション**を使っているの？
What kind of **foundation** are you using?
＊What kind of ～?「どんな～?」

1075 化粧品　**cosmetics**
＊アメリカでは、**化粧品**は通常ドラッグストアで売られているのよ。
In the States, **cosmetics** are usually sold at drugstores.
＊米国の drugstore は薬品類のほか日用雑貨や化粧品・タバコ・本・文房具なども売っている。

1076 おしろい　**facial [face] powder**
＊あなたは**おしろい**を塗りすぎだわ。
　You've put on too much **facial [face] powder**.

1077 マスカラ　**mascara**
＊泣いたので、**マスカラ**が落ちているよ。
　Your **mascara** came off because you cried.
　＊come off 「(塗料・マスカラなどが)はがれる、落ちる」　cry 「泣く」

1078 まゆずみ(アイブロウペンシル)　**eyebrow pencil**
＊あなた、化粧箱の**まゆずみ**見なかった？
　Honey, did you see my **eyebrow pencil** in the makeup box?
　＊「化粧箱」は makeup box と言う。

1079 耳かき　**ear pick**
＊「うわあ、右耳がかゆい！」「**耳かき**でほじくったら。」
　"Man, my right ear's itchy!" "Try picking it with an **ear pick**."
　＊itchy 「かゆい」　try ~ ing 「試しに~してみる」　pick 「ほじくる」

1080 蝿たたき　**flyswatter**
＊食卓にいる蝿、**蝿たたき**で捕ってくれる？
　Would you get that fly on the dining table with a **flyswatter**?

1081 孫の手　**back scratcher**
＊背中が痒いときは、いつでも**孫の手**を使うよ。
　Whenever my back itches, I use a **back scratcher**.

1082 虫眼鏡　**maginifier [magnifying glass]**
＊年をとってきているので、新聞を読むときは**虫眼鏡**が必要だね。
　I'm getting old, so I need a **magnifier [magnifying glass]** when I read the newspaper.

1083 アイスボックス　**cooler**
＊明日ピクニックに、**アイスボックス**を持って行くね。
　I'm going to take a **cooler** with me to the picnic tomorrow.
　＊日本語の「クーラー」は air conditioner「エアコン」のことを意味する。

1084 アイスピック　**ice pick**
＊氷は大きすぎるので、**アイスピック**でいくつかに割らなきゃね。
　I've got to break this ice into pieces with an **ice pick**. It's just too big right now.
　＊break ~ into pieces 「~をいくつかに割る」

1085 ほうき **broom**
＊**ほうき**で家の前の歩道を掃いてくれる？
Would you sweep the front sidewalk with a **broom**?
＊sweep「掃く」　sidewalk「歩道」

1086 へら **spatula**
＊**へら**でプランターの土に肥料を混ぜなくちゃ。
I need to use a **spatula** to mix fertilizer into the soil in the planter.
＊mix A into B「BにAを混ぜる」　fertilizer「肥料」　soil「土、土壌」

1087 鍬 **hoe**
＊トマトとなすを植えたいので、**鍬**で畑を耕してくれる？
I want to plant tomatoes and eggplant. Could you please till the garden [field] with a **hoe**?
＊plant「植える」　eggplant「なす」　till the garden [field]「畑を耕す」

1088 鎌 **sickle**
＊昨日畑の草を**鎌**で刈ったよ。
I clipped the grass in the field with a **sickle** yesterday.
＊clip the grass「草を刈る」　field「畑」

1089 のこぎり **saw**
＊この枝、**のこぎり**で切ってもらいたいわ。
I want you to cut off this branch with a **saw**.
＊I want you to saw off this branch. でも OK。　cut off ～「～を切り落とす」
branch「枝」

1090 芝刈り機 **lawnmower**
＊庭の芝生を刈るための**芝刈り機**があればいいのになあ。
I wish I had a **lawnmower** to cut the grass in the yard.
＊grass「芝生、草」　yard「庭」

1091 ホース **(garden) hose**
＊この**ホース**は少し短くて庭に届かないわ。
This **(garden) hose** is a little too short to reach the garden.
＊too ～ to do...「とても～なので…できない」　reach「届く」

1092 スコップ **shovel**
＊木を植えたいので、**スコップ**で穴を掘ってくれる？
Would you dig a hole with a **shovel** so I can plant a tree?
＊dig a hole「穴を掘る」　so S can ～「Sが～するために、～できるように」

1093 じょうろ **watering can**
＊庭の花に**じょうろ**で水をかけてくれる？
　Will you water the flowers in the garden with the **watering can**?
　　＊water 「水をかける」

1094 はしご **ladder**
＊**はしご**から落ちないように気をつけてね。
　Be careful not to fall off the **ladder**.
　　＊fall off ～　「～から落ちる」

1095 脚立 **stepladder**
＊切れた電球を新しいのと取り替えるので、**脚立**を持ってきてくれる？
　I'm going to replace the burned-out electric bulb with a new one, so could you bring me a **stepladder**?
　　＊replace A with B 「A を B と取り替える」　burned-out electric bulb 「切れた電球」

1096 除草剤 **weedkiller [herbicide]**
＊この**除草剤**は本当によく効くよ。
　This **weedkiller [herbicide]** is really effective.
　　＊This weedkiller really works. と言っても OK。　effective 「効力がある、有効な」

1097 乾燥剤 **desiccant**
＊このごろはとても湿っぽいので、たんすに**乾燥剤**を入れたほうがいいね。
　It's so humid these days that we're probably going to need to put some **desiccants** in the bureau.
　　＊so ～ that…「とても～なので…」　humid 「湿っぽい」　these days 「このごろ」　bureau 「たんす」

1098 漂白剤 **bleach**
＊このシャツの襟は黄ばんでいるので、**漂白剤**につけて置いてね。
　The collar of this shirt is yellowish, so I want you to soak it in **bleach**.
　　＊The collar of this shirt is yellowish. Could you bleach it? でもよい。　collar 「襟」　yellowish 「黄色がかった」　soak 「つける」

1099 召集芳香剤(防臭剤) **deodorant**
＊お手洗いは異様なにおいがするので、**召集芳香剤**を置いておきましょうか？
　The bathroom smells weird. Should I put a **deodorant** in there?
　　＊weird 「異様な、変な」＝ strange

1100 さらし粉（漂白粉） **bleaching powder**
＊ふきんを**さらし粉**にしばらく漬けておくわね。
I'm going to soak [steep] the dish towels in the **bleaching powder** for a while.
　＊soak [steep]「漬ける、浸す」　dish towel「ふきん」　for a while「しばらく」

10 [家具・電化製品とその関連表現]

1101 家具　**furniture**
＊洋風の**家具**が欲しいわ。
I want a set of Western-style **furniture**.
＊a set of ～ 「一式の～、一組の～」　Western-style 「洋風の」

1102 家具付きの家　**furnished house**
＊**家具付きの家**を借りたいです。
I want to rent a **furnished house**.

1103 ソファ　**sofa [couch]**
＊まあ、この洋風の**ソファ**本当にすばらしいわ。
Wow, this Western-style **sofa [couch]** is really great.

1104 サイドテーブル　**night table [nightstand]**
＊この**サイドテーブル**は日本製なの？
Is this **night table [nightstand]** made in Japan?
＊「～製の」は made in ～で表わす。「これは日本製の車です」なら This is a car made in Japan. と言う。This car is of Japanese make. と言っても OK。

1105 床置きスタンド　**floor lamp**
＊その**床置きスタンド**、ソファに合うね。
The **floor lamp** matches the sofa, doesn't it?
＊match 「つり合う、調和する」

1106 スタンド(ソファわきのテーブルに置くもの)　**table lamp**
＊この**スタンド**はソファと一式になっているの？
Does this **table lamp** come with the sofa?
＊A come with B 「A は B と一式になっている」

1107 スタンド(机に置くもの)　**desk lamp**
＊薄暗くて新聞がよく読めないから、**スタンド**がなくちゃ。
I can't read the newspaper very well in dim light, so I need a **desk lamp**.
＊dim light 「薄暗い光」

1108 センターテーブル　**coffee table**
＊**センターテーブル**に置くテーブル掛けどこにあるの？
Where do you keep the tablecloth for the **coffee table**?
＊tablecloth 「テーブル掛け」

— 143 —

1109 ２人掛けソファ　**loveseat**
＊あなた、２人掛けソファも買わなければいけないの？
Honey, do we need to get a **loveseat**, too?

1110 敷物　**rug**
＊この**敷物**、手触りが柔らかく心地よい感じがするわ。
This **rug** feels soft and comfortable.
＊feel soft and comfortable 「手触りがよく心地よい感じがする」

1111 シャンデリア　**chandelier**
＊シャンデリアは本当にきれいだね。どこの店で買ったの？
The **chandelier** is really beautiful. Which store did you get it at?

1112 足置き　**footrest**
＊**足置き**にただ足をのせるだけで気持ちよくなるよ。
You'll feel comfortable just by putting your legs up on the **footrest**.
＊put A up on B 「AをBにのせる」　feel comfortable 「気持ちがいい」

1113 揺り椅子　**rocking chair**
＊**揺り椅子**に座っていると、眠くなるよ。
Sitting in the **rocking chair** makes me feel sleepy.

1114 回転椅子　**swivel chair**
＊**回転椅子**に座って新聞を読んでいると、眠気をおぼえるわ。
I get drowsy when I read the newspaper sitting in the **swivel chair**.
＊get drowsy 「眠くなる、うとうとする」

1115 安楽椅子　**easy chair**
＊この**安楽椅子**、本当に座り心地がいいわ。
This **easy chair** feels really comfortable to sit in.
＊「座り心地がいい」は feel comfortable to sit で表現する。

1116 肘掛け椅子　**armchair**
＊この**肘掛け椅子**は書斎に置こう。
I'm going to put this **armchair** in my study [den].
＊put A in B 「AをBに置く」　study [den] 「書斎」

1117 折り畳み椅子　**folding chair**
＊子供の運動会に、**折り畳み椅子**を持って行かなくちゃ。
I need to take a **folding chair** to my kid's sports [athletic] meet.
＊「運動会」は sports [athletic] meet と言う。

1118　丸椅子（背のもたれのない椅子）　**stool**
　　＊足を置くのに**丸椅子**を利用しているよ。
　　　I use a **stool** to put my feet on.

1119　書き物机　　**writing bureau**
　　＊これは私の気に入りの**書き物机**で、よく使っているよ。
　　　This is my favorite **writing bureau.** I use it a lot.
　　　　＊favorite「気に入りの」　　a lot「よく、大いに、ずいぶん」

1120　伸縮自在テーブル　　**extension table**
　　＊この**伸縮自在テーブル**は何に使っているの？
　　　What are you using this **extension table** for?
　　　　＊What ～ for?「どんな目的で、なんのために、なぜ」　What for? のように単独
　　　　で用いられることもある。

1121　洋服だんす　　**wardrobe**
　　＊服を**洋服だんす**に片付けてくれる？
　　　Put the dress away in the **wardrobe**, will you?
　　　　＊put ～ away「～を片付ける、～をしまう」

1122　たんす　　**bureau**
　　＊**たんす**にこれ以上衣服は入らないわ。
　　　I can't fit any more clothes in the **bureau**.
　　　　＊fit A in B「AをBにぴったり入れる」　not ～ any more「もうこれ以上～な
　　　　い」

1123　鏡台（化粧だんす）　　**dresser [dressing table]**
　　＊**鏡台**の引き出し、なかなか開かないわ。
　　　The **dresser** [**dressing table**] drawer won't open.
　　　　＊drawer「引き出し」　won't ～「なかなか（どうしても）～しようとしない」

1124　キャビネット（ステレオ・テレビ用の）　　**console**
　　＊**キャビネット**を移動するのを手伝ってくれる？
　　　Will you help me move the **console**?

1125　戸棚　　**cabinet**
　　＊この**戸棚**は書類、家庭用品などを保管するのに使用しているんだよ。
　　　I use this **cabinet** for storing documents, domestic articles, and the like.
　　　　＊store「保管する」　document「書類、文書」　domestic articles「家庭用
　　　　品」　and the like「～など」

1126 薬用品棚　**medicine cabinet**
＊アスピリンを**薬用品棚**から持って来てくれる？
Bring me some aspirin from the **medicine cabinet**, would you?

1127 ランプのかさ　**lampshade**
＊床置きスタンドの**ランプのかさ**はほこりだらけだわ。
The **lampshade** for the floor lamp is really dusty.
＊floor lamp「床置きスタンド」　dusty「ほこりっぽい、ほこりまみれの」

1128 ベッド　**bed**
＊この**ベッド**はスプリングがいいので、寝心地がとてもいいわ。
This **bed** has good springs, so I find it very comfortable to sleep on.
＊spring「スプリング、ばね」　comfortable to sleep「寝心地がいい」

1129 二段ベッド　**bunk bed**
＊子供たちは**二段ベッド**で寝るのよ。
Our children sleep in a **bunk bed.**

1130 ベビーベッド　**crib [baby cot]**
＊私たちの生まれたばかりの赤ちゃんは、今**ベビーベッド**に寝ているわ。
Our newborn baby is sleeping in the **crib [baby cot]**.
＊newborn「生まれたばかりの」

1131 電化製品　**electrical appliance**
＊私たちはいろいろな**電化製品**を買わなければいけないね。
We need to get all kinds of **electrical appliances.**
＊all kinds of 〜「いろいろな」= many sorts of 〜

1132 テレビ　**TV (set)**
＊今度は60インチの**テレビ**を買おうね。
Let's get a 60-inch **TV (set)** this time.
＊テレビの受像機は television set と言うが、口語では set はしばしば省略される。

1133 ステレオ　**stereo (set)**
＊その歌を新しい**ステレオ**で聴きましょうか？
Shall we listen to that song on the new **stereo (set)**?
＊Shall we 〜?「〜しましょうか？」　listen to 〜「〜を聞く」

1134 CD プレーヤー　**CD player**
＊この **CD プレーヤー**は音声がすばらしいよ。
This **CD player** sounds great.
＊sound great「音声がすばらしい」

1135　DVD プレーヤー　　**DVD player**
　　＊**DVD** プレーヤーは修理が必要だね。
　　　I need to have the **DVD player** repaired.
　　　　＊I need to get the DVD player fixed. でも OK。　　have [get] + O + repaired [fixed]　「O を〜修理してもらう」

1136　テープレコーダー　　**tape recorder**
　　＊テープレコーダー動かないよ。故障しているに違いないね。
　　　The **tape recorder** doesn't work. Something must be wrong with it.
　　　　＊work　「動く、作動する」　　something must be wrong with 〜　「〜が故障しているに違いない」

1137　レコードプレーヤー　　**record player [turntable]**
　　＊レコードプレーヤーの針を替えなければならないね。
　　　I've got to change the **record player [turntable]** needle.
　　　　＊needle　「針」

1138　カセットデッキ　　**cassette deck**
　　＊そのテープを**カセットデッキ**に入れてくれる？
　　　Put the tape in the **cassette deck**, please.

1139　ビデオデッキ　　**VCR [videocassette recorder]**
　　＊この**ビデオデッキ**の操作の仕方教えてくれる？
　　　Could you show me how to operate [use] this **VCR [videocassette recorder]**?
　　　　＊how to do 〜　「〜の仕方、〜の方法」　　operate　「操作する」

1140　ミニコンポ　　**mini-system**
　　＊この**ミニコンポ**、かなり小さいけど音はいいね。
　　　Though this **mini-system** is pretty small, it produces good sound.
　　　　＊produce good sound　「いい音を出す」

1141　ポータブル CD プレーヤー　　**portable CD player [Discman]**
　　＊この頃は**ポータブル CD プレーヤー**で音楽を聴きながら散歩するのが好きだよ。
　　　These days I like to take walks while listening to music on my **portable CD player [Discman]**.
　　　　＊these days　「この頃」　　take a walk　「散歩する」　　while 〜 ing　「〜しながら」　　listen to 〜　「〜を聞く」

1142　ポータブルカセットプレーヤー　　**portable cassette player**
＊**ポータブルカセットプレーヤー**の電池が切れちゃったよ。
　The battery for the **portable cassette player** is dead.
　　＊battery 「電池」　「(電池が)切れる」は be dead と言う。

1143　ラジオ　　**radio**
＊**ラジオ**の音を小さくしてくれる？
　Will you turn the **radio** down?
　　＊「(ラジオやテレビの音を)小さくする」は turn ～ down と言い、その反対は turn ～ up と言う。

1144　ラジカセ　　**boom box**
＊最近最新の**ラジカセ**を秋葉原で買ったよ。
　I got the latest **boom box** in Akihabara recently.
　　＊the latest 「最新の」　　recently 「最近」

1145　ビデオカメラ　　**video camera**
＊「この**ビデオカメラ**どこの製品ですか？」「日本製です。」
　"Where was this **video camera** made?"　"It's made in Japan."
　　＊Where was S made?「Sはどこの製品ですか？」

1146　デジカメ(デジタルカメラ)　　**digital camera**
＊この**デジカメ**は写真がとてもよく撮れるよ。
　This **digital camera** can take very good pictures.
　　＊take good pictures 「よい写真を撮る」

1147　携帯電話　　**cell phone [cellular phone / mobile phone]**
＊後で**携帯電話**に電話してね。
　Will you call me on my **cell phone** [cellular phone / mobile phone] later?
　　＊Will you ～?「～してくれませんか？」　　later「後で」

1148　スマホ　　**smartphone**
＊この**スマホ**の機能、まだ十分に使いきれないわ。
　I still can't use all the features of this **smartphone**.
　　＊still「まだ」　　feature「機能」

1149　ポケットベル　　**pager**
＊**ポケットベル**をまだ使っている人はいるかしら。
　I wonder if there are some people who still use **pagers**.
　　＊I wonder if ～「～かしら(と思う)」

1150 コードレス電話　**cordless phone**
＊2階にいる子供たちと連絡を取るのに、**コードレス電話**を使っているのよ。
We use **cordless phones** to communicate with the kids on the second floor.
＊communicate with ～「～と連絡を取る」　kids on the second floor「2階にいる子供たち」

1151 ファクスミリ　**fax machine [facsimile]**
＊これを**ファクスミリ**で送ってください。
Please send this using the **fax machine [facsimile]**.
＊Please fax this. と言っても OK。

1152 留守番電話　**answering machine**
＊彼女は不在だったので、**留守番電話**に伝言を吹き込んだよ。
She wasn't home, so I left a message on her **answering machine**.
＊leave a message「伝言を残す」「伝言を承る」は take a message と言う。

1153 インターホン　**intercom**
＊お客さんはこの**インターホン**で話してください。
Visitors should use this **intercom.**
＊visitor「訪問客」　interphone「インターホン」は和製英語。

1154 冷蔵庫　**fridge [refrigerator]**
＊この**冷蔵庫**はとても大きいので、食料品がたくさん入るね。
This **fridge [refrigerator]** is so large that it can hold lots of food.
＊so ～ that +S + can...「とても～なのでSは…できる」　hold「入る、収容する」　lots of ～「たくさんの～」

1155 クーラー（冷房装置）　**air conditioner**
＊この部屋はとても暑いので、**冷房**をつけてくれる？
It's so hot in this room. Will you turn on the **air conditioner**?
＊(room) cooler は和製英語。　turn on「（電気・テレビなど）をつける」　因みに「冷房を止める」は turn off the air conditioner と言う。

1156 電子レンジ　**microwave (oven)**　（電子レンジでチンする　**zap [nuke / microwave]**）
＊弁当を3分間**電子レンジでチン**してくれる？
Zap [Nuke / Microwave] the box lunch for three minutes, will you?
＊zap と nuke は口語表現。　box lunch「弁当」「弁当箱」は lunch box と言う。

— 149 —

1157 洗濯機　　**washer [washing machine]**
＊**洗濯機**のお陰で時間が大分助かるわ。
The **washer** [**washing machine**] will save me plenty of time.

1158 乾燥機　　**(electric) dryer**
＊洗濯物を**乾燥機**から取り出してちょうだい。
I want you to take the laundry out of the **(electric) dryer.**
　　＊take A out of B 「AをBから取り出す」　　laundry 「洗濯物」

1159 ドライヤー　　**hair [blow] dryer**
＊あなた、ぬれた髪**ドライヤー**で乾かしたほうがいいわよ。
Honey, you'd be better dry your wet hair with a **hair [blow] dryer.**

1160 電気剃刀　　**electric shaver**
＊この**電気剃刀**はとても切れ味がいいね。
This **electric shaver** cuts very well.
　　＊cut well 「切れ味いい」

1161 電気自動車　　**electric car**
＊この頃は、ガソリンが高いので今度車を買うときは、**電気自動車**にするよ。
The price of gas is high these days, so I'm going to get an **electric car** the next time I buy a car.

1162 電気ポット　　**electric hot water pot**
＊**電気ポット**でお湯を沸かしてください。
Please boil some water in the **electric hot water pot.**

1163 コーヒー沸かし　　**coffeemaker [coffeepot]**
＊古い**コーヒー沸かし**を、新しいものと替えなければいけないな。
I've got to replace the old **coffeemaker [coffeepot]** with a new one.
　　＊have got to do ～ 「～しなければいけない」　　replace A with B 「AをBと取り替える」

1164 扇風機　　**electric fan**
＊ここはとても暑いので、**扇風機**をつけてもいい？
Do you mind my switching on the **electric fan**? It's very hot in here.
　　＊switch on 「(テレビや電灯などの)スイッチを入れる」　その反対の表現は switch off と言う。

1165 電気掃除機　　**vacuum cleaner**　　(電気掃除機をかける　　**vacuum**)
＊あなた、応接間に**電気掃除機**をかけてくれる？
Honey, will you **vacuum** the living room?

1166 空気清浄機　**air purifier**
＊娘の家族は子供が喘息を患っているので、**空気清浄機**を使用しているのよ。
My daughter's family uses an **air purifier** because their child suffers from asthma.
＊「(病気を)患う」「(病気に)かかる」は suffer from ～ で表現する。　asthma「喘息」

1167 除湿機　**dehumidifier**
＊今日は湿度が高いので、**除湿機**をつけようよ。
The humidity is high today, so let's turn on the **dehumidifier**.

1168 加湿器　**humidifier**
＊風邪を引かないように、**加湿器**を使用するといいよ。
You should use a **humidifier** to keep from catching a cold.
＊keep from ～ ing「～しないように」　catch a cold「風邪を引く」

1169 電気ストーブ　**electric heater**
＊この部屋はとても寒いので、**電気ストーブ**をつけてください。
It's very cold in this room, so please turn on the **electric heater**.
＊stove は旧式のものか、料理用のレンジのこと。　turn on ～「(ストーブを)つける」

1170 電気コンロ　**electric cooker**
＊今夜は**電気コンロ**を使って、すき焼きを作ろうね。
Shall we make sukiyaki with the **electric cooker** tonight?
＊Shall we ～?「～しませんか?」という提案を表わす。それに対して同意を表わすには Yes, let's. や All right. と答えばよい。

1171 電気毛布　**electric blanket**
＊今年の冬は**電気毛布**を買おうよ。
Why don't we get an **electric blanket** this winter?
＊Why don't we ～?「～したらどう?、～しませんか?」話者をも含めた提案を表わす。

1172 トイレの暖房シート　**toilet sweat warmer**
＊この**トイレの暖房シート**のお陰で、冬は体が暖まって助かるよ。
This **toilet sweat warmer** helps keep me warm in the winter.
＊keep + 人 + warm「体が暖まる」

1173 電気スタンド　**desk lamp**
＊書き物机用の**電気スタンド**は少し暗いので、新しいものに取り替えなくちゃ。
The **desk lamp** for the writing desk is a bit dim, so I've got to replace it with a new one.
＊writing desk 「書き物机」　　a bit dim 「少し暗い」　　replace A with B 「AをBと取り替える」

1174 ミシン　**sewing machine**
＊**ミシン**で赤ちゃんの服を縫って作ってくれる？
Could you make some baby clothes with your **sewing machine**?

1175 充電器　**(battery) charger**
＊携帯電話を充電しなければいけないけど、**充電器**が見つからないわ。
I've got to charge my cell phone, but I can't find the **(battery) charger**.
＊charge 「充電する」

1176 コンセント　**outlet**
＊この部屋には**コンセント**はないの？
Aren't there any **outlets** in this room?
＊「コンセント consent」は「同意する」の意で、まったく別義の和製英語。因みに「プラグをコンセントに差し込む」は plug in と言い、「プラグを抜く」は unplug と言う。

1177 延長コード　**extension cord**
＊**延長コード**、コンセントまで届かないよ。
The **extension cord** won't reach the outlet.
＊reach 「届く」

1178 リモコン　**remote (control) [channel changer]**
＊テレビの**リモコン**、どこに置いたの？
Where did you put the **remote (control) [channel changer]** for the TV?
＊口語では「リモコン」は、単に remote だけでも OK。

1179 蛍光灯　**fluorescent light**
＊この**蛍光灯**、ちらちらしているので取り替えなくちゃあならないね。
I should really change this flickering **fluorescent light**.
＊flickering 「ちらちらしている」

1180 スプリンクラー　**sprinkler**
＊この建物には、**スプリンクラー**を設置したほうがいいですよ。
You should have **sprinklers** installed in this building.
＊have + O + installed 「O を設置してもらう」

1181 火災報知器　**fire alarm**
＊この建物には**火災報知器**が備わっていますよ。
This building is furnished with a **fire alarm**.
＊be furnished with ～ 「～が備わっている」

1182 煙感知器　**smoke detector**
＊**煙感知器**はよく機能していますよ。
The **smoke dectector** functions well.
＊function 「機能する、作動する」

1183 パソコン　**(personal) computer**
＊どんなタイプの**パソコン**を持っている？
What kind of **(personal) computer** do you have?
＊「パソコン」は和製英語。

1184 ノート型パソコン　**laptop**
＊**ノート型パソコン**は軽くて、持ち運びに便利だね。
A **laptop** is light and handy to carry around.
＊light 「軽い」　handy 「便利な」　carry around 「持ち運ぶ(歩く)」= carry about

1185 卓上型コンピューター　**desktop**
＊昨日新しい日本製の**卓上型コンピューター**を買ったよ。
I bought a new Japanese-made **desktop** yesterday.
＊Japanese-made 「日本製の」

1186 プリンター　**printer**
＊**プリンター**のカートリッジを取り替えなくちゃね。
I've got to change the **printer** cartridge.

1187 オーバーヘッド プロジェクター　**overhead projector**
＊明日**オーバーヘッド プロジェクター**を使ってプレゼンをすることになっているよ。
I'm supposed to make a presentation using an **overhead projector** tomorrow.
＊be supposed to ～ 「～することになっている」　make a presentation 「プレゼンをする」

1188 エレキギター   **electric guitar**
　　　＊**エレキギター**で、何かビートルズの曲を弾いてくれる？
　　　Could you play some Beatles on the **electric guitar** for me?

1189 電子オルガン   **electronic organ**
　　　＊**電子オルガン**が弾けたらいいのになあ。
　　　I wish I could play the **electronic organ**.
　　　　＊S＋wish＋S＋(助)動詞の過去形は仮定法過去と言い、現在の事柄について反対の仮定・想像・願望を表わす。

1190 電気ドリル   **electric drill**
　　　＊**電気ドリル**でその板に穴を開けてくれる？
　　　Would you drill a hole in the board with the **electric drill**?
　　　　＊drill a hole 「穴を開ける」　board 「板」

1191 電子メール   **e-mail [email]**
　　　＊今日友達から**電子メール**が3通来たよ。
　　　I got three **e-mails** [emails] from my friends today.

1192 電子辞書   **electronic dictionary**
　　　＊紙製の辞書より**電子辞書**が好きだよ。
　　　I prefer **electronic dictionaries** to paper ones.
　　　　＊ones はこの場合 dictionaries を指す。

1193 電卓   **calculator**
　　　＊**電卓**の電池が切れたので、君のをちょっと借りていい？
　　　The battery in my **calculator** is dead. May I borrow yours for a second?
　　　　＊be dead 「(電池が)切れる」　for a second 「ちょっとの間」

1194 電子マネー   **e-money**
　　　＊**電子マネー**で支払いはできますか？
　　　Is it possible for me to pay with **e-money**?
　　　　＊it is possible for＋S＋to do ～ 「Sは～することができる」

1195 コピー機   **copy machine [copier]**
　　　＊この書類のコピーをあそこの**コピー機**で、10枚取ってくれますか？
　　　Could you make 10 copies of this document on the **copy machine** **[copier]** over there?
　　　　＊make a copy of～ 「～のコピーを1枚取る」　document 「書類」　over there「あそこの」

1196 シュレッダー(書類寸断器)　**shredder**　（シュレッダーにかける **shred**）
　＊シュレッダーで、この古い書類を処理してください。
　Please dispose of these old documents with the **shredder**.
　　＊Please shred these old documents. と言っても OK。　dispose of～「～を処理する」　document「書類、文書」

1197 印刷機　**printing machine**
　＊印刷機は故障しているので、今修理中ですよ。
　The **printing machine** is out of order, so someone's repairing it right now.
　　＊「故障している」は be out of order で表わす。　right now「今、ただ今」

1198 動力のこぎり(チェーンソー)　**chain saw**
　＊動力のこぎりを使う際は、気をつけてね。
　Be careful when you use a **chain saw**.

1199 電気メス　**electric scalpel**
　＊電気メスの出現で、外科的処置が根本的に変わったね。
　The **electric scalpel** has revolutionized surgical procedures.
　　＊revolutionize「根本的に変える」　surgical procedure「外科的処置」

1200 発電機　**generator**
　＊ほとんどの病院には、停電に備えて発電機がありますよ。
　Most hospitals have **generators** ready in case of a blackout [power outage].
　　＊have ～ ready「～を用意する」　in case of ～「～に備えて」　blackout [power outage]「停電」

11　[文房具・事務用品とその関連表現]

1201　文房具　**stationery**
＊**文房具**どこにしまって置いているか思い出せないわ。
I can't remember where we keep our **stationery**.

1202　のり　**glue [paste]**　（のりではりつける　**glue [paste]**）
＊履歴書に写真を**のりではりつけ**なくちゃ。
I've got to **glue [paste]** my photo onto the resume.

1203　シャープペン　**mechanical pencil**
＊**シャープペン**の芯がぽきっと折れちゃったよ。
The **mechanical pencil** lead snapped off.
＊「シャープペン」は和製英語。　lead「芯」　snap off「ぽきっと折れる」

1204　ボールペン　**ball-point pen**
＊願書に必要事項を記入する際には、**ボールペン**を使用してください。
Please use a **ball-point pen** when you fill out the application form.
＊「ボールペン」は和製英語。　fill out「必要事項を記入する」　application form「願書」

1205　ボールペンの替え芯　**refill for a ball-point pen**
＊明日**ボールペンの替え芯**を買いに行かなければならないなあ。
I've got to go (and) get some **refills for my ball-point pen** tomorrow.

1206　蛍光ペン（マーカーペン）　**highlighter**
＊辞書で英単語を調べる際に、いつも**蛍光ペン**でその単語をマークしているよ。
When I look up a word in a dictionary, I always mark it with a **highlighter**.
＊look up ～ in a dictionary「～を辞書で調べる」

1207　サインペン　**felt-tip pen**
＊「felt-tip pen の日本語は何ですか？」「**サインペン**です。」
"What's the Japanese word for **felt-tip pen**?" "It's サインペン."

1208　修正液　**white-out**
＊**修正液**、ちょっと借りてもいい？
May I borrow your **white-out** for a second?
＊borrow「借りる」　for a second「ちょっと」

— 156 —

1209 修正テープ　**correction tape**
　　＊**修正テープ**より修正液が使いやすいと思うよ。
　　　White-out is easier to use than **correction tape**, I think.

1210 ガムテープ　**packing tape [masking tape]**
　　＊台風に備えて、窓ガラスに**ガムテープ**を貼らなくちゃ。
　　　I need to put some **packing tape [masking tape]** on the window glass to safeguard it against the typhoon.

1211 画鋲　**thumbtack**　（画鋲で留める　**thumbtack**）
　　＊あなた、このカレンダー、ここの壁に**画鋲で留めて**くれる？
　　　Honey, **thumbtack** this calendar here on the wall, will you?

1212 ピン（画鋲）　**pushpin**　（ピンで留める　**pin up**）
　　＊世界地図を壁に**ピンで留める**のを手伝ってくれる？
　　　Could you help me **pin** the world map **up** on the wall?

1213 マジックインク（マーカー）　**marker [Magic Marker]**
　　＊小包に受取人の宛名を**マジックインク**ではっきり書いてください。
　　　Please write the recipient's name and address clearly on the package with a **marker [Magic Marker]**.
　　　　＊「マジックインク」は和製英語。　Magic Marker は商標名。　recipient「受取人」　clearly「はっきり」　package「小包」

1214 ホッチキス　**stapler**　（ホッチキスで留める　**staple**）
　　＊この書類、**ホッチキスで留めて**くれる？
　　　Staple these papers together, will you?
　　　　＊「ホッチキス」は発明者の Hotchkiss に由来する語で和製英語。　papers「書類」　staple ～ together「～を一緒に留める」

1215 ホッチキスの針　**staple**
　　＊**ホッチキスの針**がなくなちゃった。余分に持っている？
　　　I'm out of **staples**. Do you have any extra ones?
　　　　＊be out of ～「～がなくなる」　extra ones「余分のホッチキスの針」

1216 紙挟み（クリップ）　**paper clip**
　　＊机の一番上の引き出しから**紙挟み**を持って来てくれる？
　　　Bring me some **paper clips** out of my top desk drawer, would you?

1217 紙挟み（厚紙を二つ折りにしたもの）　**manila folder**
　　＊この書類を**紙挟み**に入れて保管してくれる？
　　　Would you keep these documents in the **manila folder**, please?

1218 封筒　**envelope**
＊家に帰る途中、忘れずに**封筒**を買ってきてね。
Please don't forget to get some **envelopes** on your way home.
＊don't forget to do ～　「忘れずに～する、～するのを忘れない」　　on one's way home　「家に帰る途中」

1219 便箋　**writing paper**
＊昨日ラブレターを**便箋**に7枚書いたよ。
I wrote a love letter on seven sheets of **writing paper** yesterday.
＊seven sheets of ～　「7枚の～」

1220 ノート（帳面）　**notebook**
＊お母さん、算数の**ノート**を買ってくれる？
Mom, could you get me a **notebook** for arithmetic?
＊arithmetic 「算数」「数学」は mathematics と言うが、口語では略して math と言う。

1221 雑記帳　**scratch pad**
＊講義の内容は、いつも**雑記帳**にメモしているよ。
I always take lecture notes on my **scratch pad.**
＊「～をメモする」は take ～ notes と言う。　lecture 「講義、講演」

1222 消しゴム　**eraser**
＊イギリス人は**消しゴム**のことをラバーと言うのを知っていた？
Did you know that British people call **erasers** "rubbers"?

1223 鉛筆　**pencil**
＊この**鉛筆**の芯、折れやすいよ。
This **pencil** lead breaks easily.
＊break easily 「折れやすい」　「鉛筆の芯、研がなきゃ」は I need to sharpen the pencil lead. と言う。

1224 鉛筆削り　**pencil sharpener**
＊**鉛筆削り**をお借りしてもいいですか？
May I use your **pencil sharpener**?

1225 鉛筆入れ　**pencil case**
＊お母さん、学校のどこかで**鉛筆入れ**を失くしちゃったよ。
Mom, I lost my **pencil case** somewhere at school.
＊somewhere 「どこかで」

1226 鉛筆立て **pencil holder**
＊机の上に鉛筆を散らかさないで、**鉛筆立て**に入れなさいね。
Please put your pencils into the **pencil holder** instead of scattering them on your desk.
＊put A into B 「AをBに入れる」　do A instead of B 「BしないでAする」
scatter 「散らかす」

1227 ペン **pen**
＊最近は**ペン**をほとんど使いませんよ。
I hardly ever use a **pen** these days.
＊I've hardly used a pen recently. でも OK。　hardly ever ～ 「ほとんど〜ない」
these days 「最近、この頃」

1228 万年筆 **fountain pen**
＊この**万年筆**は滑らかで書きやすいわ。
This **fountain pen** is smooth and easy to write with.
＊smooth 「滑らかな」　be easy to write 「書きやすい」

1229 色鉛筆 **colored pencil**
＊**色鉛筆**の黒色と赤色がなくなっているでしょ？
The black and red **colored pencils** are missing, right?

1230 クレヨン **crayon**
＊孫娘は**クレヨン**を使って、塗り絵をするのが好きですよ。
My granddaughter likes coloring pictures with **crayons**.
＊granddaughter 「孫娘」　color pictures 「塗り絵をする」

1231 絵筆 **paintbrush**
＊先生は私たちに明日の美術の授業に、**絵筆**と絵の具を持参するように言ったよ。
Our teacher told us to bring some **paintbrushes** and paints for art class tomorrow.
＊art class 「美術の授業」

1232 筆(毛筆) **(writing) brush**
＊私は年賀の挨拶を、いつも細字用の**筆**で書いていますよ。
I always write New Year's greetings with a fine-point **brush**.
＊New Year's greeting 「年賀の挨拶」　fine-point 「細字用の」

1233 絵の具　**paints**
＊絵の具がないので、買いに行かなくちゃ。
I don't have any **paints**. I've got to go get some.

1234 絵の具皿　**palette**
＊そういえば、絵の具皿はあったかなあ。
That reminds me – I wonder if I have a **palette**.
＊「そういえば」は That reminds me で表現する。

1235 絵の具箱　**paintbox**
＊そうそう、ついでに絵の具箱も買おう。
Oh, yes, I'm going to get a **paintbox** while I'm out [when I go].
＊「ついでに」は when I'm out や when I go で表わす。

1236 色紙　**colored paper**
＊文房具店で色紙を買ってきてくれませんか？
Could you go get some sheets of **colored paper** at the stationery store?
＊some sheets of ～　「数枚の～」　　stationery store　「文房具店」

1237 折り紙　**folding paper [origami]**
＊折り紙を使って鶴、作れる？
Can you make a crane using a sheet of **folding paper [origami]**?
＊crane　「鶴」　a sheet of ～　「1枚の～」

1238 メモ用紙　**memo paper**
＊彼の講演の要旨をメモ用紙にメモしたよ。
I <u>took notes on</u> [took down] the main points of his lecture on the **memo paper**.
＊take notes on [take down] ～　「～をメモする」　　main points　「要旨」　　lecture　「講演」

1239 メモ帳　**notepad**
＊このメモ帳に、あなたの住所を書いてくださいませんか？
Would you write your address down on this **notepad**?
＊write A down on B　「BにAを書く」　　address　「住所」

1240 卓上カレンダー **desk calendar**
*先日買ってきた**卓上カレンダー**、どこに置いたのだろうか。
I wonder where I put the **desk calendar** that I got the other day.
*wonder where ~ 「どこに~したのかな」　the other day 「先日」

1241 （本の）しおり **bookmark**
*私が読んでいるページに、**しおり**を挟んでいてくれる？
Put the **bookmark** between the pages where I'm reading, will you?

1242 付箋 **tag [label / slip]**
***付箋**が貼られてあるページをコピーしてください。
Please make copies of the pages I put **tags [labels / slips]** on.
*Please make copies of the pages I tagged [labeled]. でも OK。

1243 輪ゴム **rubber band**
*答案用紙を**輪ゴム**で束ねてくれる？
Put a **rubber band** around the examination papers, will you?
*put a rubber band around ~ 「~を輪ゴムで束ねる」　examination papers 「答案用紙」

1244 黒板ふき **eraser**
*黒板をふかなければいけないけど、**黒板ふき**、どこにあるの？
I need to erase the blackboard. Where is the **eraser**?
*erase 「（黒板を）ふく」　blackboard 「黒板」

1245 セロテープ **Scotch tape**
*この大きな封筒を**セロテープ**で封してくださいね。
Would you seal up this large envelope with **Scotch tape**?
*英国では Sellotape と言うが、両方とも商標名である。seal up ~ 「~を封する」

1246 両面テープ **double-sided tape**
***両面テープ**で、マットを固定しなくちゃ。
I've got to fix the mat with **double-sided tape**.
*fix 「固定する」

1247 白紙 **blank paper**
*A4 サイズの**白紙** 1 締めください。
I'd like a ream of **blank A4 paper for typing [blank A4 paper]**, please.
*a ream of ~ 「1 締めの~」　blank A4 paper for typing [blank A4 paper] 「A4 サイズの白紙」

1248 原稿用紙　**manuscript paper**
＊400字詰め**原稿用紙**、6枚ください。
I'd like six sheets of **manuscript paper** with squares for four hundred characters each.
＊with squares for four hundred characters 「400字詰めの」

1249 履歴書用紙　**resume paper**
＊ずっと前に買った**履歴書用紙**、どこに置いたのかなあ。
I wonder where I put that **resume paper** I got a long time ago.

1250 レポート用紙　**writing paper**
＊レポートを書く**レポート用紙**が要るね。
I need some **writing paper** for my report.

1251 メモ用紙［帳］　**scratch paper [scratch pad]**
＊この**メモ用紙**［**帳**］、いくらですか？
Excuse me. How much is this **scratch paper [pad]**?
＊How much is ～？「～はいくらですか？」　scratch pad ははぎ取り式のメモ帳。

1252 画用紙　**drawing paper**
＊明日は美術の授業があるので、**画用紙**を持ってくるのを忘れないようにね。
Don't forget to bring some **drawing paper** because we have art class tomorrow.
＊don't forget to do ～「～するのを忘れない」　art class「美術の授業」

1253 印紙　**stamp**
＊200円の収入**印紙**、5枚ください。
Please give me five 200-yen revenue **stamps**.
＊revenue stamps「収入印紙」

1254 半紙　**standard-size Japanese writing paper**
＊「**半紙**は何に使うの？」「習字に使うのよ。」
"What do you use **standard-size Japanese writing paper** for?"
"We use it for calligraphy."
＊calligraphy は「習字、書道」のことで、penmanship は「書法、筆法」のことを言う。

1255 硯　**inkstone**
　　＊「これ何？」「**硯**と言って、それも習字（書道）に使うのよ。」
　　"What's this?" "We call it an **inkstone**. We use it for calligraphy, too."

1256 硯箱　**inkstone case**
　　＊**硯箱**に習字（書道）用具がそろっているかチェックしよう。
　　I'm going to check if all the different supplies for calligraphy practice are in the **inkstone case**.
　　＊all the different supplies 「さまざまな用具」

1257 穴あけパンチ　**hole puncher**
　　＊**穴あけパンチ**、使い終わった？
　　Are you done with the **hole puncher**?
　　＊be done with 〜 「〜を終える」　be through with 〜と同じ意味。

1258 カッターナイフ　**retractable knife**
　　＊**カッターナイフ**をお持ちなら、ちょっと貸していただけませんか？
　　If you happen to have a **retractable knife**, would you mind lending it to me?
　　＊would you mind 〜 ing？「〜していただけませんか？」

1259 紙切りナイフ（ペーパーナイフ）　**letter opener [paper knife]**
　　＊**紙切りナイフ**、どこに置いたの？　見つからないよ。
　　Where did you put the **letter opener [paper knife]**? I can't find it anywhere.
　　＊not 〜 anywhere 「どこにも〜ない」

1260 ファイルフォルダー　**file folder**
　　＊この書類、**ファイルフォルダー**に保管してくれる？
　　Would you keep these documents in a **file folder**?

1261 定規　**ruler**
　　＊**定規**を使って、三角形を正確に書きなさい。
　　Draw an exact triangle with a **ruler**.
　　＊exact triangle 「正確な三角形」　with 〜 「〜を使って」

1262 T定規　**T square**
　　＊「**T定規**、何に使うの？」「そうね、製図に使うのよ。」
　　"What's a **T square** used for?" "Well, it's used for drafting."
　　＊What is S used for?「Sは何に使う？」　drafting「製図」

1263 コンパス **compass**
＊コンパスを使って、円を描きなさい。
Draw a circle with a **compass**.
*draw a circle 「円を描く」

1264 分度器 **protractor**
＊三角形のすべての角度を**分度器**を使って測りなさい。
Measure the degrees of all the angles of the triangle with a **protractor**.
*measure 「測る、測定する」　the degree of the angle 「角度」　triangle 「三角形」

1265 三角定規 **triangle**
＊今日の幾何学の授業では、**三角定規**、分度器とコンパスが必要だね。
We need a **triangle**, protractor, and compass for today's geometry class.
*protractor 「分度器」　compass 「コンパス」　geometry class 「幾何学の授業」

1266 平行定規 **parallel ruler**
＊製図に**平行定規**をよく使うでしょ？
You often use a **parallel ruler** for drafting, right?

1267 製図器 **drafting machine**
＊この**製図器**の価格は、きっと高いに違いないね。
The price of this **drafting machine** must be high.
*This drafting machine must be pretty expensive [pricey]. とも言う。

1268 製図板 **drafting board**
＊この**製図板**、だいぶ古くなったから新しいのに替えなくちゃ。
This **drafting board** is pretty old now, so I've got to replace it with a new one.

1269 写図器(パンタグラフ) **pantograph**
＊この**写図器**、どこか故障しているに違いない。伸縮できないよ。
Something must be wrong with this **pantograph** – it's stuck.
*be stuck 「固着する、伸縮できない、動かない」

1270 羽根ぼうき　**feather duster**
＊「何を探しているの？」「**羽根ぼうき**を探しているんだよ。」
"What are you looking for?" "I'm looking for a **feather duster**."
＊look for 〜　「〜を探す」

1271 ゴム印　**rubber stamp**
＊あの文房具店で**ゴム印**、売っていると思う？
Do you think they sell **rubber stamps** at that stationery store?
＊stationery store　「文房具店」

1272 単語カード　**flashcard**
＊英単語を覚えたいなら、**単語カード**を勧めるよ。
I recommend using **flashcards** if you want to memorize English words.
＊recommend　「勧める、推薦する」　memorize　「覚える、記憶する」

1273 手帳　**pocket diary [pocket notebook]**
＊今年はまだ1冊も**手帳**はもらってないよ。
I haven't gotten a single **pocket diary** [**pocket notebook**] yet this year.
＊a single　「(否定後を伴って)ただの一つも〜ない」　not 〜 yet　「まだ〜しない」

1274 スタンプ台　**ink pad**
＊**スタンプ台**のインクが切れてきているので、補充しなくちゃ。
The **ink pad** is running out of ink, so I need to replenish it.
＊run out of 〜　「〜が切れる」　replenish　「補充する」

1275 印鑑　**(personal) seal [hanko stamp]**
＊すみません。**印鑑**売っていますか？
Excuse me. Do you carry **(personal) seals** [**hanko stamps**]?
＊carry　「店に置く、売る」

1276 巻尺　**tape measure**
＊机の幅と高さを**巻尺**で測らなくちゃ。
I need to measure the width and height of this desk with the **tape measure**.
＊measure　「測る、測定する」　width　「幅」　height　「高さ」

1277 本立て　**bookstand [bookend]**
＊二段式**本立**て欲しいなら、君に上げるよ。
I'll give you a doubledeck **bookstand** [**bookend**] if you want one.
＊doubledeck 「二段式の」

1278 バインダー　**binder**
＊学生のレポート、**バインダー**にとじ込んで置こう。
I'm going to file my students' reports in this **binder**.
＊file A in B 「AをBにとじ込んで置く」

1279 日付印　**date stamp**
＊机の引き出しから**日付印**を持って来てくれる？
Bring me a **date stamp** from the drawer of my desk [my desk drawer], will you?

1280 会社名が印刷された便箋　**letterhead**
＊余分の**会社名が印刷された便箋**ある？
Do you have extra **letterheads** that I could use?
＊extra 「余分の」

12 [お店とその関連表現]

1281 商店街　　**shopping street [shopping district]**
＊この近くに**商店街**、ありますか？
　　Is there a **shopping street [district]** nearby?
　　　＊nearby「近くに(で、の)」

1282 デパート　　**department store**
＊あの新しく開店した**デパート**で、大安売りがあるよ。
　　There's a great sale at that new **department store**.
　　　＊単に depart とか department とは言わないことに注意。　a great sale「大安売り」=a bargain sale

1283 靴屋　　**shoe store**
＊今日ハイヒールを直してもらいに**靴屋**にいかなくちゃ。
　　I need to go to a **shoe store** to have my high heels fixed today.
　　　＊high heel は和製英語で、英語では high heels と言わなければならない。

1284 文房具店　　**stationery store**
＊**文房具店**で、鉛筆1ダース買って来てください。
　　Would you go get a dozen pencils at the **stationery store**?

1285 花屋　　**flower shop [florist's]**
＊**花屋**で姉の誕生日用の花を買わなくちゃ。
　　I need to get some flowers for my sister's birthday at a **flower shop [florist's]**.

1286 果物店　　**fruit store**
＊あの**果物店**はいろいろな種類の果物を売っているよ。
　　They sell many different kinds of fruit at that **fruit store**.
　　　＊many different kinds of ～「いろいろな～」

1287 おもちゃ屋　　**toy store**
＊昨日駅の近くの**おもちゃ屋**で、娘に上げる熊のぬいぐるみを買ったわ。
　　I got a teddy bear for my daughter at the **toy store** near the station.
　　　＊teddy bear「熊のぬいぐるみ」　near the station「駅の近くの(で)」

1288 化粧品店　　**cosmetic store**
＊ファンディションが切れちゃったわ。**化粧品店**に行かなくちゃ。
　　I ran out of foundation. I've got to go to the **cosmetic store**.
　　　＊run out of ～「～を切らす」

1289 薬屋　**drugstore**
* あなた、偏頭痛がするの。**薬屋**でアスピリンを買ってきてちょうだい。
  Honey, I have a migraine. Would you run to the **drugstore** to get some aspirin?
  *migraine 「偏頭痛」

1290 時計屋　**watch store [watch dealer]**
* 今日の午後、時計を修理してもらいに近くの**時計屋**に行かなくちゃ。
  I've got to go to the nearby **watch store [dealer]** to have my watch fixed this afternoon.
  *have + O + fixed 「O を直してもらう」

1291 アイスクリーム屋　**ice cream parlor**
* お母さん、アイスクリームを食べたいよ。あそこの**アイスクリーム屋**に行こう。
  Mom, I want to eat some ice cream. Let's go to the **ice cream parlor** over there.

1292 菓子店　**candy store [confectionery]**
* 将来**菓子店**を持つのを夢見る日本人の女の子は多いそうですよ。
  I hear that many Japanese girls dream of owning a **candy store [confectionery]** in the future.

1293 ケーキ店　**cake store [cake shop]**
* 帰宅途中、ケーキ店でトムの**誕生ケーキ**を買って来て下さい。
  Please pick up a birthday cake for Tom at the **cake store [shop]** on your way home.
  *pick up ～ 「～を買う」= buy, get　　on one's way home 「帰宅途中」

1294 ピザ屋　**pizza place [pizzeria]**
* あの**ピザ屋**に、ピザを１つ注文しましょうか？
  Shall I order a pizza from that **pizza place [pizzeria]**?
  *order A from B 「A を B に注文する」

1295 回転寿司店　**revolving sushi bar [sushi-go-round]**
* この**回転寿司店**は外国人の中でも人気がありますよ。
  This **revolving sushi bar [sushi-go-round]** is popular even among foreign people.
  *even among ～ 「～の中でも」　　foreign people 「外国人」

1296 食堂（レストラン）　**restaurant**
＊**食堂**は何時に開きますか？
What time does your [the] **restaurant** open?

1297 食べ放題の店　**all-you-can-eat restaurant**
＊2,000円で**食べ放題の店**って、どこにあるの？
Where can I find an **all-you-can-eat restaurant** for 2,000 yen?

1298 そば屋　**soba [buckwheat noodle] shop**
＊昼食にいつもの**そば屋**に行きましょうよ。
How about going to the usual **soba [buckwheat noodle] shop** for lunch?

1299 鰻屋　**eel restaurant**
＊今日オープンしたばかりの**鰻屋**で、鰻のかば焼を食べたい気分だなあ。
I feel like eating some grilled eel at the **eel restaurant** that just opened today.
＊feel like ～ ing 「～したい気がする」　　grilled eel 「鰻のかば焼」

1300 サンドイッチ店　**sandwich shop [deli]**
＊朝食はあの**サンドイッチ店**で、サンドイッチで済ますわ。
I'm going to make do with some sandwiches from that **sandwich shop [deli]** for breakfast.
＊deli とは delicatessen 「調整食料品店」の口語表現。　make do with ～ 「～で済ます」

1301 ドライブイン　**drive-in restaurant**
＊あそこの**ドライブイン**で朝食を取ろうよ。
Let's have breakfast at the **drive-in restaurant** over there.

1302 ファーストフード店　**fast-food restaurant**
＊最近は**ファーストフード店**を利用する年配の人もますます増えたね。
More and more elderly people have been getting food at **fast-food restaurants** recently.
＊more and more ～ 「ますます多くの～」　elderly people 「年配の人」

1303 コンビニ　**convenience store**
＊この頃は**コンビニ**を利用する人は多いね。
Lots of people are using **convenience stores** nowadays.
＊nowadays 「この頃」= these days

1304 パン屋　**bakery**
 * 「このフランスパン、どこで買ったの？」「角のパン屋で買ったよ。」
 "Where did you get this French bread?" "I got it at the **bakery** around the corner."
 *around the corner 「角を曲がったところに」

1305 肉屋　**butcher's (shop)**
 * 今夜のバーベキュー用の肉を買いに牛肉店に行かなくちゃ。
 I need to go to the **butcher's (shop)** to get some beef for the barbecue tonight.
 *beef for the barbecue 「バーベキュー用の肉」

1306 鮮魚店　**fresh fish store**
 * 築地の鮮魚店で、マグロ3匹の切り身とカツオ2匹の切り身を買ってきてくださる？
 Would you get three tuna fillets and two bonito fillets at the **fresh fish store** in Tsukiji?
 *tuna 「マグロ」　fillet 「切り身」　bonito 「カツオ」

1307 牛乳屋　**dairy [milk dealer]**
 * 毎日牛乳2本を我が家に配達してくれるように、牛乳屋に頼んでもいい？
 May I ask the **dairy [milk dealer]** to deliver two bottles of milk to our house every day?
 *deliver 「配達する」　two bottles of ~ 「2本の~」　every day 「毎日」

1308 食料雑貨店　**grocery store**
 * 近いうちにこの近くに、食料品店が開店するそうね。
 I hear that there's going to be a **grocery store** opening up near here soon.
 *open up 「開く、開店する」　near here 「この近くに」

1309 八百屋(青果店)　**fruit and vegetable store [greengrocer]**
 * この八百屋は本当に野菜の値段が安いわ。
 Vegetables are really cheap at this **fruit and vegetable store [greengrocer]**.

1310 米屋　**rice store**
 * あの米屋は小売で販売しているから、価格はかなり安いわ。
 That **rice store** sells rice at retail, so it's pretty inexpensive.
 *at retail 「小売で」　pretty 「かなり」　inexpensive 「安い」= cheap

1311 スーパー **supermarket**
 ＊この**スーパー**はあらゆる種類の品物を揃えているね。
 This **supermarket** carries goods of all kinds.
  ＊carry「揃える、売る」　goods「品物」　〜 of all kinds「あらゆる種類の〜」

1312 喫茶店　**coffee shop**
 ＊公園近くの**喫茶店**に、コーヒー飲みに行こうよ。
 Let's go to the **coffee shop** near the park and have a cup.

1313 ビヤホール　**beer hall**
 ＊わあ、この**ビヤホール**はお客でいっぱいだ！
 Boy, this **beer hall** is full of customers!

1314 酒屋　**liquor store**
 ＊この付近に**酒屋**はありますか？
 Are there any **liquor stores** in this neighborhood?
  ＊in this neighborhood「この付近に」

1315 酒類小売店　**package store**
 ＊酒を買うなら、この通りの端にある**酒類小売店**を勧めるよ。小売で売っている酒が多いから。
 If you're looking for alcohol, I'd recommend the **package store** at the end of this street. They sell lots of liquor at retail.
  ＊recommend「勧める」　at the end of 〜「〜の端に（ある）」　at retail「小売で」

1316 スナック（酒場、バー）　**pub [tavern]**
 ＊昨夜新宿の**スナック**ではしご酒したよ。
 I went barhopping to lots of **pubs** [**taverns**] in Shinjuku last night.
  ＊go barhopping「はしご酒する」　last night「昨夜」

1317 家具店　**furniture store**
 ＊その**家具店**に電話して、まだ開いているかどうか確かめてくださいますか？
 Could you call the **furniture store** to see if it's still open?
  ＊see if 〜「〜かどうか確かめる」

1318 スポーツ用品店　**sporting-goods store**
＊今日**スポーツ用品店**で、バドミントンのラケットとシャトルを買ったよ。
I bought a badminton racket and shuttlecock at a **sporting-goods store** today.

1319 園芸用品店　**gardening-goods store**
＊**園芸用品店**に行って、土と肥料を買ってきてくれない？
Would you go get some soil and fertilizer at the **gardening-goods store**?
＊soil 「土」　fertilizer 「肥料」

1320 金物屋　**hardware store**
＊近くの**金物屋**でくぎと金鎚を買わなくちゃ。
I need to get some nails and a hammer at the **hardware store** nearby.

1321 書店　**bookstore**
＊本を買いにこの**書店**によく来ますよ。
I often come to this **bookstore** to get some books.

1322 古本屋　**secondhand bookstore**
＊週1回、掘り出し物を探しにあの**古本屋**に行きますよ。
I go to that **secondhand bookstore** to look for bargains once a week.
＊bargain 「掘り出し物」

1323 骨董品店　**antique store [curio shop]**
＊すみません。この辺りで**骨董品店**はどこにありますか？
Excuse me. Where can I find <u>an **antique store**</u> [a **curio shop**] around here?

1324 宝石店　**jewelry store**
＊「この真珠のネックレス、どこで買ったの？」「駅前の**宝石店**で買ったのよ。」
"Where did you get this pearl necklace?" "At the **jewelry store** in front of the station."

1325 洋服屋(仕立て屋)　**dressmaker's**(女子の服を仕立てる店)
＊今日**洋服屋**から注文していた服を取ってきたわ。
I picked up a custom-made outfit at the **dressmaker's** today.
＊主に男子服を注文で作る店は tailor と言う。　custom-made の代わりに made-to-order でも OK。　outfit 「服装一そろい」

1326 貸し衣装屋　**clothing rental shop**
＊「あなたの服、素敵ね。どこで買ったの？」「実は、**貸し衣装屋**から借りたの。」
"Your dress is really great. Where did you get it?" "I got it at a **clothing rental shop,** actually."

1327 下着屋　**lingerie store**
＊あの新しく開店した**下着屋**に行ったことある？　とてもかわいらしいデザインものがあるそうよ。
Have you been to that new **lingerie store**? I've heard that they've got some pretty cute designs.

1328 履物店　**footwear store**
＊あの**履物店**は靴ばかりでなくスリッパ、草履や下駄も売っているのよ。
They sell slippers, Japanese sandals, and clogs, as well as shoes, at that **footwear store**.
　＊Japanese sandals 「草履」　clog 「下駄」　A as well as B 「Bばかりでなく A も」

1329 下駄屋　**(Japanese) clog store**
＊この頃は**下駄屋**って、あまり見かけないわ。
I hardly see any **(Japanese) clog stores** these days.
　＊hardly ～ 「ほとんど（あまり）～しない」　these days 「この頃」

1330 かつら店　**wig shop**
＊先週薬屋の向かいの**かつら店**で、かつらを調整してもらったわ。
I had my wig adjusted at the **wig shop** across from the drugstore last week.
　＊have one's wig adjusted 「かつらを調整してもらう」　across from ～ 「～向かいの」

1331 美容院　**beauty shop**
＊あなたのヘアスタイルかっこいいね。どの**美容院**でやってもらったの？
Your hairdo looks great. Which **beauty shop** did you have it done at?
　＊hairdo 「ヘアスタイル」　have ～ done 「(髪を)整えてもらう」

1332 理髪店　**barbershop**
＊行きつけの**理髪店**で、髪を短く切ってもらったよ。
I had my hair cut short at the **barbershop** I always go to.
　＊have one's hair cut 「髪を切ってもらう」　～ (that) one always goes to 「行きつけの～」

1333 クリーニング屋　**dry cleaner's**
＊あなた、**クリーニング屋**から洗濯物を取ってきてくれる？
Honey, would you pick our laundry up at the **dry cleaner's**?
＊pick ～ up 「～を取ってくる」　　laundry 「洗濯物」

1334 コインランドリー　**Laundromat [coin-operated laundry]**
＊梅雨の期間中は、家の近くの**コインランドリー**を利用する人が大勢いるね。
During the rainy season, a lot of people use the **Laundromat** [**coin-operated laundry**] near our house.
＊Laundromatは商標名。　「コインランドリー」は和製英語。　the rainy season 「梅雨」

1335 カメラ店　**camera shop**
＊明日写真を現像してもらいに**カメラ店**に行くよ。
I'm going to go to the **camera shop** to have the pictures developed tomorrow.
＊have the pictures developed 「写真を現像してもらう」

1336 めがね屋　**optician's [glasses shop]**
＊めがねを点検してもらいに、**めがね屋**に行ったほうがいいよ。
You should go to the **optician's** [**glasses shop**] to have your glasses checked.
＊have + O + checked 「Oを点検してもらう」

1337 ネイルサロン　**nail salon**
＊お宅の**ネイルサロン**は予約が必要ですか？
Do I need to make an appointment at your **nail salon**?
＊make an appointment 「予約をする」

1338 写真屋　**photo studio [photographer's]**
＊結婚10周年の記念写真を撮りに、行きつけの**写真屋**に行こうか？
Shall we go to the usual **photo studio** [**photographer's**] to have some commemorative photos taken for our tenth wedding anniversary?
＊usual 「行きつけの」　　commemorative photo 「記念写真」　wedding anniversary 「結婚記念日」

1339 ペットショップ　**pet shop**
　＊学校の近くの**ペットショップ**に、子犬を買いに一緒に行きましょうよ。
　　Let's go down to the **pet shop** near the school to get a puppy together.
　　＊puppy 「子犬」　「子猫」は kitten と言う。

1340 看板屋　**sign maker**
　＊私の兄は渋谷で、**看板屋**を経営しているよ。
　　My brother runs a **sign maker** in Shibuya.
　　＊run 「経営する」

1341 銀行　**bank**
　＊今日**銀行**に百万円貯金して来たよ。
　　I deposited a million yen at the **bank** today.
　　＊deposit 「貯金する」　a million yen 「百万円」

1342 電気器具店　**appliance store**
　＊**電気器具店**のオーナーに、家に来て浴室の換気扇を直してくれるように頼んで来たよ。
　　I asked the owner of the **appliance store** to come to our house and fix the ventilation fan in the bathroom.
　　＊fix 「直す、修理する」　ventilation fan 「換気扇」　bathroom 「浴室」

1343 楽器店　**musical instrument store**
　＊あなたが探している**楽器店**は、ここから100メートルほど先にありますよ。
　　The **musical instrument store** you're looking for is about 100 meters down the road from here.

1344 ビデオ店　**video store**
　＊午後からDVDを借りに**ビデオ店**に行こうか？
　　How about going to the **video store** and renting some DVDs this afternoon?

1345 ガラス屋　**glass store**
　＊**ガラス屋**に行って、応接間の割れた窓ガラスを取り替えてくれるように頼んでくるよ。
　　I'm going to go to the **glass store** and ask them to replace the broken window in the living room.
　　＊replace 「取り替える」　living room 「応接間、居間」

1346 小間物屋　**variety store**
＊「**小間物屋**って、何を商っているの？」「雑用品を商っているのよ。」
"What do **variety stores** deal in?" "They sell miscellaneous articles."
＊deal in ～　「～を商う」　　miscellaneous articles　「雑用品」

1347 土産物店　**souvenir store**
＊東京駅近くの**土産物店**に、お土産を買いに行きましょうよ。
Let's go get some souvenirs at the **souvenir stores** near Tokyo Station.
＊souvenir　「お土産」

1348 スタンプ屋　**stamp shop**
＊ゴム印を売っている**スタンプ屋**、どこにあるかご存知ですか？
Would you happen to know where the **stamp shop** that sells rubber stamps is?
＊happen to do ～　「たまたま（ひょっとして）～する」　　rubber stamp　「ゴム印」

1349 鍵屋　**locksmith**
＊予備の鍵を作らせに、**鍵屋**に行って来るね。
I'm going to the **locksmith** to have a spare key made.
＊have ～ made　「～を作ってもらう」　　spare key　「予備の鍵」

1350 質屋　**pawnshop**
＊この頃はこの辺りで、**質屋**はあまり見られないね。
We hardly see any **pawnshops** in this neighborhood these days, do we?

1351 リサイクルショップ　**thrift store [secondhand store]**
＊掘り出し物を探しに**リサイクルショップ**に行って来るね。
I'm going to go to a **thrift store [secondhand store]** to look [hunt] for bargains.
＊「リサイクルショップ」は和製英語。　　bargain　「掘り出し物」

1352 自転車屋　**bike [bicycle] shop**
＊自転車がパンクしたので、**自転車屋**で直して来るね。
My bike's got a flat tire. I'll get it fixed at the **bike [bicycle] shop**.
＊bike は普通「自転車」のことを言うが、motorcycle (=motorbike)「オートバイ」の意味もある。

1353 給油所（ガソリンスタンド）　**gas station**
＊２日前にコンビニの隣の**給油所**で、ガソリンを満タンにして来たよ。
I filled up at the **gas station** next to the convenience store two days ago.
＊fill up 「（ガソリンを）満タンにする」　「ガソリンスタンド」は和製英語。
next to ～ 「～の隣の」　convenience store 「コンビニ」

1354 自動車修理工場　**auto-repair shop [garage]**
＊明日**自動車修理工場**で、車を点検してもらわなくちゃならないわ。
I've got to have somebody at the **auto-repair shop [garage]** check my car tomorrow.
＊have + 人 + check ～ 「（人）に～を点検してもらう」

1355 自動車販売店　**car dealer**
＊あそこの**自動車販売店**で、この車を買ったのよ。
That place over there is the **car dealer** where I bought this car.

1356 引越し屋　**moving company**
＊**引越し屋**は、３月は本当に忙しそうだね。
Moving companies seem to get really busy in March.

1357 運送店　**shipping agency [forwarding company]**
＊３月に引っ越すときは、郵便局の向かいの**運送店**に頼みましょうか。
When we move in March, shall we get the **shipping agency [forwarding company]** across from the post office to help?

1358 広告代理店　**advertising agency**
＊あの**広告代理店**は結構繁盛していますよ。
That **advertising agency** is really prospering [thriving].
＊really 「本当に、結構」　prosper [thrive] 「繁盛する」

1359 旅行代理店　**travel agency**
＊**旅行代理店**で、ヨーロッパ旅行の手続きをしなくちゃ。
I need to do the paperwork for my trip to Europe at the **travel agency**.
＊do the paperwork 「手続きをする」

1360 探偵事務所　**detective agency**
＊ここの**探偵事務所**は、浮気の調査もしていますか？
Can this **detective agency** find out if my husband [wife / boyfriend / girlfriend] is cheating on me [having an affair], too?
＊find out 「（調査などをして）見つけ出す」　　cheat on ＋人 [have an affair]「浮気する」

1361 印刷所　**printer**
＊私の本は８月の初旬に、あの**印刷所**から出版されますよ。
My book will be published by that **printer** in early August.

1362 新聞取次店　**news agency**
＊この**新聞取次店**で、新聞を定期購読したいのですが…
I'd like to get a newspaper subscription from your **news agency**.
＊get a newspaper subscription 「新聞を定期購読する」

1363 新聞売店　**newsstand**
＊あの**新聞売店**で新聞を買って来るまで、ちょっと待ってくださる？
Would you please wait a second while I get a newspaper at that **newsstand**?

1364 直売店　**outlet store**
＊**直売店**のすべての食品の価格は、マージンがないので安いわね。
Everything is cheap at **outlet stores** because there are no profit margins.
＊「マージン」は profit margin と言う。

1365 工場直送販売店　**factory outlet**
＊あそこに建物が見えるでしょ？　あれが例の**工場直送販売店**ですよ。
Can you see the building over there? That's the **factory outlet** I was talking about.
＊S was talking about 「Sが話していた→例の」

1366 安売り店（ディスカウントストア）　**discount store**
＊この**安売り店**では、ほとんどの品物を２割引で販売していますよ。
They sell most stuff at 20 percent off at this **discount store**.
＊most stuff 「ほとんどの品物」　　at 20 percent off 「２割引で」

1367 専門店　**specialty store**
　＊あの**専門店**では、どんな商品を扱っていますか？
　　What kind of merchandise does that **specialty store** deal in?
　　＊merchandise 「商品」　deal in 「扱う、商う」

1368 材木屋　**lumber [timber] dealer**
　＊よい材木を購入したいけど、どこの**材木屋**をお勧めですか？
　　I'd like to buy good **lumber** [timber]. Which **lumber** [timber] dealer would you recommend?
　　＊recommend 「勧める、推薦する」

1369 鍛冶屋　**blacksmith**
　＊以前は私の家の近くに**鍛冶屋**があったが、もうないね。
　　There used to be a **blacksmith** near my house, but it's not there anymore.
　　＊used to do ～ 「以前は～した（あった）」　not ～ anymore 「もう～ない」

1370 傘屋　**umbrella store**
　＊お気に入りの傘が壊れちゃったわ。近くの**傘屋**で直してもらわなくちゃ。
　　My favorite umbrella is broken. I need to have it fixed at the nearby **umbrella** store.
　　＊be broken 「壊れる」　have ～ fixed 「～を直してもらう」　nearby 「近くの」

1371 手芸品店　**craft [hobby] shop**
　＊手芸品店で、編み棒と毛糸を買って来ましょうね。
　　I'm going to get a knitting needle and woolen thread at a **craft [hobby] shop**.
　　＊knitting needle 「編み棒」　woolen thread 「毛糸」

1372 弁当屋　**box lunch store**
　＊オープンしたばかりの**弁当屋**に立ち寄ってみましょうか？
　　Shall we stop by the **box lunch store** that just opened?
　　＊stop by ～ 「～に立ち寄る」

1373 茶屋　**teahouse [tea stall]**
　＊どこの**茶屋**で、このジャスミンティーを買ったの？
　　Which **teahouse [tea stall]** did you get this jasmine tea at?

1374 豆腐屋　　**tofu [bean curd] shop**
＊あの**豆腐屋**が作った豆腐をときどき買いますよ。
I sometimes buy cakes of **tofu** [bean curd] made at that **tofu [bean curd] shop**.
＊「豆腐1丁」は a cake of tofu [bean curd] と言う。

1375 仕出し屋　　**caterer**
＊明日の宴会用の料理を、いつもの**仕出し屋**に注文してもいいですか？
May I order some dishes for tomorrow's party from that **caterer** we always use?
＊dish「料理」　S always use「Sがいつも利用している→いつもの」

1376 映画館　　**movie theater**
＊「アナと雪の女王」の映画、どの**映画館**で上映しているの？
Which **movie theater** is showing "Frozen"?
＊Where is "Frozen" playing? と言ってもいい。「アナと雪の女王」の英語のタイトルは "Frozen"。

1377 タイル屋　　**tile store**
＊**タイル屋**に電話して、今日開いているかどうか聞いてくれる？
Could you phone and ask the **tile store** if they're open today?
＊「電話して聞く」は phone [call] and ask で表わす。

1378 不動産業者　　**real estate agent [real estate agency]**
＊明日**不動産業者**に行って、新しいアパートの手続きをしなければならないね。
I need to go to the **real estate agent [agency]** and do the paperwork for my new apartment.
＊do the paperwork「手続きをする」

1379 葬儀屋　　**mortuary [funeral parlor]**
＊おじいさんが亡くなったら、どこの**葬儀屋**にお願いしたらいい？
When grandfather passes away, which **mortuary [funeral parlor]** should we ask to handle the funeral?
＊pass away「亡くなる」は die「死ぬ」の婉曲的な表現。　funeral「葬式、葬儀」

1380 中古販売店　**used car dealer**
＊今日の午後**中古販売店**に行って、いい中古車を探しましょうか？
Do you want to go around to some **used car dealers** and look for a good used car this afternoon?
　＊go around 「歩き回る、歩いて行く」　look for 〜「〜を探す」　used car 「中古車」

13　[職業とその関連表現]

1381　会社員　　**company employee**
＊「お仕事は何ですか？」「**会社員**です。」
　　"What do you do?"　"I'm a **company employee**."
　　＊ "What do you do?" の代わりに "What's your occupation?" と言っても OK。

1382　国家公務員　　**government employee**
＊彼のお父さんは**公務員**で、外務省に働いていますよ。
　　His father is a **government employee** (who works) at the Ministry of Foreign Affairs.
　　＊the Ministry of Foreign Affairs 「外務省」

1383　地方公務員　　**local government employee**
＊彼は**地方公務員**で、市役所に働いています。
　　He's a **local government employee** who works for (the) city hall.
　　＊work for ～ 「～に働く、～に勤務する」　　city hall 「市役所」

1384　店員　　**sales assistant [salesclerk]**
＊妹は大きなデパートの**店員**ですよ。
　　My younger sister is a **sales assistant** [**salesclerk**] at a big department store.

1385　レジ（会計係）　　**cashier**
＊彼女はデパートの**レジ**をしています。
　　She's a **cashier** at a department store.

1386　販売員（セールスマン）　　**sales representative [sales rep / salesperson]**
＊私の彼氏は車の**販売員**をしています。
　　My boyfriend is an auto **sales representative** [**sales rep / salesperson**].
　　＊auto は automobile 「自動車」の省略形。

1387　パート　　**part-timer**
＊母はスーパーで、**パート**で働いています。
　　My mother works at a supermarket as a **part-timer**.
　　＊My mother works part-time at a supermarket. とも言える。

— 182 —

1388 受付係　**receptionist**
＊私の彼女はホテルの**受付係**です。
My girlfriend is a **receptionist** at a hotel.

1389 秘書　**secretary**
＊姉はあの会社の**秘書**として、10年働いています。
My older sister has been (working as) a **secretary** at that company for 10 years.

1390 司書　**librarian**
＊図書館を担当している人は、**司書**と呼ばれているのよ。
The person in charge of a library is called a **librarian**.
*in charge of ～　「～を担当して」

1391 美容師　**beautician [hairdresser]**
＊姉は昔**美容師**でした。
My older sister used to be a **beautician** [**hairdresser**].

1392 理容師　**barber [hairstylist]**
＊彼は**理容師**で、自分の店を持っていますよ。
He's a **barber** [**hairstylist**] and has his own barbershop.
*barbershop　「理髪店、床屋」

1393 マニキュア師　**manicurist [nail technician]**
＊彼女はマニキュア暦20年の**マニキュア師**ですよ。
She's a **manicurist** [**nail technician**] with 20 years of experience.

1394 調理師（料理人）　**cook**
＊甥はあのホテルで、**調理師**として働いていますよ。
My nephew works at that hotel as a **cook**.

1395 料理長　**chef**
＊私たちの**料理長**は料理の達人ですよ。
Our **chef** is a master of cooking.
*Our chef is a culinary master. でもOK。　master「達人」　culinary「料理の」

1396 歌手　**singer**
＊彼女はたくさんのヒット曲を出している人気**歌手**ですよ。
She is a popular **singer** who has released lots of hit songs.
*popular「人気のある」　release a hit song「ヒットソングを出す」　lots of ～「たくさんの」

— 183 —

1397 オペラ歌手　**opera singer**
 ＊姪は将来、**オペラ歌手**になりたいと思っていますよ。
　　My niece wants to be an **opera singer** in the future.
　　　＊niece 「姪」「甥」は nephew と言う。　　in the future 「将来」

1398 作曲家　**composer**
 ＊私の大好きな**作曲家**は、優れた交響曲を作曲したベートーベンです。
　　My favorite **composer** is Beethoven, who composed great symphonies.
　　　＊My favorite composer is Beethoven, the great symphonist. でもよい。　compose 「作曲する」　symphony 「交響曲」　symphonist 「交響曲作曲者」

1399 指揮者　**conductor**
 ＊小沢征司は世界的に有名な**指揮者**ですよね。
　　Seiji Ozawa is a world-famous **conductor**, right?
　　　＊world-famous 「世界的に有名な」

1400 バレリーナ　**ballerina**
 ＊彼女は主役を演じる踊り手のプリマ・**バレリーナ**ですよ。
　　She is a prima **ballerina**, a dancer who performs principal (leading) roles.
　　　＊perform 「演じる」　principal (leading) roles 「主役」

1401 看護士　**nurse**
 ＊最近は**看護士**を目指す男性も多いですね。
　　More and more males are aiming to become **nurses** these days.
　　　＊aim to do ～ 「～するよう目指す」

1402 看護助手　**nurse's aide**
 ＊**看護助手**は通常病院で訓練を受け、基本的な仕事をするのよ。
　　Nurse's aides usually undergo training at hospitals and do basic work.
　　　＊undergo training 「訓練を受ける」　basic work 「基本的な仕事」

1403 正看護士　**registered nurse [R.N.]**
 ＊彼は整形病院で、**正看護士**として働いていますよ。
　　He works as [He's] a **registered nurse** [an **R.N.**] at an orthopedic hospital.
　　　＊orthopedic hospital 「整形病院」

1404 准看護士　**licensed practical nurse [L.P.N.]**
＊彼女は**准看護士**で、将来正看護士になるために看護学校に通っているのよ。
She is <u>a **licensed practical nurse**</u> [an **L.P.N.**], and she's going to nursing school to be a registered nurse in the future.

1405 看護婦長　**head nurse**
＊私の叔母は**看護婦長**で、看護スタッフを管理していますよ。
My aunt is a **head nurse** who supervises the nursing staff.
　　＊supervise 「管理する、監督する」

1406 助産婦　**midwife**
＊彼の奥さんはこの病院の産婦人科で、**助産婦**として働いていますよ。
His wife <u>works as</u> [is] a **midwife** in the obstetrics and gynecology department at this hospital.
　　＊obstetrics and gynecology 「産婦人科」　　department 「部門、科」

1407 保健婦　**public health nurse**
＊**保健婦**になるには、どんな資格が必要ですか？
What qualifications do you need to have to become a **public health nurse**?
　　＊qualifications 「資格」　　学校の保健婦は school nurse と言う。

1408 栄養士　**dietitian**
＊私の姉は**栄養士**で、校内食堂で栄養指導に携わっていますよ。
My older sister is a **dietitian** and offers dietary guidance at the school cafeteria.
　　＊dietary guidance 「栄養指導」　　school cafeteria 「校内食堂」

1409 薬剤師　**pharmacist**
＊私の義理の兄はこの病院で働く**薬剤師**ですよ。
My brother-in-law is a **pharmacist** at this hospital.
　　＊brother-in-law 「義理の兄」

1410 救急救命士　**paramedic**
＊「**救急救命士**って何をするの？」「患者に救急処置をするのよ。」
"What do **paramedics** do?" "They <u>give</u> [administer] first aid to patients."
　　＊give [administer] first aid 「救急処置をする」

1411 医者　doctor
＊彼の職業は**医者**ですよ。
　　He is a **doctor** by profession.
　　　＊be a ～ by profession 「職業は～である」

1412 内科医　physician [internist]
＊彼女はこの病院で、**内科医**として勤務しています。
　　She works as <u>a</u> **physician** [an **internist**] at this hospital.

1413 外科医　surgeon
＊その病院は新しい**外科医**を採用したばかりですよ。
　　The hospital just hired a new **surgeon**.
　　　＊hire は「採用する」の意味で、その反対の語の「解雇する、首にする」は fire で表わす。

1414 主治医　attending doctor
＊杉本先生は私の**主治医**です。
　　Dr. Sugimoto is my **attending doctor**.

1415 開業医　(medical) practitioner
＊彼は**開業医**で、この町で医院を開業していますよ。
　　He is a **(medical) practitioner**, and he runs a clinic in this town.
　　　＊run a clinic 「医院を開業する」

1416 専門医　specialist
＊病気のことが心配なら、**専門医**に診てもらったほうがいいですよ。
　　You should see a **specialist** if you're worried about your illness.
　　　＊see a specialist 「専門医に診てもらう」　be worried about ～ 「～を心配する」　illness 「病気」

1417 掛かりつけの医者　family doctor
＊川上先生が私たちの**掛かりつけの医者**になってから、10年になりますよ。
　　Dr. Kawakami has been our **family doctor** for 10 years.
　　　＊It's been 10 years since Dr. Kawakami became our family doctor. でも OK。

1418 病院長　hospital administrator [hospital director]
＊彼は**病院長**として、病院を管理運営していますよ。
　　As a **hospital** <u>**administrator**</u> [**director**], he manages the hospital.
　　　＊manage 「管理運営する」

1419 医療助手　**medical assistant**
＊彼女は後藤先生の**医療助手**を務めているのよ。
She works as a **medical assistant** to Dr. Goto.

1420 保険医　**doctors who accept health insurance patients**
＊日本では、ほとんどの医者が**保険医**ですよ。
In Japan, almost all doctors are **doctors who accept health insurance patients**.
　＊almost all ～ 「ほとんど(すべて)の～」　　accept 「受け入れる」

1421 獣医　**vet [veterinarian]**
＊息子は動物が大好きので、将来**獣医**になりたいと思っていますよ。
My son loves animals, so he wants to be a **vet** [**veterinarian**] in the future.

1422 歯医者　**dentist**
＊虫歯の治療をしに**歯医者**に行かなくちゃ。
I need to go to the **dentist** to have my decayed tooth treated.
　＊have + O + treated 「O を治療してもらう」　　decayed tooth 「虫歯」

1423 検査技師　**lab tech [lab technician]**
＊この病院の**検査技師**の仕事に応募して、幸いにも採用されたよ。
I applied for a job as a **lab tech** [**technician**] at this hospital and, luckily, I got hired.
　＊apply for ～ 「～に応募する」　　luckily 「幸いにも」　　get hired 「採用される」

1424 エックス線技師　**X-ray technician**
＊**エックス線技師**は体の内部の写真を撮る医療の専門家ですよ。
X-ray technicians are medical professionals who take pictures of the inside of the body.
　＊medical professional 「医療の専門家」　　inside 「内部」

1425 理学療法士　**physical therapist**
＊「**理学療法士**は何をするの？」「光、熱、電気、マッサージなどの理学的な方法によって、病気や怪我を治療するのよ。」
"What do **physical therapists** do?" "They treat diseases or injuries by physical means like light, heat, electricity, massage, and the like."
　＊disease 「病気」　　injury 「怪我」　　physical means 「理学的な方法」
　　heat 「熱」　　electricity 「電気」　　and the like 「～など」

1426 臨床心理士　**clinical psychologist**
＊彼女は心理学が好きので、大学卒業後臨床心理士になるつもりですよ。
She likes psychology and intends to be a **clinical psychologist** after she graduates from college.
　＊psychology「心理学」　intend to do ~「~するつもりである」　graduate from ~「~を卒業する」

1427 歯科技工士　**dental technician [denturist]**
＊どうしたら歯科技工士になれるの？
How can you become a **dental technician [denturist]**?

1428 針治療師　**acupuncturist**
＊1週間に1回、腰痛を治療しに針治療師に通っていますよ。
I go to the **acupuncturist** once a week for my lower back pain.

1429 介護福祉士　**nursing care worker [caregiver]**
＊彼女は介護福祉士として、病人や高齢者を介護していますよ。
As a **nursing care worker [caregiver]**, she cares for the sick and elderly.
　＊the sick「病人」　the elderly「高齢者」

1430 家庭介護人　**home health aide [home attendant]**
＊あなた、おじいさんを世話してくれる家庭介護人が必要と思わない？
Honey, don't you think we need to hire a **home health aide [home attendant]** to take care of grandpa?
　＊take care of ~「~の世話をする」

1431 消防士　**firefighter [fireman]**
＊消防士にあこがれる男の子、結構いますよ。
There are plenty of boys who dream of being **firefighters [firemen]**.
　＊plenty of ~「たくさんの~」　dream of ~「~をあこがれる、~を夢見る」

1432 警官　**police officer**
＊彼女の息子はただ格好いいからという理由で、警官になりたがっているのよ。
Her son wants to be a **police officer** just because they look cool.
　＊just because ~「ただ~という理由で」　look cool「格好よく見える」

1433 刑事　**(police) detective**
＊「一体彼は誰だと思う？」「刑事だと思うよ。」
"Who do you suppose he is?" "I think he's a **(police) detective**."

1434 警察署長　**chief of police**
＊今日の午後２時に、**警察署長**がその事件について、記者会見で説明します。
The **chief of police** is going to explain the case at the press conference at two this afternoon.
　　＊explain「説明する」　case「事件」　press conference「記者会見」

1435 看守　**prison guard**
＊あなたのお父さんはどこの刑務所で、**看守**として働いているの？
Which prison [jail] does your father work at as a **prison guard**?

1436 保護監察官　**probation officer**
＊**保護監察官**は保護観察中の人を監督し、更生させようとするのよ。
Probation officers try to supervise and rehabilitate people on probation.
　　＊supervise「監督する」　rehabilitate「更生させる」　on probation「保護観察中」

1437 私立探偵　**private detective**
＊あの**私立探偵**はもと警官だったのよ。
That **private detective** used to be a police officer.
　　＊used to do ～「もと[以前]～していた(～であった)」

1438 検察官　**prosecutor**
＊彼はこの殺人事件を担当することになっている**検察官**です。
He is the **prosecutor** who will be in charge of this murder case.
　　＊be in charge of ～「～を担当する」　murder case「殺人事件」

1439 裁判官　**judge**
＊彼は去年**裁判官**を辞めて、今は弁護士です。
He resigned from his post as a **judge** last year, and now he's a lawyer.
　　＊resign from ～「～を辞める、～を辞職する」　post「地位、職」　lawyer「弁護士」

1440 弁護士　**lawyer**
＊被告を弁護するのは、この**弁護士**ですよ。
This is the **lawyer** who'll defend the accused.
　　＊defend「弁護する」　the accused「被告」

1441 自衛官　**self-defense official**
＊**自衛官**と結婚したいと思う女性が、最近ますます増えているそうよ。
I heard that there are more and more women looking to marry **self-defense officials** these days.
＊look to do ～ 「～するのを期待する」= expect to do ～

1442 警備員（ガードマン）　**(security) guard**
＊私の彼氏はあの警備会社で、**警備員**として働いているのよ。
My boyfriend works at that security company as a **(security) guard**.
＊security company 「警備会社」　「ガードマン」は和製英語で、英語では単に guard と言う。

1443 登山家　**mountain climber**
＊彼は山の清掃に積極的に従事している有名な**登山家**ですよ。
He is a well-known **mountain climber** and does a lot of cleaning in the mountains.
＊well-known 「有名な」= famous　　cleaning 「清掃」

1444 画家　**painter [artist]**
＊あの**画家**は銀座で自分の大きな画廊を持っていますよ。
That **painter [artist]** owns his own large gallery in Ginza.
＊own 「所有する」　one's own 「自分の、自分自身の」　gallery 「画廊」

1445 画商　**art dealer**
＊彼は絵の売買をしている名の知れた**画商**ですよ。
He is a well-known **art dealer** who buys and sells pictures.
＊buy and sell 「売買する」

1446 芸術家　**artist**
＊**芸術家**といえば、お気に入りは誰ですか？
Speaking of **artists**, who is your favorite?
＊speaking of ～ 「～と言えば」　favorite 「お気に入り」

1447 石工　**mason**
＊彼のお父さんは石材を細工・加工する**石工**と呼ばれる職人ですよ。
His father is a **"mason,"** a type of artisan who works with stones.
＊artisan 「職人」　work with stones 「石材を細工・加工する」

1448　建築技師（建築家）　**architect**
　　＊彼は一級**建築技師**になるために、一生懸命勉強しています。
　　　He's studying hard to become a first-class **architect.**
　　　＊first-class 「一級の」

1449　配管工（鉛管工）　**plumber**
　　＊**配管工**に電話して、水道の水漏れを直すように頼まなくちゃ。
　　　I've got to call and ask the **plumber** to fix the water leak.
　　　＊call and ask 「電話して頼む」　　fix 「直す」　　water leak 「水漏れ」

1450　組立工　**assembler**
　　＊彼はこの自動車の組立工場で働いている**組立工**ですよ。
　　　He's an **assembler** at this auto assembly plant.
　　　＊auto assembly plant 「自動車の組立工場」

1451　大工　**carpenter**
　　＊彼の**大工**歴は30年です。
　　　He has thirty years' experience as a **carpenter**.
　　　＊～ years' experience 「～年の経験」

1452　建設作業員　**construction worker**
　　＊消費税が上がる前は、ほとんどの建設会社が**建設作業員**不足でしたね。
　　　Almost all the construction companies were short of **construction workers** before the sales tax hike, weren't they?
　　　＊construction company 「建設会社」　　be short of ～ 「～が不足している」
　　　　sales tax 「消費税」　　hike 「（価格などの）引き上げ」

1453　土木請負業者　**public works constructor**
　　＊仕事が早く良心的なので、あの**土木業請負者**と契約をしよう。
　　　I'm going to sign a deal with that **public works constructor** because he's a quick worker and honest.
　　　＊sign a deal 「契約をする」　　quick worker 「仕事が早い業者」　　honest 「良心的な」

1454　土木技師　**civil engineer**
　　＊彼は**土木技師**で、市役所に働いていますよ。
　　　He's a **civil engineer** working for city hall.

1455　行政書士　**public notary**
　　＊「**行政書士**って、どんな仕事をするの？」「すみません、分かりませんよ。」
　　　"What kind of work do **public notaries** do?" "Sorry, I have no idea."

1456 司法書士　**judicial scrivener**
＊叔父は生存中、彼の**司法書士**の仕事を私に引き継いで欲しいとよく言っていたよ。
While he was alive, my uncle often told me that he wanted me to take over his job as a **judicial scrivener**.
＊take over ～　「～を引き継ぐ」

1457 税理士　**licensed tax accountant**
＊そろそろ**税理士**に確定申告をするようにお願いする時だよ。
It's about time for me to ask the **licensed tax accountant** to file my final income tax return for me.
＊file one's final income tax return　「確定申告をする」

1458 公認会計士　**certified public accountant [CPA]**
＊**公認会計士**の試験に合格するのは、たいへん難しいそうですね。
I understand that it is very difficult to pass the **certified public accountant [CPA]** exam [examination].

1459 鑑定士(特に資産などの)　**appraiser**
＊**鑑定士**によると、この磁器は100万円の価値があるそうですよ。
According to an **appraiser**, this porcelain is worth a million yen.
＊porcelain 「磁器」　be worth 「価値がある」

1460 翻訳者　**translator**
＊「老人と海」の**翻訳者**は誰ですか？
Who's the **translator** of *The Old Man and the Sea*?

1461 通訳　**interpreter**
＊私はこの貿易会社の非常勤の**通訳**です。
I'm a part-time **interpreter** for this trade company.
＊part-time 「非常勤の」　trade company 「貿易会社」

1462 ソムリエ　**sommelier**
＊「彼女の彼氏は**ソムリエ**ですよ。」「道理でワインに熟知しているんだね。」
"Her boyfriend's a **sommelier**." "No wonder he knows wine so well."
＊no wonder 「道理で」　know ～ so well 「～を熟知している」

1463 添乗員（ツァコンダクター）　**tour conductor**
＊旅行中私たちのグループに添乗員として付き添ってくれたのは、この**添乗員**ですよ。
This is the **tour conductor** that accompanied our group during the trip.
　＊accompany「付き添う」　during the trip「旅行中」

1464 銀行員　**bank clerk**
＊私の友人は貸付担当の**銀行員**ですよ。
A friend of mine is a **bank clerk** in charge of loans.
　＊in chage of ～「～を担当の」　loan「貸付」

1465 出納係（窓口係り）　**teller**
＊彼女は**出納係**として、この銀行に10年働いていますよ。
She's been (working as) a **teller** at this bank for ten years.

1466 銀行家　**banker**
＊融資について相談できる**銀行家**を、紹介していただけませんか？
Could you refer me to a **banker** I can consult with [talk to] about financing?
　＊refer A to B「AをBに紹介する」　consult with ～「～と相談する」　financing「融資」

1467 用務員　**janitor**
＊**用務員**に廊下をきれいに掃除するように頼んでくださる？
Would you ask a **janitor** to clean the hall?

1468 教師　**teacher**
＊彼は高校の**教師**になるために、教員免許状を取得するため勉強していますよ。
He's studying to get a teacher's license [certificate] so he can be a high school **teacher.**
　＊teacher's license [certificate]「教員免許状」　so S can ～「Sが～するために、～できるように」　high school teacher「高校の教師」

1469 校長　**principal**
＊私たちの**校長**は英語が堪能で、国際感覚のある方ですよ。
Our **principal** is a good speaker of English and an internationally minded person.
　＊a good speaker of ～「～が堪能の人」　internationally minded「国際感覚のある」

1470 牧師　**minister**
＊叔父は**牧師**だったので、若いころよく叔父の教会に行ったものです。
My uncle was a **minister**, so I would often go to his church when I was young.
＊would often ～　「よく～したものだ」

1471 教授　**professor**
＊彼女は東京のある国立大学の**教授**です。
She's a **professor** at a national university in Tokyo.
＊national university　「国立大学」

1472 准教授　**associate professor**
＊彼は来年、教授に昇格することになっている**准教授**ですよ。
He's an **associate professor** who's slated for promotion to professor next year.
＊be slated for ～　「～する予定である、～することになっている」　promotion「昇格」

1473 講師　**instructor**
＊私の甥は私立大学の非常勤**講師**です。
My nephew is a part-time **instructor** at a private college.
＊private college　「私立大学」

1474 助手　**assistant**
＊私の弟は、ブラウン教授の**助手**を務めています。
My younger brother serves as an **assistant** to Professor Brown.
＊serve as ～　「～として務める」

1475 映画俳優　**movie actor**
＊「大好きな**映画俳優**は誰ですか？」「ハリソン・フォードですよ。」
"Who's your favorite **movie actor**?" "Harrison Ford is my favorite."

1476 映画女優　**movie actress**
＊私の一番好きな**映画女優**は、ローマの休日で主役を演じたオードリ・ヘップバーンです。
My favorite **movie actress** is Audrey Hepburn, who starred in *Roman Holiday*.
＊star　「主役を演じる、主演する」　Roman Holiday　「ローマの休日」

1477 声優　**voice actor**
　　＊彼女は主にアニメの**声優**を務めています。
　　She's a **voice actor** who does most of her work for animation.

1478 映画監督　**movie director**
　　＊スティブン・スピルバーグは25歳のときに、**映画監督**として長編映画にデビューしたのよ。
　　Steven Spielberg made his feature debut as a **movie director** at age 25.
　　　＊make one's feature debut「長編映画にデビューする」　at age 〜「〜歳のときに」

1479 映画評論家　**movie critic**
　　＊あの**映画評論家**の映画の評論の仕方が好きですよ。
　　I like the way that **movie critic** comments on movies.
　　　＊comment on 〜「〜についての評論をする」

1480 評論家　**critic [commentator]**
　　＊歯に衣を着せぬやり方で評論をするので、この**評論家**は気に入っていますよ。
　　I like this **critic** [**commentator**] because he never minces his words.
　　　＊never mince one's words「歯に衣を着せずに言う、遠慮なく言う」

1481 テレビタレント　**TV personality [TV entertainer]**
　　＊彼は私が我慢できないタイプの**テレビタレント**ですよ。
　　He's the type of **TV** **personality** [**entertainer**] that I can't stand.
　　　＊stand「我慢する」

1482 コメディアン　**comedian**
　　＊彼は行く先先、大勢の聴衆を魅了する有名な**コメディアン**ですよ。
　　He's a famous **comedian** who attracts large audiences wherever he goes.
　　　＊attract「魅了する」　large audience「大勢の聴衆」　wherever one goes「行く先先」

1483 プロデューサー（製作者）　**producer**
　　＊弟は以前NHKの主任**プロデューサー**でした。
　　My younger brother used to be a chief **producer** at NHK.
　　　＊chief producer「主任プロデューサー」

1484 振付師　**choreographer**
＊「**振付師**はどんな仕事をするの？」「そうだね、ダンスなどの仕草を案出したり、教えたりするのよ。」
"What kind of work do **choreographers** do?" "Well, they think out and teach the movements of dance and so on."
＊think out 「案出する」　movement 「仕草」　and so on 「～など」= and the like

1485 作家(小説家)　**novelist**
＊**作家**のアーネスト・ヘミングウェイは、「老人と海」の小説でノーベル文学賞を授与されたのよ。
The **novelist** Ernest Hemingway won the Nobel Prize in Literature for *The Old Man and the Sea*.
＊Nobel Prize in [for] Literature 「ノーベル文学賞」　The Old Man and the Sea 「老人と海」

1486 詩人　**poet**
＊彼は日本で有名な**詩人**兼作家ですよ。
He's a famous **poet** and novelist in Japan.
＊a poet and novelist 「詩人兼作家」

1487 便利屋　**handyman [utility man]**
＊引越しの手伝いを近くの**便利屋**に頼みましょうか？
Shall we find a **handyman [utility man]** nearby to help us (with the) move?

1488 客室乗務員　**flight attendant**
＊彼女は日本航空の**客室乗務員**です。
She's a **flight attendant** for Japan Airlines.
＊Japan Airlines 「日本航空」

1489 パイロット　**pilot**
＊彼のパイロット暦は20年です。
He has twenty years' experience as a **pilot**.

1490 宇宙飛行士　**astronaut**
＊**宇宙飛行士**は若い男の子たちの憧れの的ですよ。
Astronauts are the admiration of young boys.
＊admiration 「憧れの的」

1491 船員　**sailor**
　　＊彼は**船員**で、1月に1回しか家に帰りませんよ。
　　　He's a **sailor**, and he comes home only once a month.

1492 船長　**captain**
　　＊父は巡航客船の**船長**です。
　　　My father's the **captain** of a cruise ship.
　　　＊cruise ship 「巡航客船」

1493 駅員　**station employee**
　　＊東京の**駅員**は毎日やるべきことが多いですね。
　　　Station employees in Tokyo have so much to do every day.

1494 駅長　**stationmaster**
　　＊**駅長**は来年、退職する予定だそうですね。
　　　The **stationmaster** is planning to retire next year, I hear.
　　　＊be planning to ～ 「～する予定である」　retire 「退職する」

1495 タクシー運転手　**cab driver [taxi driver]**
　　＊私の叔父は無事故運転10年のタクシー**運転手**ですよ。
　　　My uncle, a **cab driver [taxi driver]**, has had a perfect driving record for ten years.
　　　＊perfect driving record 「無事故運転(記録)」

1496 バス運転手　**bus driver**
　　＊あの**バス運転手**は昨日、スピード違反で捕まりましたよ。
　　　That **bus driver** got pulled over for speeding yesterday.
　　　＊get pulled over for speeding 「スピード違反で捕まる」

1497 バスガイド　**bus tour guide**
　　＊彼女はこの地域のベテランの**バスガイド**ですよ。
　　　She's an expert **bus tour guide** in this area.
　　　＊expert 「ベテランの、熟練の」　in this area 「この地域の(で)」

1498 気象予報士　**weather forecaster**
　　＊彼女は民放局で、**気象予報士**として勤務しています。
　　　She works as a **weather forecaster** for a commercial broadcasting station.
　　　＊commercial broadcasting station 「民放局」

1499 ピアノ調律士　**(piano) tuner**
＊**ピアノ調律士**に電話して、ピアノの調律を頼まなくちゃ。
I need to call and ask a **(piano) tuner** to tune my piano.
＊call and ask ～　「～に電話して頼む」　tune「調律する」

1500 庭師　**gardener**
＊最近**庭師**に庭をリフォームしてもらったよ。
I had my yard renovated by a **gardener** recently.
＊have ～ renovated 「～をリフォームしてもらう」　英語の reform「リフォーム」は社会の改革などの意。

1501 保育士　**childcare worker**
＊私の彼女は子供が大好きなので、**保育士**になる決意をしましたよ。
My girlfriend loves children, so she's decided to be a **childcare worker**.
＊decide to do ～ 「～する決意をする」

1502 ベビーシッター　**babysitter**
＊1週間に4回、**ベビーシッター**のバイトをしているのよ。
I work part-time as a **babysitter** four times a week.
＊「子守をする」は baby-sit と言う。　four times a week 「1週間に4回」

1503 プログラマー　**programmer**
＊私の友人は大きなコンピューター会社の**プログラマー**をしていますよ。
A friend of mine is a **programmer** for a large computer company.

1504 ニュースキャスター　**newscaster**
＊彼女は以前 NHK の**ニュースキャスター**をしていましたが、現在はフリーです。
She used to be a **newscaster** for NHK, but now she's freelance.
＊used to do ～ 「以前～していた」　「フリー」は和製英語で、英語では freelance と言う。

1505 競馬騎手　**jockey**
＊成功している**競馬騎手**は、体が小さく、軽く、運動神経がよい傾向がありますね。
Successful **jockeys** tend to be small, light, and coordinated.
＊tend to do ～ 「～である(する)傾向がある」　light 「軽い」
be coordinated 「運動神経がよい」

1506 ごみ収集人　**garbage collector**
　　＊今日は**ごみ収集人**、ごみ収集に来るかしら。
　　I wonder if the **garbage collector** will come to pick up the garbage today.
　　　＊wonder if ～　「～かしら」　　pick up ～　「～を収集する、～を拾う」　　garbage　「ごみ」

1507 バーテンダー　**bartender**
　　＊この**バーテンダー**は実に酒の調合がうまいよ。
　　This **bartender** is really good at mixing drinks.
　　　＊be good at ～ ing　「～するのが上手である」　　mix drinks　「酒を調合する」

1508 税務官　**tax collector**
　　＊彼は**税務官**で、国税局に働いています。
　　He's a **tax collector** at the Regional Taxation Bureau.
　　　＊the Regional Taxation Bureau　「国税局」

1509 税関吏　**customs officer**
　　＊夫は**税関吏**として、羽田空港で働いていますよ。
　　My husband works at Haneda Airport as a **customs officer**.

1510 館長　**curator**
　　＊この図書館の**館長**はどなたかご存知ですか？
　　Do you happen to know who the **curator** of this library is?
　　　＊happen to do ～　「たまたま（ひょっとして）～する」　　library　「図書館」

1511 村長　**village mayor**
　　＊**村長**はただ今村議会に出席しています。
　　The **village mayor** is in the village assembly at the moment [at present].
　　　＊village assembly　「村議会」　　at the moment [at present]　「ただ今、現在」

1512 市長　**mayor**
　　＊彼は多分、この市の**市長**に選ばれるでしょう。
　　He'll probably be elected **mayor** of this city.
　　　＊probably　「多分」　　be elected　「選ばれる」

1513 知事　**governor**
　　＊現在の**知事**は知事職3期目ですよ。
　　The current **governor** is in his third term.
　　　＊current　「現在の」　　in one's third term　「3期目で」

1514 相撲取り　　**sumo wrestler**
＊私の大好きな**相撲取り**は、春場所に横綱に昇進しますよ。
My favorite **sumo wrestler**'s going to be promoted to grand champion at the spring sumo tournament.
　　＊be promoted to ～「～に昇進する」　　grand champion「横綱」
　　　spring sumo tournament「春場所」

1515 プロ野球選手　　**pro baseball player**
＊私たちの息子の将来の夢は、**プロ野球選手**になることですよ。
Our son's dream is to become a **pro baseball player**.

1516 プロゴルファー　　**pro golfer**
＊日本人の**プロゴルファー**の松山秀樹は、アメリカのメモリアルトーナメントで初優勝したね。
Hideki Matsuyama, a Japanese **pro golfer**, won his first championship at a memorial tournament in the U.S.
　　＊win one's first championship「初優勝する」

1517 プロサッカー選手　　**pro soccer player**
＊日本の最も優秀な**プロサッカー選手**は、結局はヨーロッパに行ってエリートチームでプレーすることが多いね。
The best **pro soccer players** in Japan often end up heading to Europe to play with elite clubs.
　　＊end up ～ing「結局～に終わる」　　head to ～「～に行く」

1518 プロボクサー　　**prizefighter**
＊具志堅用高は世界選手権を13回連続して防衛した、すばらしい**プロボクサー**でしたよ。
Yoko Gushiken was a great **prizefighter** who won 13 world title defenses in a row.
　　＊world title「世界選手権」　　defense「防衛、防御」　　in a row「連続して」

1519 プロバスケットボール選手　　**pro basketball player**
＊私はあの**プロバスケットボール選手**のファンですよ。
I'm a fan of that **pro basketball player**.

1520 プロフィギュアスケート選手　　**pro figure skater**
＊浅田真央は、引退して**プロフィギュアスケート選手**になるのかしら。
I wonder if Mao Asada will retire and become a **pro figure skater**.
　　＊retire「引退する」

14　[公共施設とその関連表現]

1521　消防署　**fire station**
＊日本では、救急車は**消防署**に帰属するのよ。
In Japan, ambulances belong to the **fire station**.
＊In Japan, the fire station operates ambulances. でもよい。　ambulance「救急車」　belong to ～「～に属する」

1522　警察署　**police station**
＊殺人の容疑者が、この**警察署**に連行されるのを見たよ。
I saw the murder suspect [suspected murderer] taken to this **police station**.
＊murder suspect [suspected murderer]「殺人の容疑者」

1523　交番　**police box [police stand]**
＊アメリカに、日本の交番を手本にした**交番**があるそうですね。
I heard that in the States there are some **police boxes [stands]** modeled on the ones in Japan.
＊modeled on ～「～を手本にした」　ones はこの場合 police boxes [stands] を指す。

1524　検察庁当局　**prosecutor's office**
＊その殺人事件の調書は、**検察当局**に送検されましたよ。
The police report on the murder was sent to the **prosecutor's office**.
＊police report「調書」　murder「殺人事件」

1525　裁判所　**courthouse**
＊彼は**裁判所**に５月６日に、出頭するように要求されています。
He's been asked to report to the **courthouse** on May 6.

1526　税務署　**tax office**
＊今日の午後、確定申告をしに**税務署**に行かなくちゃ。
I've got to go to the **tax office** to file my final income tax return this afternoon.
＊file one's final income tax return「確定申告をする」

1527　税関　**custom [customs] house**
＊何か申告するものがありましたら、ここの**税関**で申告して下さい。
If you have something to declare, please do it at this **custom [customs] house**.
＊declare「申告する」

1528 保健所　**health center**
＊明日の朝、健康診断を受けに**保健所**に行って来るね。
I'm going to have a checkup at the **health center** tomorrow morning.
＊have a checkup 「健康診断を受ける」

1529 国会議事堂　**the Capitol**
＊アメリカ滞在中、ワシントンDCにある**国会議事堂**を訪れたよ。
During my stay in the States, I visited **the Capitol** in Washington D.C.
＊during one's stay 「滞在中」　日本の国会議事堂は the Diet Building と言う。

1530 議員会館　**The Diet Members' Building**
＊「**議員会館**、どこにあるかご存知ですか？」「ここから2ブロック先にあります。」
"Do you happen to know where **the Diet Members' Building** is located?" "Yes, it's two blocks from here."
＊be located 「位置する、ある」

1531 電力会社　**(electric) power company**
＊来月から電力料金を5パーセント値上げすると、**電力会社**は発表したね。
The **(electric) power company** announced that they're going to be raising electricity bills by 5 percent beginning next month.
＊raise 「値上げする」　electricity bill 「電力料金」

1532 原子力発電所　**nuclear power plant**
＊日本が**原子力発電所**を廃止すべきかどうかの問題について、君はどう思う？
What do you think of the question as to whether Japan should get rid of its **nuclear power plants**?
＊What do you think of ~? 「~をどう思う？」　get rid of ~ 「~を廃止する」

1533 火力発電所　**thermal power plant**
＊この**火力発電所**は主に石油を、それとも石炭を使用しているの？
Does this **thermal power plant** mainly use oil or coal?

1534 水力発電所　**hydroelectric power plant**
＊**水力発電所**は二酸化炭素を大気中に放出しないので、環境にやさしいね。
Hydroelectric power plants are environmentally friendly because they don't release carbon dioxide into the atmosphere.
＊environmentally friendly 「環境にやさしい」　release 「放出する」
carbon dioxide 「二酸化炭素」　atmosphere 「大気、空気」

1535 電話局　**telephone office**
＊昨日**電話局**で、電話の申し込みをして来たよ。
I applied for telephone service at the **telephone office** yesterday.
＊apply for ～ 「～を申し込む」

1536 郵便局　**post office**
＊**郵便局**に行って、この小包を航空郵便でアメリカに送らなくちゃ。
I need to go to the **post office** and have this package sent to the States by airmail.
＊have + O + sent 「O を送ってもらう」　　by airmail 「航空郵便で」

1537 大使館　**embassy**
＊アメリカ**大使館**はどこにあるか教えていただけませんか？
Could you tell me where the American **embassy** is?

1538 領事館　**consulate**
＊「すみません。あそこのあの建物はイギリス**領事館**ですか？」「はい、そうですよ。」
"Excuse me. Is that building over there the British **consulate**?"
"Yes, it is."

1539 気象台　**weather station [meteorological observatory]**
＊フィリピン諸島近海の熱帯低気圧が台風になったと、**気象台**は発表したね。
The **weather station [meteorological observatory]** announced that the tropical cyclone in Philippine waters had developed into a typhoon.
＊tropical cyclone 「熱帯低気圧」　　develop into ～ 「～に発達する」

1540 天気相談所　**weather information bureau**
＊明日の天気予報を確認したいなら、**天気相談所**に電話して聞いたらいいよ。
Why don't you call and ask the **weather information bureau** if you want to make sure of the weather forecast for tomorrow?
＊Why don't you do ～ ? = Why not do ～ 「～したらどうですか？」　　make sure of ～ 「～を確認する」

1541 水道局　**the waterworks department**
＊**水道局**は節水するように、市民に呼びかけていますね。
　The **waterworks department** has called on local citizens to conserve water.
　　＊call on ~ 「～に呼びかける」　　local citizen 「市民」　　conserve 「大切に使う」

1542 浄水場　**water purification plant**
＊この**浄水場**は私たちに水道の水を供給しているそうですね。
　I understand that this **water purification plant** supplies us with tap water.
　　＊supply A with B 「AにBを供給する」　　tap water 「水道の水」

1543 下水処理場　**sewage plant**
＊この**下水処理場**は町の下水の半分以上を処理していますよ。
　This **sewage plant** disposes of more than half of the town's sewage.
　　＊dispose of ~ 「～を処理する」　　more than ~ 「～以上」　　sewage 「下水」

1544 ごみ焼却施設　**garbage incineration facilities**
＊燃えるごみはこの**ごみ焼却施設**で焼却されるのよ。
　Combustible garbage is incinerated in these **garbage incineration facilities**.
　　＊combustible garbage 「燃えるごみ」　　incinerate 「焼却する」

1545 ごみ処理場　**garbage processing center**
＊多量のごみが毎日、この**ごみ処理場**に持ち込まれますよ。
　Tons of garbage are brought into this **garbage processing center** every day.
　　＊tons of ~ 「多量の～」　　be brought into ~ 「～に持ち込まれる」

1546 ごみ捨て場　**dump**
＊近隣に**ごみ捨て場**が建設されるのに対して、多くの住民が猛烈に反対したよ。
　Many residents were strongly opposed to the **dump** being constructed in their neighborhood.
　　＊resident 「住民」　　be opposed to ~ 「～に反対する」　　be constructed 「建設される」　　in one's neighborhood 「近隣に」

1547 公衆トイレ　**public restroom**
＊すみません。**公衆トイレ**、どこにあるか教えていただきますか？
　Excuse me. Would you tell me where I can find a **public restroom**?

1548 天文館　**planetarium**
＊先週**天文館**を訪れ、天体望遠鏡で天体を観察しましたよ。
Last week I visited the **planetarium**, where I observed the heavenly bodies through an astronomical telescope.
＊observe 「観察する」　heavenly body 「天体」　astronomical telescope 「天体望遠鏡」

1549 水族館　**aquarium**
＊この**水族館**は規模がアジアで最大だと言われていますよ。
This **aquarium** is said to be the largest in size in Asia.
＊in size 「規模は」

1550 図書館　**library**
＊私はよく**図書館**に行き、そこでいつも２・３時間読書して過ごしていますよ。
I often go to the **library**, where I make it a practice to spend a few hours reading.
＊make it a practice to do ～ 「いつも～する」　spend ＋ 時間 ＋ ～ ing 「～して（時間）を過ごす」

1551 博物館　**museum**
＊この**博物館**には、歴史資料の所蔵品がたくさんありますね。
This **museum** has a large collection of historical materials.
＊a large collection 「たくさんの所蔵品」　historical materials 「歴史資料」

1552 美術館　**art museum**
＊クロード モネィの絵画が、あの**美術館**で展示されていますよ。
The paintings of Claude Monet are being exhibited at that **art museum**.
＊be exhibited 「展示される」

1553 公民館　**community center [public hall]**
＊渡辺氏が今夜、**公民館**で講演を行います。
Mr. Watanabe is going to give a lecture at the **community center [public hall]** tonight.
＊give a lecture 「講演を行う」　tonight 「今夜」

1554 （公共）職業安定所（ハローワーク）　**(public) employment [job placement] agency**
＊もし仕事を探しているのなら、（公共）職業安定所に行くといいですよ。
You should go to the **(public) employment [job placement] agency** if you're looking for a job.

1555 社会保険庁　**the Social Insurance Agency**
＊昨日社会保険庁の支所で、年金の手続きを済ませて来たよ。
I took care of my pension procedures at a branch office of **the Social Insurance Agency** yesterday.
　＊pension procedure 「年金の手続き」　branch office 「支所」

1556 駅　**station**
＊もし横浜に行きたいなら、この駅で電車を乗り換えたほうがいいですよ。
You should change trains at this **station** if you want to go to Yokohama.
　＊change trains 「電車を乗り換える」=transfer

1557 地下鉄の駅　**subway station**
＊この近隣の地下鉄の駅へ行く道を教えていただけませんか？
Could you tell me the way to the **subway station** in this neighborhood?
　＊in this neighborhood 「この近隣で(の)」

1558 モノレールの駅　**monorail station**
＊この道路を行けば、モノレールの駅に着きますか？
Does this road lead to the **monorail station**?
　＊lead to ～　「(道などが)[人を]～に導く」

1559 忘れ物取扱所　**the lost and found**
＊何か紛失した場合は、あそこの忘れ物取扱所に行って尋ねるといいですよ。
You should go and ask at **the lost and found** over there if you've lost something.

1560 空港　**airport**
＊羽田空港まで、タクシーでどのくらいの時間かかりますか？
How long does it take to get to Haneda **Airport** by taxi?
　＊How long does it take to do ～? 「～するのにどのくらいの時間がかかるか？」

1561 バス停　**bus stop**
＊最寄りの**バス停**、どこにあるか教えていただきませんか？
Could you tell me where the nearest **bus stop** is?
　＊Could you tell me ～?「教えていただきますか？」　the nearest「最寄りの」

1562 バスターミナル　**bus terminal**
＊**バスターミナル**までは、あといくつのバス停がありますか？
How many bus stops are there before the **bus terminal**?

1563 養護施設（介護施設）　**residential care facility**
＊彼の息子は毎日、**養護施設**に預けられていますよ。
His son is left in the care of a **residential care facility** every day.
　＊be left in ～「～に預けられる」　care「世話、保護」　every day「毎日」

1564 養護老人ホーム　**nursing home**
＊叔母は介護士として、**養護老人ホーム**に勤務していますよ。
My aunt works as a care worker at a **nursing home**.
　＊care worker「介護士」

1565 福祉事務所　**welfare office**
＊**福祉事務所**はいつも人の列が大変長いですね。
The lines are always so long at the **welfare office**.
　＊the lines are so long「列がたいへん長い」

1566 区役所　**ward office**
＊昨日婚姻届を出しに**区役所**に行って来たよ。
I went to the **ward office** to have our marriage registered yesterday.
　＊have one's marriage registered「婚姻届を出す」

1567 町役場　**town office**
＊今日国民健康保険料を払いに、**町役場**まで行かなくちゃ。
I need to go to the **town office** to pay my national health insurance bill today.
　＊national health insurance bill「国民健康保険料」

1568 市役所　**city hall**
＊**市役所**は異なった部や事務室がいっぱいだね。
City hall is full of different departments and offices.

1569 県庁舎　**prefectural office building**
＊知事の事務所は、あの**県庁舎**の6階にあります。
　The governor's office is on the 6th floor of that **prefectural office building**.
　　＊governor「知事」　on the 6th floor「6階に」

1570 県議会棟　**prefectural assembly office building**
＊2つ目の信号機を左に曲がったら、右手に**県議会棟**が見えますよ。
　Turn left at the second set of lights, and you'll see the **prefectural assembly office building** on your right.
　　＊turn left「左に曲がる」　light「信号機（灯）」　on one's right「右手に」

1571 動物園　**zoo**
＊**動物園**で、さまざまな動物を見るのが大好きですよ。
　I love watching all the different kinds of animals at the **zoo**.
　　＊all the different kinds of ～「さまざまな～」

1572 植物園　**botanical garden**
＊この**植物園**には、熱帯・亜熱帯の多様な植物がありますね。
　There're a wide variety of tropical and subtropical plants in this **botanical garden**.
　　＊a wide variety of ～「多様な～」　tropical and subtropical plants「熱帯と亜熱帯の植物」

1573 遊園地　**amusement park**
＊今度の日曜日、**遊園地**に行ってジェットコースターに乗ろうよ。
　Let's go to the **amusement park** this Sunday and ride some roller coasters.
　　＊「ジェットコースター」は和製英語で、英語では roller coaster と言う。

1574 公園　**park**
＊今週の日曜日、私たちは**公園**にピクニックに行きますよ。
　We're going to go on a picnic in the **park** this Sunday.
　　＊go on a picnic「ピクニックに行く」　因みに「国定公園」は quasi-national park と言う。

1575 体育館　**gym [gymnasium]**
＊バスケットボールをしに、近くの**体育館**によく行きますよ。
　I often go to the nearby **gym [gymnasium]** to play basketball.
　　＊nearby「近くの」　play basketball「バスケットボールをする」

1576 プール **(swimming) pool**
* 彼はこの**プール**で、100メートルバタフライの公認記録を出したんですよ。
He set an official record for the hundred-meter butterfly in this **(swimming) pool**.
   * set an official record 「公認記録を出す」　hundred-meter butterfly 「100メートルバタフライ」

1577 野球場　**ballpark**
* 決勝戦はどこの**野球場**で行われるの？
Which **ballpark** will the final (game) be held at?
   * final (game) 「決勝戦」　be held 「行われる」

1578 サッカー場　**soccer field [soccer pitch]**
* サッカーの大ファンなので、この**サッカー場**にはよく来るよ。
I'm a big fan of soccer, so I often come to this **soccer field [pitch]**.
   * big fan 「大ファン」

1579 アイスケート場　**ice skating rink**
* 子供のころ、父親と一緒にこの**アイスケート場**によく来たものです。
I used to come to this **ice skating rink** with my father when I was a kid.
   * when S was a kid 「S が子供のころ」

1580 ゴルフ場　**golf course**
* 「この**ゴルフ場**は、パー72ですか？」「いいえ、パー68ですよ。」
"Is this **golf course** a par 72?" "No, it's a par 68."

15 [乗り物とその関連表現]

1581 自転車　**bicycle [bike]**
＊「自転車に乗れる？」「もちろん、乗れるよ。」
"Can you ride a **bicycle** [**bike**]?" "Of course, I can."

1582 三輪車　**tricycle [trike]**
＊娘の誕生日に、三輪車を買ってあげようかね。
Shall we get a **tricycle** [**trike**] for our daughter for her birthday?

1583 モーター付き自転車　**motor-assisted bicycle**
＊モーター付き自転車は坂を上がるとき疲れないので便利ですよ。
Motor-assisted bicycles are convenient because you don't get tired when you go up hills.
　　＊convenient「便利な」　get tired「疲れる」　go up hills「坂を上がる」

1584 オートバイ　**motorcycle [motorbike]**
＊事故を起こしたら命を落とすかもしれないので、決してオートバイには乗らないよ。
I never ride a **motorcycle** [**motorbike**] because I'm scared that I might die if I cause an accident.

1585 スクーター　**scooter**
＊「どのようにしてここに来たの？」「スクーターで来たよ。」
"How did you come here?" "By **scooter**."

1586 自動車　**car [automobile]**
＊「この車、新車なの？」「いや実は、中古なんだよ。」
"Is this **car** [**automobile**] brand-new?" "No, it's actually used."
　　＊brand-new「新品の、真新しい」　actually「実は」　used「中古の」

1587 スポーツカー　**sports car**
＊このスポーツカーはほろ付きオープンカーですか？
Is this **sports car** a convertible?
　　＊「オープンカー」は和製英語で、英語では convertible と言う。

1588 レンタカー　**rental car [rent-a-car]**
＊「レンタカーは1時間いくらですか？」「車種によりますが…」
"What's the hourly rate for a **rental car** [**rent-a-car**]?" "It depends on the type of car."
　　＊hourly rate「1時間の料金」　depend on ～「～による」

1589 タクシー　**taxi [cab]**
＊「**タクシー**乗り場はどこにありますか？」「駅の前にありますよ。」
"Where can I find a **taxi [cab]** stand?" "There's one in front of the station."
＊stand 「乗り場」　　in front of ~ 「~の前に」

1590 リムジン　**limousine**
＊この**リムジン**は大統領専用車ですよ。
This **limousine** is for the president's exclusive use.
＊president's 「大統領の」　　exclusive use 「専用」

1591 ライトバン　**station wagon**
＊「これは何というタイプの車ですか？」「ライトバンですよ。」
"What type of car is this?" "It's a **station wagon**."

1592 セダン（普通乗用車）　**sedan**
＊**セダン**って、箱型のもっとも普通に見られる乗用車でしょ？
Sedans are the most common type of box-type cars, right?
＊common type of ~ 「普通に見られるタイプの~」　　box-type 「箱型の」

1593 ハイブリッド車　**hybrid (car)**
＊今度車を買うときは、**ハイブリッド車**にするよ。
The next time I get a car, I'm going to buy a **hybrid (car)**.
＊the next time ~ 「今度~するとき」

1594 軽自動車　**compact [mini] car**
＊税金が安くガソリンもあまり食わないので、**軽自動車**を持っている人は多いね。
Many people own **compact [mini] cars** because they provide tax breaks and use less gas.
＊tax break 「税の軽減(優遇措置)」　　use less gas 「ガソリンをあまり食わない」

1595 ジープ　**jeep**
＊セダンを買う前は、**ジープ**に乗っていたよ。
I drove a **jeep** before I got a sedan.

1596 ワゴン車（大型有蓋トラック）　**van**
＊妻は10年以上も、**ワゴン車**を使っているよ。
My wife has been using a **van** for more than ten years.
＊more than ~ 「~以上」= over ~

1597　ミニワゴン車　**minivan**
*「このミニワゴン車、どうですか？」「乗り心地がよいですよ。」
"How do you like this **minivan**?" "It's a comfortable ride."
*How do you like ~?「~はどうですか？」　be a comfortable ride「乗り心地がよい」

1598　キャンピングカー　**camper**
*美しい自然の中で住むために、キャンピングカーがあればいいのになあ。
I wish I had a **camper** so I could live in the beauty of nature.
*S wish S + 動詞の過去形~「Sは~があればいいのに」　so S can ~「Sが~するために」　the beauty of nature「美しい自然」

1599　キャンプ用トレーラー　**trailer**
*もしキャンピングカーがあれば、キャンプ用トレーラーも必要だね。
If I had a camper, I would need a **trailer**, too.

1600　引越しトラック　**moving van**
*引越しをするときは、引越しトラックを借りなくちゃ。
We've got to rent a **moving van** when we move out.
*rent「賃借りする、借りる」　move out「引越しをする」

1601　トレーラートラック　**tractor trailer**
*トレーラートラックとキャンプ用トレーラーはどう違うの？
How are **tractor trailers** different from trailers?
*How do tractor trailers differ from trailers? でも OK。

1602　ピクアップ（小型トラック）　**pickup**
*キャンプに行くときは、友達のピクアップを借りるよ。
I'm going to borrow my friend's **pickup** when we go camping.

1603　トラック　**truck**
*このトラックは何トンですか？
What's the tonnage of this **truck**?
*tonnage「トン数、積量」

1604 ダンプカー **dump truck**
 ＊近くで大規模な工事が行われているので、この道路は**ダンプカー**がいつも多いね。
 This road is always busy with **dump trucks** because of the large-scale construction project going on.
 ＊be busy with ～ 「～が多い」　large-scale 「大規模な」　construction project 「工事[建設事業]」　go on 「行われる、起こる」

1605 タンクローリー **tanker**
 ＊**タンクローリー**って、何に使われるの？
 What are **tankers** used for?

1606 ミキサー車 **cement truck**
 ＊3台の**ミキサー車**が工事の現場で、出番を待っているよ。
 Three **cement trucks** are standing by for their turn at the construction site.
 ＊stand by for ～ 「～を待つ」　turn 「出番」　construction site 「工事現場」

1607 レッカー車 **tow truck**
 ＊車が故障したので、**レッカー車**を頼んで牽引してもらわなくちゃ。
 My car broke down, so I need to get a **tow truck** to tow it away.
 ＊break down 「故障する」　tow ～ away 「～を牽引する」

1608 ブルドーザー **bulldozer**
 ＊山崩れでふさがった道路を片付けるために、**ブルドーザー**がたくさん作動しているね。
 There are lots of **bulldozers** working to clear the road blocked by the landslide.
 ＊clear 「片付ける」　blocked by ～ 「～でふさがった」　landslide 「山崩れ」

1609 バス **bus**
 ＊「この**バス**は銀座行きですか？」「いいえ、渋谷行きですよ。」
 "Does this **bus** go to Ginza?"　"No, it's bound for Shibuya."
 ＊be bound for ～ 「～行きである」

1610 観光バス **sightseeing bus**
 ＊来週の箱根行きの**観光バス**を貸し切りしなければならないね。
 We need to charter a **sightseeing bus** for our trip to Hakone next week.
 ＊charter 「貸し切る」　one's trip to ～ 「～行き」

1611 ２階建てバス　**double-decker**
＊これまでに**２階建てのバス**に乗ったことある？
Have you ever ridden (on) a **double-decker**?
＊ride on ～　「～に乗る」

1612 高速バス　**highway [express] bus**
＊東京と千葉を結ぶ**高速バス**が運行されていますよ。
There are **highway [express] bus** services between Tokyo and Chiba.
＊service　「(乗り物などの)便、運行」

1613 電車　**train**
＊上野に行くには、次の駅で**電車**を乗り換えてください。
If you'd like to go to Ueno, please **change trains** [transfer] at the next station.

1614 市外電車　**streetcar [trolley]**
＊「すみません。**市外電車**は、どこで乗れますか？」「この通りをまっすぐ行って、右のかどを曲がったところに停車場がありますよ。」
"Excuse me. Where can I board the **streetcar [trolley]**?" "Go straight, turn right, and the station will be just around the corner."
＊board 「乗る」　go straight 「まっすぐ行く」　just around the corner 「かどを曲がったところに」

1615 新幹線列車　**bullet train [the Shinkansen]**
＊**新幹線列車**は本当に速くて乗り心地がいいね。
The **bullet train [Shinkansen]** is really fast and comfortable to ride.
＊be comfortable to ride　「乗り心地がいい」

1616 モノレール　**monorail**
＊浜松町から羽田空港まで、**モノレール**が５分ごとに運行していますよ。
There's **monorail** service from Hamamatsu to Haneda Airport every five minutes.
＊every ～　「～ごとに」

1617 リニアモーターカー　**linear motor trains [maglev trains]**
＊**リニアモーターカー**はいつ実用化されるのかしら。
I wonder when **linear motor trains [maglev trains]** will be put to practical use.
＊be put to practical use　「実用化される」

1618 貨物列車　**freight train**
＊**貨物列車**が脱線したため、乗客列車に遅れが生じたのよ。
The **freight train** ran off the tracks, causing passenger train delays.
＊run off the tracks 「脱線する」(be) derailed と言ってもいい。　passenger 「乗客」　delay 「遅れる」

1619 機関車　**locomotive**
＊**機関車**の種類には、蒸気機関車、ディーゼル機関車や電動機関車があるんだよ。
There are several types of **locomotives**, including steam, diesel, and electric ones.
＊steam locomotive を SL と略するのは和製英語。　steam 「蒸気」　including ～ 「～を含めて」　ones はこの場合 locomotives を指す。

1620 地下鉄　**subway**
＊東京大学に行くには、**地下鉄**に乗って本郷3丁目の駅で降りてください。
If you're going to Tokyo University, please take the **subway** and get off at Hongo 3-chome Station.
＊get off 「降りる」「乗る」は get on と言う。

1621 救急車　**ambulance**
＊小さな男の子が**救急車**で病院に運ばれましたよ。
A little boy was taken to the hospital in an **ambulance**.
＊A little boy was taken to the hospital by ambulance. でも OK。

1622 消防車　**fire engine**
＊5台の**消防車**が消火に当たっていますね。
Five **fire engines** are putting out the fire.
＊put out 「(火・電灯など)を消す」

1623 パトカー　**squad [patrol] car**
＊多くの**パトカー**が街路で、酔っ払い運転を取り締まっていますよ。
Many **squad [patrol] cars** are on the streets clamping down on drunk driving.
＊clamp down on ～ 「～を取り締まる」　drunk driving 「酔っ払い運転」

1624 白バイ　**police motorcycle**
＊3台の**白バイ**がスピード違反者を追っていますよ。
Three **police motorcycles** are chasing a speeder.
＊chase 「追う」　speeder 「スピード違反者」

1625 霊柩車　**hearse**
＊明後日はおばあさんの葬式なので、**霊柩車**を手配しなくちゃね。
Our grandmother's funeral is the day after tomorrow, so we need to make arrangements for a **hearse**.
　　＊funeral「葬式」　the day after tomorrow「明後日」　make arrangements for ~「~を手配する」

1626 雪上車　**snowmobile**
＊寒くて雪の多い地域では、**雪上車**は人気のある娯楽的な乗り物ですよ。
Snowmobiles are popular recreational vehicles in cold, snowy places.
　　＊recreational vehicle「娯楽的な乗り物」　snowy「雪の多い」

1627 馬車　**horse-drawn carriage [coach]**
＊昔田舎に住んでいたとき、**馬車**がすれ違うのをよく見かけたものです。
I would often see **horse-drawn carriages [coaches]** pass by back when I lived in the country.
　　＊would often ~「よく~したものだ」　pass by「すれ違う」

1628 ショッピングカート　**shopping cart**
＊**ショッピングカート**を所定の場所に戻してください。
Please return your **shopping cart** to the proper location.
　　＊proper location「所定の場所」

1629 荷物カート　**baggage cart**
＊空港で運ぶ荷物が多いときは、**荷物カート**を使ったらいいですよ。
You should use a **baggage cart** when you have lots of bags to carry at the airport.

1630 乳母車　**buggy**
＊最近女性が幼い子を**乳母車**に乗せて、連れ歩くのをよく見かけるね。
I often see women carrying their little kids in **buggies** these days.

1631 （折りたたみ式の四輪の）乳母車（ベビーカー）　**stroller**
＊この**乳母車**は折り畳みができるので、とても便利ですよ。
This **stroller** is very handy because you can fold it up.
　　＊handy「便利な」　fold ~ up「~を折り畳む」

1632 リヤカー **(bicycle-drawn) cart**
* 「**リヤカー**って、どういうものか知っている？」「うん、荷物運搬用の二輪車だよ。」
 "Do you happen to know what **(bicycle-drawn) carts** are like?"
 "Yes, they're two-wheeled vehicles for carrying baggage."
  *two-wheeled vehicle 「二輪車」　baggage 「荷物」

1633 車椅子 **wheelchair**
* 彼は1週間前に右足を折って、以来**車椅子**に乗って働いているよ。
 He's been working in a **wheelchair** since he broke his right leg a week ago.
  *break one's right leg 「右足を折る」

1634 スケボー(スケートボード) **skateboard**
* 息子は**スケボー**に乗るのが上手になったでしょ。
 Our son has gotten pretty good at riding his **skateboard**, hasn't he?
  *get good at 〜 「〜が上手になる」

1635 エレベーター **elevator**
* **エレベーター**に乗って3階まで行ってください。
 Take the **elevator** to the third floor.
  *the third floor 「3階」

1636 エスカレーター **escalator**
* **エスカレーター**に乗降の際は、足元に気をつけてください。
 Please watch your step when you get on and off the **escalator**.
  *watch one's step 「足元に気をつける」　get on and off 〜 「〜を乗降する」

1637 ケーブルカー **cable car**
* **ケーブルカー**は5分おきに出ますから、次のを待ってください。
 The **cable cars** depart every five minutes, so please wait for the next one.
  *depart 「発車する、発つ」　wait for 〜 「〜を待つ」

1638 ジェットコースター **roller coaster**
* **ジェットコースター**に乗って、恐怖のスリルを楽しんでいる若者は多いね。
 Many young people enjoy the terrifying thrills of riding a **roller coaster**.
  *「ジェットコースター」は和製英語。　terrfying thrill 「恐怖のスリル」

1639 観覧車　**Ferris wheel**
＊**観覧車**は発明したジョージ・フェリスに因んで、「フェリス・フィール」と名づけられたのよ。
The **Ferris wheel** was named after its inventor, George Ferris.
＊be named after ～　「～に因んで名づけられる」　　inventor「発明家」

1640 回転木馬　**merry-go-round [carousel]**
＊メアリー、回転木馬に乗りたい？
Mary, do you want to ride on the **merry-go-round [carousel]**?

1641 気球　**balloon**
＊高所恐怖症なので、**気球**に乗るのは怖いよ。
I'm afraid of heights, so I'm terrified of riding in a **balloon**.
＊be afraid of heights　「高所恐怖症」= acrophobia　　be terrified of ～「～が怖い」　ride in ～「～に乗る」

1642 飛行船　**airship**
＊**飛行船**はヘリウムや水素などのガスを入れた袋で、空中に浮かぶんだよ。
An **airship** floats in the air using a sack containing gas such as helium or hydrogen.
＊float「浮かぶ」　in the air「空中に」　sack containing gas「ガスを入れた袋」　such as ～「～などの」　hydrogen「水素」

1643 宇宙船　**spaceship**
＊いつか**宇宙船**に乗って、宇宙飛行をしたいなあ。
Someday, I'd like to make a space flight in a **spaceship**.
＊make a space flight「宇宙旅行をする」

1644 スペースシャトル（宇宙往復船）　**space shuttle**
＊「**スペースシャトル**って、どういうもの？」「繰り返して使える宇宙船のことよ。」
"What are **space shuttles** like?" "They're spaceships that people can use more than once."
＊what + is + S + like?「Sはどういうもの（ところ、具合、人）？」　spaceship「宇宙船」　more than once「繰り返し」

1645 豪華船　**luxury liner**
＊いつか**豪華船**に乗って、世界一周旅行がしたいわ。
One day, I'd like to travel around the world in a **luxury liner**.
＊one day「いつか」　travel around the world「世界一周旅行をする」

1646 客船　**passenger ship**
＊この**客船**は何時に出航しますか？
What time does this **passenger ship** leave (the) port?
＊leave (the) port「出航する」

1647 遊覧船　**pleasure boat**
＊**遊覧船**での湖畔巡りの観光費用はいくらですか？
How much does it cost to take a **pleasure boat** sightseeing around the lake?
＊How much does it cost to do ～?「～するのにいくらかかるか？」　sightseeing「観光」

1648 フェリー　**ferry [ferryboat]**
＊車を**フェリー**に載せて沖縄に行こうよ。
Let's go to Okinawa with our car on a **ferry** [**ferryboat**].
＊with A on B「AをBに載せて」

1649 モーターボート(動力船)　**powerboat**
＊先日友達の**モーターボート**で釣りに行ったよ。
I went fishing in my friend's **powerboat** the other day.
＊the other day「先日」

1650 救命ボート　**lifeboat**
＊昨日二人の男が、**救命ボート**に救助されるのをたまたま見たよ。
I happened to see two men being rescued in a **lifeboat** yesterday.
＊happen to ～「たまたま～する」　be rescued「救助される」

1651 タグボート(引船)　**tugboat**
＊船のエンジンが故障したので、**タグボート**で港まで牽引してもらったよ。
My boat was having engine trouble, so I had it towed to the port by a **tugboat**.
＊have engine trouble「エンジンが故障する」　have ～ towed「～を牽引してもらう」

1652 カヤック　**kayak**
＊オリンピックに**カヤック**の競技種目はあるの？
Are there any **kayak** events in the Olympic Games?
＊event「競技種目」　the Olympic Games「オリンピック」

1653 カヌー **canoe**
＊これまで一度も**カヌー**を漕いだことはないよ。
I've never rowed a **canoe** in my life.
＊row 「漕ぐ」　in one's life 「これまで、生まれてこの方」

1654 ヨット **yacht [sailboat]**
＊これまでに**ヨット**を操縦したことある？
Have you ever sailed a **yacht [sailboat]**?
＊sail 「操縦する、帆走する」

1655 ボート(小船) **boat**
＊先月新しい**ボート**を買ってから釣りを楽しんでいるよ。
I've been having great time fishing since I got a new **boat** last month.
＊have great time 〜ing 「〜して楽しむ」

1656 いかだ **raft**
＊**いかだ**に乗っての川くだりを計画しているんだ。君も参加する？
We're planning on going downstream in a **raft**. Want to join us?
＊go downstream 「川を下る」　join 「参加する」

1657 ゴムボート **rubber dinghy**
＊**ゴムボート**での川くだり、スリルがあってとても楽しかったよ。
Going downstream in a **rubber dinghy** was a thrilling, fun-filled ride.
＊go downstream 「川を下る」　fun-filled 「とても楽しい」

1658 高速モーターボート **speedboat**
＊わあ、この**高速モーターボート**なんと速いだろう！
Wow, this **speedboat** is really fast!

1659 潜水艦 **submarine**
＊「これは原子力**潜水艦**ですか？」「あのね、それは極秘なんですよ。」
"Is this a nuclear **submarine**?" "I can't tell you — it's top-secret."
＊nuclear 「原子力の」　top-secret 「極秘の」

1660 軍艦 **warship**
＊これは日本で最大級の**軍艦**ですよ。
This is the largest **warship** in Japan.

1661 原子力空母　**nuclear aircraft carrier**
＊新聞によると、アメリカの**原子力空母**がペルシャ湾に停泊しているそうですね。
The newspaper says that the US **nuclear aircraft carrier** is at anchor in the Persian Gulf.
　　＊be at anchor「停泊している」　　the Persian Gulf「ペルシャ湾」

1662 飛行機　**plane [airplane]**
＊東京からニューヨークまで、**飛行機**でどれくらいの時間がかかりますか？
How long does it take to travel from Tokyo to New York by **plane [airplane]**?
　　＊How long does it take to do ~?「~するのにどれくらい時間がかかるか？」

1663 飛行艇　**flying boat**
＊**飛行艇**って、胴体が船の形をした水上飛行機のことでしょ？
Flying boats are seaplanes with ship-shaped bodies, aren't they?
　　＊seaplane「水上飛行機」= hydroplane　　ship-shaped「船の形をした」

1664 ジェット機　**jet plane**
＊昨日**ジェット機**が海に墜落したこと知っている？
Did you know that there was a **jet plane** crash in the ocean yesterday?
　　＊crash「墜落」　　the ocean「海、大洋」= the sea

1665 ジェット戦闘機　**jet fighter**
＊わあ、あの**ジェット戦闘機**はものすごい騒音を立てているね。
Wow, those **jet fighters** are making some awful noise.
　　＊make(a)noise「騒音を立てる」　　awful「ものすごい」

1666 ヘリコプター　**helicopter**〔(俗) **chopper**〕
＊建物の上空で、停止訓練をしているあの**ヘリコプター**を見てごらん。
Look at that **helicopter [chopper]** practicing hovering over the building.
　　＊practice hovering「空中に停止訓練をする」　　over the building「建物の上空で」

1667 オスプレイ **Osprey**
＊はるか遠くの空にある小さな物体が見える？ あれが問題の**オスプレイ**だよ。
Can you see that small object in the sky way over there? That's one of those **Ospreys** that everyone's been talking about.
＊object 「物体」　　in the sky 「空に」　　way over there 「はるか遠くに」

1668 ハングライダー **hang glider**
＊**ハングライダー**に乗って、空を飛ぶほどの勇気がある？
Are you brave enough to fly through the sky on a **hang glider**?
＊be brave enough to do ～ 「～するほどの勇気がある」　　fly through ～ 「～を飛ぶ」

1669 空飛ぶ円盤 **flying saucer**
＊世界中には、**空飛ぶ円盤**の目撃報告が多いですね。
There have been lots of reports of **flying saucer** sightings around the world.
＊sighting 「目撃」　　around the world 「世界中で」= all over the world

1670 未確認飛行物体 **UFO [unidentified flying object]**
＊私は幽霊の存在は信じないが、**未確認飛行物体**の存在は信じるよ。
I don't believe in ghosts, but I do believe in **UFOs [unidentified flying objects]**.
＊believe in ～ 「(～の存在を)信じる」　　ghost 「幽霊」　　do + V（動詞）「本当に～する」do は強調の助動詞。

16 [教育関係とその関連表現]

1671 保育園　**nursery school**
＊この町には、公立の**保育園**はありますか？
Are there any public **nursery schools** in this town?

1672 幼稚園　**kindergarten**
＊日本では、幼児が**幼稚園**に行くのは義務ですか？
Are preschool children required to attend **kindergarten** in Japan?
＊preschool child 「幼児」　be required 「義務である」

1673 小学校　**elementary school**
＊「娘は**小学校**に通っています。」「何年生ですか？」
"My daughter goes to **elementary school**." "What grade is she in?"
＊「1年生」は "a first grader"、「中学1年生」は "a seventh grader" と言う。
米国では中学は2年制、高校は4年制なので「高校1年生」は "a ninth grader [high school freshman]" と言う。

1674 中学校　**junior high school**
＊**中学生**の頃は、バスケットボール部にいましたよ。
I belonged to the basketball club when I was in **junior high school**.

1675 高校　**(senior) high school**
＊去年**高校**を卒業しました。
I graduated from **(senior) high school** last year.

1676 短期大学　**junior college**
＊私は英文学専攻の**短期大学**生です。
I'm a **junior college** student majoring in English literature.
＊major in ～ 「～を専攻する」　English literature 「英文学」

1677 大学　**college [university]**
＊「どこの**大学**を卒業したの？」「上智大学です。」
"What **college [university]** did you graduate from?" "Sophia University."

1678 大学院　**graduate school**
＊今年この**大学院**の修士課程を修了しました。
I completed [finished] my master's degree at this **graduate school** this year.
＊complete [finish] 「修了する」　master's degree 「修士課程」

— 223 —

1679 大学院大学　**university with a graduate curriculum**
＊沖縄には、世界一流の研究者のいる**大学院大学**がありますよ。
In Okinawa, there's a **university with a graduate curriculum** that has some of the world's leading researchers.
＊leading researcher 「一流の研究者」

1680 専門学校　**vocational school**
＊息子は大学に行かずに、**専門学校**に通っていますよ。
Our son goes to **vocational school** instead of college.
＊instead of ～ 「～しないで、～する代わりに」

1681 公立学校　**public school**
＊日比谷高校は**公立学校**だけど、入試の志願倍率は高いですよ。
Hibiya High School is a **public school**, but it gets lots of applicants.
＊get lots of applicants 「志願倍率は高い」

1682 私立学校　**private school**
＊日本では、よりよい教育を提供するという理由で、子供を**私立学校**へやる親は多いですね。
In Japan, many parents send their children to **private schools** because they offer better education.
＊offer better education 「よりよい教育を提供する」

1683 国立大学　**national university**
＊琉球大学は沖縄で唯一の**国立大学**です。
The University of the Ryukyus is the only **national university** in Okinawa.

1684 私立大学　**private university**
＊日本には、たくさんの**私立大学**がありますね。
There are a large number of **private universities** in Japan, aren't there?
＊a large number of ～ 「たくさんの～」

1685 教育方針　**educational policy**
＊この学校の**教育方針**は、国際的志向の精神を持った人を育成することです。
The **educational policy** of this school is cultivating men and women with an internationally minded spirit.
＊cultivate 「育成する」　internationally minded spirit 「国際的志向の精神」

1686 教育理念　**educational philosophy**
＊我が校の生徒に、独立独歩の精神を身に付けさせることが我が校の**教育理念**です。
Developing a spirit of self-reliance in our students is the **educational philosophy** of our school.
　＊develop 「身に付けさせる」　　a spirit of self-reliance 「独立独歩の精神」

1687 学歴　**academic background**
＊日本は**学歴**社会とよく言われますね。
It is often said that a person's **academic background** is all-important in Japan.
　＊all-important 「きわめて重要な、決定的な」

1688 一般教養科目　**liberal arts**
＊大学一年生のときに、**一般教養科目**として心理学の講座を受けましたよ。
I took a course in psychology as part of the **liberal arts** curriculum during my first year in college.
　＊take a course 「講座を受ける」　　psychology 「心理学」

1689 専門科目　**specialized subject**
＊私の専攻は英文学なので、英詩は**専門科目**ですよ。
Since my major is English literature, English poetry is one of my **specialized subjects**.

1690 義務教育　**compulsory education**
＊日本では、**義務教育**の期限は中学校までですよ。
In Japan, the duration of **compulsory education** is through junior high school.

1691 生涯教育　**lifelong education**
＊学校を卒業した後も、よき社会人として充実した人生を送るために、**生涯教育**が必要と思いませんか。
Don't you think that people need **lifelong education** to lead full lives as good members of society?
　＊lead a full life 「充実した人生を送る」　　a member of society 「社会人」

1692 早期教育　**early education**
＊**早期教育**が外国語学習への効果的な手段だと思いますよ。
I think that **early education** is an effective measure for learning foreign languages.
　＊effective measure 「効果的な手段」　　foreign language 「外国語」

1693 英才教育　**special education for gifted children**
＊この学校は来年**英才教育**を取り入れる予定です。
　This school's planning to adopt **special education for gifted children** next year.
　　＊be planning to do ～　「～する予定である」　　adopt 「取り入れる」

1694 通信教育　**distance learning [correspondence education] program**
＊**通信教育**で、去年その大学を卒業しましたよ。
　I graduated from the college through a **distance learning [correspondence education] program** last year.
　　＊graduate from ～　「～を卒業する」　　through ～　「～によって、～を通して」

1695 一貫教育　**integrated education**
＊息子の学校は中高**一貫教育**を行っていますよ。
　Our son's school offers **integrated education** from junior to senior high school.

1696 入学願書　**application**
＊京都大学の**入学願書**の提出期限（締め切り）はいつですか？
　When is the deadline for submitting an **application** to Kyoto University?
　　＊deadline for submitting 「提出期限」

1697 入学試験　**entrance exam [entrance examination]**
＊昨日早稲田大学の**入学試験**を受けたよ。
　I took the **entrance exam [examination]** for Waseda University yesterday.

1698 入学手続き　**entrance registration**
＊今日大学の**入学手続き**に行って来るよ。
　I'm going to go (to) complete my college **entrance registration** today.

1699 入学者　**newly enrolled [registered] student**
＊今年はこの学校の**入学者**は、300名です。
　There are 300 **newly enrolled [registered] students** at this school this year.

1700 入学式　**entrance ceremony**
＊**入学式**は3月30日に行われる予定です。
The **entrance ceremony** is to be held on March 30th.
＊be to be held 「行われる予定である」

1701 面接試験　**interview**
＊今日あの会社の**面接試験**を受けたよ。
I had an **interview** for a job at that company today.

1702 卒業試験　**graduation exam**
＊**卒業試験**に合格できなければ、卒業できませんよ。
You won't be able to graduate if you can't pass the **graduation exam**.

1703 卒業論文　**graduation thesis**
＊**卒業論文**に取り組んでから1年になります。
I've been working on my **graduation thesis** for a year.
＊work on ～ 「～に取り組む」

1704 卒業式　**graduation ceremony [commencement]**
＊**卒業式**は3月23日に行われます。
The **graduation ceremony [commencement]** is held on March 23rd.
＊中高の卒業式は graduation ceremony を使い、大学の卒業式は主に commencement を使う。　be held 「行われる」

1705 卒業証書　**diploma**
＊彼は今年、ハーバード大学の法学部から**卒業証書**をもらったよ。
He received a **diploma** from the law department of Harvard University this year.
＊receive a diploma 「卒業証書を受け取る」　law department 「法学部」

1706 卒業生　**graduate**
＊彼女はこの学校の優等**卒業生**ですよ。
She's an honor **graduate** at this school.
＊「優等生」は honor student と言う。

1707 落第生(中途退学者)　**repeater**
＊あと2つFを取ったら、**落第生**になりますよ。
If you get two more Fs, you'll be a **repeater**.
＊Fは Failure の略で「不可」の意味。

1708 学年度　**academic [school] year**
＊日本では、**学年度**は４月に始まり３月に終わります。
In Japan, the **academic [school] year** begins in April and ends in March.

1709 学期　**term**
＊この学校には、毎**学期**中間と期末試験がありますよ。
There are mid-term and final exams each **term** at this school.
＊mid-term exam 「中間試験」　final exam 「期末試験」　each term 「毎学期」

1710 単位　**credit**
＊これまで何**単位**取りましたか？
How many **credits** have you earned so far?
＊earn 「取る、稼ぐ」　so far 「これまで」

1711 学位　**degree**
＊「何の**学位**を持っていますか？」「文学士です。」
"What **degree** do you have?" "A Bachelor of Arts [B.A.]."
＊「理学士」は Bachelor of Science [B.S.]、「医学士」は Bachelor of Medicine [B.M.] と言う。

1712 学士号　**bachelor's degree**
＊慶応大学の**学士号**を持っています。
I have a **bachelor's degree** from Keio University.

1713 修士号　**master's degree**
＊ハワイ大学大学院で、公衆衛生学の**修士号**を取得しました。
I got a **master's degree** in public health from the University of Hawaii Graduate School.
＊public health 「公衆衛生学」　graduate school 「大学院」

1714 博士号　**doctorate**
＊この大学には、経営学の**博士号**はありますか？
Does this college offer **doctorates** in business administration?
＊offer 「提供する、設ける」　business administration 「経営学」

1715 教授陣　**faculty**
＊その大学の理学部は、一流の**教授陣**を揃えていますよ。
The department of science at this college has a first-class **faculty**.
＊the department of science 「理学部」　first-class 「一流の」

1716 講義要項　**syllabus**
＊この大学の学生は、毎学期のはじめに**講義要項**を担当の教授からもらいます。
The students at this college get **syllabuses** from their professors at the beginning of each semester.
＊professor「教授」　at the beginning of ～「～のはじめに」　each semester「毎学期」

1717 聴講生　**auditor**（聴講する　**audit**）
＊小川教授、先生の哲学の講義を**聴講して**もいいですか？
May I **audit** your lecture in philosophy, Professor Ogawa?
＊May I ～?「～してもいいですか？」　lecture「講義」　philosophy「哲学」

1718 必須科目　**required course [required subject]**
＊英語Ⅰと英語Ⅱは、この大学では**必須科目**ですよ。
English I and II are **required courses [subjects]** at this college.

1719 選択科目　**elective**
＊第二言語としてのフランス語、スペイン語、ドイツ語と中国語は**選択科目**です。
French, Spanish, German, and Chinese are second language **electives**.
＊second language「第二言語」

1720 得意科目　**favorite subject**
＊「**得意科目**は何ですか？」「英語です。」
"What's your **favorite subject**?" "English (is my favorite)."

1721 苦手科目　**weak subject**
＊文系の学生なので、科学は**苦手科目**ですよ。
I'm a humanities major, so science is my **weak subject.**
＊humanities major「文系の専攻学生」　science「科学、理科」

1722 授業料　**tuition [school fees]**
＊明日は**授業料**の支払期日ですよ。
Our **tuition** is [**school fees** are] due tomorrow.
＊be due「支払期日である」

1723 校則　**school regulations**
＊この学校の**校則**では、生徒は髪を染めてはいけません。
According to the **school regulations** at this school, students cannot dye their hair.
＊according to ～「～によると」　dye「染める」

1724 成績　**grade**
＊今学期は数学ではよい**成績**を取ったよ。
I got a good **grade** in math this semester.
＊math「数学」= mathematics　this semester「今学期」

1725 成績証明書　**transcript**
＊明後日までに、大学に**成績証明書**を送らなければならないよ。
I've got to send my **transcript** to the university by the day after tomorrow.
＊by ～「～までに」　the day after tomorrow「明後日」

1726 内申書　**school report**
＊この大学では、高校の**内申書**は入学に絶対必要だよ。
A **school report** from high school is a requirement for admission to this college.
＊requirement「必要なもの、必要条件」　admission to ～「～への入学」

1727 通信簿　**report card**
＊成績が悪いので、**通信簿**を両親に見せたくないよ。
I don't want to show my **report card** to my parents because of my bad grades.
＊bad grade「悪い成績」

1728 出席簿　**attendance book**
＊**出席簿**がどこにあるか、誰か知っていますか？
Does anybody know where the **attendance book** is?
＊因みに「出席を取る」は call the roll または take roll や take attendance と言う。

1729 課外活動　**extracurricular activities**
＊貴校にはどんな**課外活動**がありますか？
What kind of **extracurricular activities** do you have at your school?
＊What kind of ～?「どんな～？」

1730 学生による先生評価　**student evaluation**
＊学期が終わる度に、**学生による先生評価**を行うアメリカの大学は多いですね。
Many American colleges give **student evaluations** every time a semester ends.
　＊every time ～「～する度に」　semester「学期」　end「終わる」

1731 留年　**repetition of a [the same] grade**　（留年する　**repeat a [the same] grade**）
＊彼は３科目落としたので、**留年**しなければならないよ。
He's got to **repeat a [the same] grade** because he failed in three subjects.
　＊fail in ～「～に失敗する、～の落第点を取る」

1732 停学　**suspension**　（停学処分になる　**get suspended from school**)
＊彼は学校で、喫煙しているところを見つかったので、一年間の**停学処分**になったよ。
He **got suspended from school** for a year because he was caught smoking at school.
　＊be caught ～ ing「～しているところを見つかる」

1733 退学　（退学する　**drop out of [leave] school**)
＊彼女は父親が急死したので、去年学校を**退学**しました。
She **dropped out of** [left] **school** last year because of her father's sudden death.
　＊because of ～「～のため、～なので」　sudden death「急死」

1734 転校　（転校する　**transfer to another school**)
＊彼女は今年の初めに、**転校**しましたよ。
She **transferred to another school** early this year.

1735 遅刻　**tardiness**
＊彼のホームルームの先生は、頻繁に**遅刻**しないように彼に注意したよ。
His homeroom teacher warned him about his frequent **tardiness**.
　＊homeroom teacher「ホームルームの先生」　warn「注意する、警告する」
　 frequent「頻繁な」

1736 欠席届　**notice of absence**
＊明日の授業への**欠席届**を先生に提出して来たよ。
I handed in a **notice of absence** to my teacher for tomorrow's classes.
　　＊hand in ～　「～を提出する」=turn in ～

1737 新入生　**new student**
＊毎年**新入生**歓迎バレーボール大会がありますよ。
We have a Welcome Volleyball Tournament for **new students** every year.
　　＊Welcome Volleyball Tournament　「歓迎バレーボール大会」

1738 新任の先生　**new teacher**
＊彼女は音楽専攻の**新任の先生**で、大学を卒業したばかりですよ。
She is a **new teacher** who just graduated from college with a music major.
　　＊graduate from ～　「～を卒業する」　music major　「音楽専攻」

1739 朝礼　**morning meeting**
＊私たちの学校では、毎週月曜日全校生徒による**朝礼**がありますよ。
We have a **morning meeting** for all students every Monday at our school.

1740 職員室　**teachers' room**
＊試験期間中は、生徒は**職員室**に入ってはいけません。
Students are not allowed to enter the **teachers' room** during the exam period.
　　＊be not allowed to do ～　「～してはいけない」　during the exam period　「試験期間中」

1741 進学適性検査　**scholastic aptitude test**
＊私が志願している大学の学部は、志願者に**進学適性検査**を行いますよ。
The college department that I'm trying to get into gives applicants a **scholastic aptitude test**.
　　＊department　「学部」　applicant　「志願者」

1742 レポート **report [term paper]**
＊今週末までに第二次世界大戦に関して、**レポート**を書き上げなければならないよ。
I've got to finish a **paper [term paper]** on World War II by this weekend.
＊World War II 「第二次世界大戦」 the Second World War とも言う。

1743 小テスト **quiz**
＊毎週主要3教科の**小テスト**があるよ。
We have **quizzes** in three main subjects every week.
＊main subject 「主要教科」

1744 体力テスト **physical strength and fitness test**
＊スポーツコースを志願する生徒全員に、**体力テスト**が実施されます。
A **physical strength and fitness test** is given to all the students applying for admission to the sports course.
＊apply for ～ 「～に志願する」　admission to ～ 「～への入学」

1745 追試験 **make-up test**
＊明日化学の**追試験**を受けなければならないんだよ。
I've got to take a **make-up test** in chemistry tomorrow.
＊chemistry 「化学」

1746 模擬試験 **practice test [practice exam]**
＊来週は全国規模の**模擬試験**があるよ。
We'll have a nationwide **practice test [exam]** next week.
＊nationwide 「全国規模の」

1747 国語 **Japanese language**
＊「今日1時間目は、科目は何？」「**国語**だよ。」
"What subject do we have first period today?" "**Japanese language**."
＊first period 「1時間目」

1748 古典 **Japanese classics**
＊**古典**を理解するのに苦労しているよ。
I have a hard time understanding **Japanese classics**.
＊have a hard time ～ ing 「～するのに苦労する」　understand 「理解する」

1749 漢文　**Chinese classics**
＊「漢文と古典、どちらの教科が好き？」「漢文だよ。」
"Which subject do you prefer, Japanese or **Chinese classics**?" "I prefer Chinese classics."

1750 社会　**social studies**
＊**社会**には6教科ありますが、その内2教科は必須です。
There are six subjects in **social studies**, two of which are compulsory.
　＊subject「教科、科目」　compulsory「必須の、強制的な」

1751 日本史　**Japanese history**
＊今日**日本史**の小テストがあるのを知っていた？
Did you know that we have a quiz in **Japanese history** today?
　＊quiz「小テスト」

1752 世界史　**world history**
＊先生が病気のため、今日**世界史**の授業は休講ですよ。
There's no **world history** class today because the teacher's sick.

1753 地理　**geography**
＊社会の選択科目として、**地理**と政経を選択したよ。
I chose **geography** and politics and economics as my social studies electives.
　＊chose「選択した」現在形はchoose。　politics and economics「政経」
　　social studies「社会」　elective「選択科目」

1754 倫理　**ethics**
＊私たちはさまざまな哲学者の考え方が学べるので、私は**倫理**が好きですよ。
I like **ethics** because we can learn about many different philosophers' ways of thinking.
　＊many different「さまざまな」　philosopher「哲学者」　way of thinking「考え方」

1755 公民　**civics**
＊「あなたの学校には**公民**の授業ありますか？」「ええ、すばらしい公民の先生がいますよ。」
"Does your school have a **civics** class?" "Yes, we have a great civics teacher."

1756 政経(政治経済)　**politics and economics**
＊**政経**の宿題やった？　今日提出しなければいけないよ。
Have you done your homework for **politics and economics**? It's due today.
＊be due 「提出期日である」

1757 数学　**math (mathematics)**
＊**数学**の追試を受けなければならないと、彼は言っていたよ。
He said that he has to take a make-up test in **math** [**mathematics**].
＊make-up test 「追試」

1758 代数(学)　**algebra**
＊昨日**代数**の授業を欠席したので、君のノート貸してくれる？
I was absent from **algebra** class yesterday, so would you lend me your notebook?
＊be absent from ～ 「～を欠席する」　lend 「貸す」

1759 幾何(学)　**geometry**
＊**幾何**と化学の授業についていけないよ。
I can't keep up in my **geometry** and chemistry classes.
＊keep up 「ついていく」　chemistry class 「化学の授業」

1760 理科　**natural science**
＊医学校に行きたいなら、**理科**は得意になったほうがいいよ。
If you want to go to medical school, you should be good at **natural science.**
＊medical school 「医学校」　be good at ～ 「～が得意である」

1761 化学　**chemistry**
＊**化学**は一番嫌いな科目だよ。
Chemistry is my least favorite subject.
＊least favorite 「一番嫌いな」　subject 「科目」

1762 物理　**physics**
＊**物理**は理解するのがとても難しいが、なんとか頑張っているよ。
Physics is very difficult to understand, but I'm working my way through it.
＊difficult to understand 「理解するのが難しい」　work one's way through ～ 「～をなんとか頑張る」

1763 生物　**biology**
 ＊**生物**の話といえば、人体の構造と機能の部分が特に好きだね。
 When it comes to **biology**, I particularly like the parts about the structure and functions of human body.
 ＊when it comes to ~ 「~といえば」　particularly 「特に」　structure and function 「構造と機能」　human body 「人体」

1764 地学　**earth science**
 ＊**地学**は大好きです、特に天文学はね。
 I love **earth science**, especially astronomy.
 ＊especially 「特に」= particularly　astronomy 「天文学」

1765 体育　**PE [physical education]**
 ＊「どの科目が一番好きですか？」「**体育**です。」
 "Which subject do you like most?" "I like **PE [physical education]** most."
 ＊subject 「科目」

1766 保健　**health**
 ＊**保健**は医学と公衆衛生学に関係あるので、大好きな教科だよ。
 Health is my favorite subject because it's related to medicine and public health.
 ＊be related to ~ 「~と関係がある」　medicine 「医学」　public health 「公衆衛生学」

1767 音楽　**music**
 ＊彼女は音楽が大好きなので、いつも**音楽**の授業を楽しみにしているよ。
 She's a music lover, so she's always looking forward to **music** class.
 ＊a music lover 「音楽愛好家」　be looking forward to ~ 「~を楽しみにしている」　music class 「音楽の授業」

1768 美術　**fine arts**
 ＊今日の**美術**の授業では、生徒の皆さんは肖像画を描きますよ。
 For **fine arts** class today, the students will be painting portraits.
 ＊portrait 「肖像画」

1769 家庭科　**home economics**
 ＊私たちは**家庭科**の授業で、カレーライスの作り方を習いましたよ。
 We learned how to cook curry and rice in **home economics** class.
 ＊curry and rice 「カレーライス」　単に curry でも OK。

1770 心理学　**psychology**
＊「専攻は何ですか？」「**心理学**専攻です。」
"What's your major?" "I'm a **psychology** major."
＊major 「専攻」

1771 哲学　**philosophy**
＊**哲学**ほど興味深い学問はないと思いますよ。
I don't think that there's any field of learning as interesting as **philosophy.**
＊not ~ as - as ... 「…ほど—はない」　a field of learning 「学問（の分野）」

1772 教育学　**education [pedagogy]**
＊彼女は将来小学校の先生になりたいので、大学では**教育学**を専攻しましたよ。
She'd like to be an elementary school teacher in the future, so she majored in **education [pedagogy]** in college.
＊elementary school 「小学校」　in the future 「将来」　major in ~ 「~を専攻する」

1773 農学　**agriculture**
＊農場経営にとても興味があるので、**農学**を専攻することに決めましたよ。
I'm so interested in farming that I've decided to major in **agriculture**.
＊be interested in ~ 「~に興味がある」　farming 「農場経営」　decide to do ~ 「~することに決める」

1774 経営学　**business administration**
＊彼女は経営コンサルタントになりたいので、**経営学**を専攻していますよ。
She wants to be a business consultant, so she's majoring in **business administration**.

1775 工学　**engineering**
＊大学卒業後、エンジニアになることを目指して**工学**を勉強していますよ。
I'm studying **engineering** and aiming to be an engineer after graduating from college.
＊aim to be ~ 「~になることを目指す」

1776 医学　**medicine**
＊彼の夢は、医者になって病人を助けることなので、今**医学**を専攻していますよ。
His dream is becoming a doctor and helping sick people, so he's majoring in **medicine** now.

1777 授業参観　**class observation**
＊明日は**授業参観**日なので、教室をとてもきれいに掃除してね。
Tomorrow is a **class observation** day, so make sure the classroom is nice and clean.
＊make sure 「確かめる、念を入れる」　nice and clean 「とてもきれいな」

1778 家庭訪問　**home visit**
＊**家庭訪問**の予定表をあげるので、両親に渡してくださいね。
I'm going to give you the **home visit** schedule, so please give it to your parents.

1779 登校拒否　**refusal to go to school**　（登校拒否する　**refuse to go to school**）
＊叔母さんと叔父さんは、**登校拒否**している息子をどうしていいか分からないですよ。
My aunt and uncle have no idea what to do with their son, who's **refusing to go to school**.
＊have no idea 「分からない」　what to do with ～ 「～をどうしていいか」

1780 授業時間　**school hours**
＊あなたの学校は、**授業時間**は週何時間ですか？
How many **school hours** a week does your school have?

1781 学級崩壊　**disorder in the classroom [classroom chaos]**
＊**学級崩壊**がある学校もあるそうですね。
I hear that there's **disorder in the classroom [classroom chaos]** at some schools.

1782 校内暴力　**school violence**
＊**校内暴力**は実に深刻な問題になっていますね。
School violence has become a really serious issue.
＊serious issue 「深刻な問題」

1783 不登校児　**truant**
＊彼は**不登校児**で、半年間学校を休んでいますよ。
He's a **truant** and has been absent from school for half a year.
＊be absent from ～ 「～を休む、～を欠席する」　half a year 「半年」

1784 中途退学者　**dropout**
＊去年彼女は**中途退学者**になってしまったよ。
She became a **dropout** last year.

1785 落ちこぼれ **struggling student** （落ちこぼれになる **fall behind**）
＊**落ちこぼれになる**のはいやだから、一生懸命頑張らなくちゃ。
I've got to work very hard because I hate **falling behind**.
＊work very hard 「一生懸命頑張る」　hate 「嫌う」

1786 いじめ **bullying**
＊この学校には、**いじめ**の問題はありませんよ。
We don't have any **bullying** problems at this school.

1787 受験地獄 **examination hell**
＊彼は大学入学試験に合格し、やっと**受験地獄**から脱出したよ。
He finally managed to get out of **examination hell** by passing a college entrance exam.
＊finally 「やっと、ついに」　manage to do ~ 「何とか(やっと)~する」
get out of ~ 「~から出る、~から逃げる」　college entrance exam 「大学入学試験」

1788 進学塾(予備校) **cram school**
＊日本では、大学入学試験の合格を目指して**予備校**に通う生徒は多いね。
In Japan, many students go to **cram schools** in hope(s) of passing their college entrance exams.
＊in hope(s) of ~ 「~を期待して、~を目指して」　college entrance exam 「大学入学試験」

1789 同窓会 **class reunion**
＊今週の土曜日の**同窓会**に出席する？
Are you going to attend the **class reunion** this Saturday?
＊「同窓会」という催し物が class reunion で、「同窓会」という組織は alumni association と言う。

1790 PTA総会 **PTA general meeting**
＊来週の日曜日に**PTA総会**があるので、父兄に通知状を送らないといけないね。
We have a **PTA general meeting** next Sunday, so we've got to send notices to the students' parents.
＊notice 「通知状」

1791 学校 5 日制　**five-day school week system**
＊日本では、ほとんどの公立学校が**週 5 日制**を取り入れていますよ。
In Japan, most public schools have adopted a **five-day school week system**.
　＊public school「公立学校」　adopt「取り入れる」

1792 ゆとりのある教育　**pressure-free education**
＊日本の**ゆとりのある教育**は、結局望ましい成果を得られず見直されましたね。
Japan's **pressure-free education** approach ended up being abandoned because it failed to produce the desired results.
　＊end up ～ing「結局～に終わる、～になる」　be abandoned「（計画などを）やめる」　fail to do ～「～しない（できない）」　produce「（成果・研究などを）生み出す」　desired results「望ましい成果」

1793 男女共学　**coeducation**　（男女共学の　**coeducational [co-ed]**）
＊「あなたの学校は**男女共学**？」「いいえ、女子校ですよ。」
"Is your school **coeducational [co-ed]**?" "No, it's a girls' school."
　＊girls' school「女子校」

1794 生徒会　**student council**
＊台風のため、明日の**生徒会**は中止になったよ。
Tomorrow's **student council** has been cancelled because of the typhoon.
　＊be cancelled「中止になる」= be called off　because of ～「～のため（理由で）」

1795 文化祭（学園祭）　**school festival**
＊来週の**文化祭**で、あなたのクラスは何をするの？
What will your class do for the **school festival** next week?

1796 修学旅行　**school trip**
＊今年の**修学旅行**で、オーストラリアに行って来たよ。
I went to Australia on our **school trip** this year.

1797 遠足　**field trip**
＊来週の**遠足**の日は、いい天気になればいいのになあ。
I hope we have nice weather on the day of our **field trip** next week.
　＊I hope ～「～だといいのにと思う」

1798 補習授業　　**remedial [supplementary] lessons**
＊今週の土曜日に、**補習授業**をするので必ず出席するように。
I'm going to give **remedial [supplementary] lessons** this Saturday, so don't miss them.
　＊don't miss ～　「～に必ず出席する」

1799 運動会　　**sports meet [sports day]**
＊今週の土曜日に、**運動会**の予行演習があるよ。
This Saturday, we have a dry run for the **sports meet [sports day]**.
　＊運動会の「予行演習」には dry run を使い、演奏、演芸、演劇などには rehearsal を使う。

1800 教育実習生　　**student teacher**
＊明日から教育実習が始まるので、**教育実習生**を暖かく歓迎しましょう。
Practice teaching begins tomorrow, so let's give the **student teachers** a hearty welcome.
　＊practice teaching 「教育実習」　give ～ a hearty welcome 「～を暖かく歓迎する」

17 [銀行・金融関係とその関連表現]

1801 金融機関　**financial institution**
＊普段どの**金融機関**を利用していますか？
Which **financial institution** do you usually use?
＊usually「普段」

1802 通帳　**bankbook [passbook]**
＊**通帳**に記帳しに銀行に行って来るよ。
I'm going to go to the bank to update my **bankbook [passbook]**.
＊update「記帳する、更新する」

1803 記帳　**update**　（記帳する　**update**）
＊長い間**記帳**してないなあ。
I haven't **updated** my bankbook [passbook] for a long time.
＊for a long time「長い間」

1804 キャッシュカード　**ATM card**
＊**キャッシュカード**を紛失したら、すぐ銀行に届けたほうがいいよ。
You should report to the bank right away if you lose your **ATM card**.
＊report to ～「～に届ける」　right away「すぐ、直ちに」

1805 暗証番号　**PIN [personal identification number]**
＊**暗証番号**は、他の人に見せないようにしなさいよ。
Make sure not to show your **PIN [personal identification number]** to anyone else.
＊make sure ～「(必ず)～するようにする(手配する)」　anyone else「他の人」

1806 口座　**account**
＊**口座**を開きたいんですが…
I'd like to open an **account**.

1807 銀行口座　**bank account**
＊20万円を私の**銀行口座**に振り込んでください。
Please transfer two hundred thousand yen into my **bank account**.
＊transfer ～ into ...「～を…に振り込む」　two hundred thousand「20万」

1808 口座番号　**bank account number**
＊**口座番号**を教えてください。
Tell me your **bank account number**, please.

1809 口座名義人　　**account holder**
　　＊ここに**口座名義人**の名前を書いてください。
　　　Please write the **account holder**'s name here.

1810 口座振込み　　（口座振込みをする　　**pay ~ into one's account**）
　　＊給料は**口座振込み**ですよ。
　　　My salary **is (automatically) paid into my account**.
　　　　＊salary 「給料」　　automatically 「自動的に」

1811 自動振替　　**automatic transfer**
　　＊公共料金を**自動振替**にしたいんですが…
　　　I'd like to pay my utility bills by **automatic transfer.**
　　　　＊utility bill 「公共料金」

1812 普通預金（預金口座）　　**ordinary account**
　　＊電気料金と水道料金は、**普通預金**から引き落とされるのよ。
　　　The electric(ity) and water bills are automatically charged to my **ordinary account.**
　　　　＊The electric(ity) and water bills are automatically withdrawn from my ordinary account. も OK。　　electric(ity) bill 「電気料金」　　water bill 「水道料金」
　　　　be charged to ~ 「~に料金が請求される」

1813 当座預金　　**checking account**
　　＊**当座預金**は無利息の預金というのをご存知でしたか？
　　　Did you know that **checking accounts** don't accrue interest?
　　　　＊accrue interest 「利子が次第に生じる」

1814 定期預金　　**time deposit [fixed deposit account]**
　　＊百万円を、一年間の**定期預金**にしたいんですが…
　　　I'd like to put one million yen in my **time deposit [fixed deposit account]** for a year.
　　　　＊one million 「100万」

1815 満期日　　**due date [maturity date]**
　　＊8月24日がこの定期預金の**満期日**になっています。
　　　August 24th is the **due date [maturity date]** of this time deposit.
　　　　＊time deposit 「定期預金」

1816 通貨　　**currency**
　　＊この銀行には、カナダ**通貨**はありますか？
　　　Do you have Canadian **currency** at this bank?

1817 紙幣　**bill**
＊一万円札**紙幣**を、千円札紙幣に崩してください。
Could you break this ten thousand yen **bill** into one thousand yen bills?
＊break ~ into ... 「~を…に崩す」　ten thousand 「一万」　bill 「紙幣」

1818 預金　**deposit [savings]**　（預金する　**deposit**)
＊今日銀行に50万円**預金**したよ。
I **deposited** half a million yen at the bank today.
＊half a million 「50万」

1819 （預金の）引き出し　**withdrawal**　（引き出す/下ろす　**withdraw**)
＊銀行から3万円**下ろさ**なくちゃ。
I need to **withdraw** thirty thousand yen from the bank.

1820 預金伝票　**deposit slip**
＊これが**預金伝票**ですよ。
Here is your **deposit slip**.

1821 残高　**balance**
＊あなたの預金**残高**は70万円です。
You have a **balance** of seven hundred thousand yen in your account.
＊seven hundred thousand 「70万」

1822 残高照会　**balance inquiry**　（残高照会する　**make an inquiry about the balance**)
＊**残高照会**をして欲しいんですが…
I'd like you to **make an inquiry about the balance** of my account.

1823 （銀行）振り込み　**(bank) transfer**　（振り込む　**transfer**)
＊私の口座に、この金額を**振り込ん**でください。
Please **transfer** this amount of money into my account.
＊transfer A（金額）into B 「AをBに振り込む」　amount of money 「金額」

1824 小切手　**check**
＊**小切手**を現金に換えてくださいませんか？
Could you cash a **check**, please?
＊cash a check 「小切手を現金に換える」

1825 小切手帳　**checkbook**
＊この頃クレジットカードが、**小切手帳**に取って代わってきているね。
Credit cards have started to replace **checkbooks** recently.
＊replace「取って代わる」

1826 小切手番号　**check number**
＊あなたの**小切手番号**を教えていただきませんか？
Could you tell me your **check number**, please?
＊Could you tell me ～?「～を教えていただきますか？」

1827 旅行者用小切手　**traveler's check [TC]**
＊今日10万円の**旅行者用小切手**を購入してきたよ。
I got a **traveler's check** [TC] for one hundred thousand yen today.
＊one hundred thousand「10万」

1828 不渡り小切手　**dishonored [rubber] check**
＊これは**不渡り小切手**ですよ。
This is a **dishonored** [rubber] **check**.

1829 クレジットカード　**credit card**
＊「**クレジットカード**で支払いできますか？」「いいえ、現金のみです。」
"Do you accept **credit cards**?" "No. Cash only, please."
＊accept「受け取る」　cash only「現金のみ」

1830 クレジットカード番号　**credit card number**
＊**クレジットカード番号**をここに書いてください。
Please write your **credit card number** down here.
＊write ～ down「～を書く」

1831 クレジットカード利用代金請求書　**credit card bill**
＊どの窓口で、**クレジットカード利用代金請求書**を支払えますか？
Which teller's window can I pay my **credit card bill** at?
＊teller's window「窓口」

1832 為替レート　**exchange rate**
＊今日の円の米ドルに対する**為替レート**はいくらですか？
What's the **exchange rate** between US dollars and yen today?
＊between US dollars and yen「円の米ドルに対する」

1833 元金　**principal [capital]**
＊元金100万円に対する利子はいくらですか？
What's the interest on the **principal [capital]** of one million yen?
＊interest 「利子」　　one million 「100万」

1834 利子（利息）　**interest**
＊百万円借りたら、**利子**はいくらですか？
How much **interest** will I have to pay if I get a loan of one million yen?
＊get a loan of ～ 「～を借りる、(金額)のローンを組む」

1835 金利　**interest rate**
＊今は**金利**がとても安いので、たんす貯金をする人が多いそうですね。
I heard that **interest rates** are so low now that many people are putting money "under the mattress."
＊so ～ that... 「とても～なので…」　　put money under the mattress 「たんす貯金をする」

1836 固定金利　**fixed rate**
＊住宅ローンは**固定金利**と、変動金利とではどちらがいいですか？
Which would you prefer for your mortgage: a floating rate or **fixed rate**?
＊mortgage 「住宅ローン」　　floating rate 「変動金利」

1837 変動金利　**floating rate**
＊**変動金利**で、1,000万円貸していただきますか？
Could you loan me ten million yen on a **floating rate**?
＊ten million 「1,000万」

1838 超低金利　**rock-bottom interest rates**
＊今は**超低金利**時代ですね。
Now's the age of **rock-bottom interest rates**, isn't it?

1839 信用金庫　**credit union**
＊この辺りに**信用金庫**はありますか？
Is there a **credit union** around here?
＊around here 「この辺りに」

1840 貸し金庫　**safe-deposit box**
　　＊この貴重品を**貸し金庫**に預けたいんですが…
　　　I'd like to keep these valuables in a **safe-deposit box**.
　　　＊keep A in B 「AをBに預ける」　valuables 「貴重品」

1841 現金自動預け払い機　**ATM (automated teller machine)**
　　＊**ATM**での送金の仕方を教えていただけますか？
　　　Could you tell me how to send money by <u>ATM</u> [automated teller machine]?

1842 現金自動支払い機　**cash dispenser**
　　＊この銀行には、どこに**現金自動支払い機**はありますか？
　　　Where can I find a **cash dispenser** at this bank?

1843 住宅ローン　**mortgage [home loan]**
　　＊**住宅ローン**を申し込みしたいんですが…
　　　I'd like to apply for a <u>mortgage</u> [home loan].
　　　＊apply for ～ 「～を申し込む」

1844 住宅ローン返済金　**mortgage payment**
　　＊**住宅ローン返済金**は、毎月いくらになりますか？
　　　How much is my monthly **mortgage payment**?
　　　＊How much is ～? 「～はいくらですか？」　monthly 「毎月の、ひと月の」

1845 頭金　**down payment**
　　＊住宅ローンの**頭金**はいくらですか？
　　　What's the **down payment** for this <u>mortgage</u> [home loan]?
　　　＊mortage [home loan]　「住宅ローン」

1846 返済　**repayment**
　　＊ローンの**返済**期限はいつですか？
　　　When's the loan **repayment** deadline?
　　　＊deadline 「期限」

1847 借り越し　**overdraft**　（借り越す　**overdraw**）
　　＊50万円の**借り越し**になっていますよ。
　　　You've **overdrawn** your account by five hundred thousand yen.
　　　＊five hundred thousand 「50万」

1848 不良債権　**bad loans [debts]**
＊バブル経済の崩壊後、**不良債権**を抱えた銀行は多かったですね。
Many banks were burdened with **bad loans [debts]** after the collapse of Japan's bubble economy.
*be burdened with ～　「～を抱える」　collapse「崩壊」　bubble economy「バブル経済」

1849 貸し渋り　**credit crunch**　（貸し渋る　**crunch credit**）
＊最近どうして金融機関は、**貸し渋っている**のかしら。
I wonder why financial institutions **are crunching credit** these days.
*financial institution「金融機関」　these days「最近、この頃」

1850 払い戻し伝票　**withdrawal slip**
＊払い戻し伝票はどこにありますか？
Where can I find the **withdrawal slips**?

18 [郵便局とその関連表現]

1851 切手　stamp
＊50円**切手**2枚と、80円切手1枚ください。
Can I have two 50-yen stamps and one 80-yen **stamp**, please?

1852 記念切手　commemorative stamp
＊何か**記念切手**残っていますか？
Are there any **commemorative stamps** left?
＊be left 「残っている」

1853 切手シート　sheet of stamps
＊「**切手シート**をください。」「はい、どうぞ。」
"I'd like a **sheet of stamps**, please." "Here you are."
＊「はい、どうぞ」は Here you go. と言っても OK。

1854 手紙　letter
＊この**手紙**を航空郵便で、アメリカに送りたいんですが…
I'd like to send this **letter** to the US by airmail.
＊「航空郵便で」は by airmail と言い、「船便で」は by sea [surface] mail と言う。

1855 葉書　postcard
＊「この**葉書**の切手代はいくらですか？」「送り先によりますよ。」
"How much is a stamp for this **postcard**?" "It depends on where you want to send it."
＊depend on ～ 「～による」　因みに「葉書を書く」は write a postcard で表現する。

1856 絵葉書　picture postcard
＊**絵葉書**の写真がとても気に入ったので、何枚か買ったよ。
I liked the photos on the **picture postcards** so much that I got some.

1857 官製葉書　official government postcard
＊**官製葉書**には、切手は貼らなくていいですよ。
You don't have to put a stamp on an **official government postcard**.
＊put a stamp on ～ 「～に切手を貼る」

1858 年賀葉書　New Year's postcard
＊**年賀葉書**はもう全部売り切れましたよ。
The **New Year's postcards** are already all sold out.
＊already 「もう、すでに」　be sold out 「売り切れる」

1859 速達　　special [express] delivery
＊手紙を**速達**で送りたいんですが…
I want to send a letter by **special** [**express**] **delivery**.

1860 速達郵便　　special [express] delivery mail
＊イギリスへ**速達郵便**はいくらですか？
How much does **special** [**express**] **delivery mail** to the United Kingdom cost?
＊the United Kingdom 「イギリス」

1861 速達料金　　special delivery charge
＊**速達料金**はいくらか教えていただきますか？
Could you tell me what the **special delivery charge** is?

1862 郵便料金　　postage [postal charges]
＊この小包の**郵便料金**はいくらですか？
What's the **postage** [What are the **postal charges**] for this package [parcel]?

1863 小包　　package [parcel]
＊彼氏が私に**小包**を船便で送ったので、ここに着くのに長い時間かかったわ。
My boyfriend sent me a **package** [**parcel**] by sea mail, so it took a long time to get here.
＊by sea mail 「船便で」　　it takes a long time 「長い時間かかる」　　get here 「ここに着く」

1864 小包郵便　　parcel post
＊このお土産を家族に**小包郵便**で送らなきゃあ。
I need to send these souvenirs to my family by **parcel post**.
＊souvenir 「お土産」

1865 優先扱い郵便　　priority mail
＊「この郵便物、どのように送りたいですか？」「**優先扱い郵便**でお願いします。」
"How do you want to send this mail?" "**Priority mail**, please."

1866 差出人住所　　return address
＊**差出人住所**を書くのを忘れていますよ。
You forgot to put down the **return address**.
＊put down ～ 「～を書く」 = write down ～

— 250 —

1867　送り先住所　**mailing address**
＊送り先住所の郵便番号を書いてください。
　　Please write the zip code for the **mailing address**.
　　＊zip code 「郵便番号」

1868　郵便番号　**zip code**
＊「郵便番号を書いてください。」「すみません、思い出せないんですが…」
　　"Could you write down your **zip code**?" "Sorry, but I don't remember it."
　　＊write down ～ 「～を書く」　remember 「思い出す」

1869　消印　**postmark**　（消印を押す　**postmark**)
＊申し込みは消印が３月31まで有効ですよ。
　　Applications must **be postmarked** no later than March 31.
　　＊application 「申し込み」　no later than ～ 「遅くとも～までに、～よりも遅れることなく」

1870　投函口　**mail slot**
＊「投函口はどこにありますか？」「国内郵便はこちらです。」
　　"Where can I find the **mail slot**?" "This is the one for domestic mail."
　　＊domestic mail は「国内郵便」の意味で、「外国郵便」は foreign mail と言う。

1871　郵便為替　**money order**
＊今日５万円を郵便為替で送らなくちゃ。
　　I need to send fifty thousand yen by **money order**.
　　＊fifty thousand 「５万」

1872　郵便貯金　**postal savings**
＊200万円の郵便貯金をしているのよ。
　　I have **postal savings** of two million yen.
　　＊I have two million yen in my post office account. でもOK。　two million 「200万」

1873　郵便業務　**postal [mail] service**
＊日本の郵便業務は以前政府が管理経営していましたが、今は民間企業がやっています。
　　The **postal [mail] service** in Japan used to be managed by the government, but now it's run by a private enterprise.
　　＊be managed by ～ 「～に管理経営される」　run 「経営する」　private enterprise 「民間企業」

1874 郵便私書箱　　**PO Box [post office box]**
＊父は以前**私書箱**を持っていましたが、もう持っていませんよ。
My father used to have a **PO Box [post office box]**, but not anymore.
＊not anymore「もう〜ない」

1875 郵便配達　　**mail delivery**
＊あなたの地域では、**郵便配達**は一日何回ですか？
How many times a day do they do **mail deliveries** in your region?
＊How many times 〜?「何回〜?」　in one's region「〜の地域で」

1876 郵便配達員　　**mail carrier [postman]**
＊妻は息子からの手紙を持ってくる**郵便配達員**が来るのを待ち遠しいんだよ。
My wife can't wait for the **mail carrier [postman]** to bring the letter from our son.
＊can't wait「〜するのが待ち遠しい」

1877 郵便受け　　**mailbox**
＊**郵便受け**壊れたので、修理してもらわなくちゃあね。
Our **mailbox** is broken, so we need to have it fixed.

1878 郵便物　　**mail**
＊あなた、今日**郵便物**もう届いた？
Honey, has the **mail** come yet today?
＊yet は疑問文では「もう」の意味。

1879 郵便ポスト　　**mailbox**
＊すみません、この辺りに**郵便ポスト**ありますか？
Excuse me. Is there a **mailbox** around here?
＊around here「この辺りに」

1880 局留め　　**general delivery**
＊この手紙、**局留め**にしてください。
Could you send this letter to **general delivery**?

1881 書留郵便　　**registered mail**
＊この手紙を**書留郵便**にしたいんですけど…
I'd like to send this letter by **registered mail**.
＊I'd like to have this letter registered. と言っても OK。

1882 宅配便　**home-delivery service**
＊その郵便物は**宅配便**にしてください。
　　Please deliver the mail by **home-delivery service**.
　　＊Please deliver the mail by courier. でも OK。

1883 着払い(代金引換)　**C.O.D [cash [collect] on delivery]**
＊この小包は**代金着払い**で送りたいんですが…
　　I'd like to send this package **C.O.D [cash [collect] on delivery]**.

1884 不在通知　**delivery notice**
＊**不在通知**がポストに入っていたのですが、明日の午後配達してくれませんか？
　　There was a **delivery notice** in my mailbox. Could you deliver the mail tomorrow afternoon?
　　＊mailbox 「郵便ポスト」　deliver 「配達する」　tomorrow afternoon 「明日の午後」

1885 転居届　**change-of-address form**
＊**転居届**を出来るだけ早く届けてください。
　　Please send in your **change-of-address form** as soon as possible.
　　＊send in ~ 「~を届ける、~を提出する」　as soon as possible 「できるだけ早く」

1886 伝票番号　**tracking number**
＊**伝票番号**を教えてください。
　　Would you tell me your **tracking number**?

1887 郵便車　**mail truck**
＊「あなた、今日**郵便車**もう来た？」「いや、まだだよ。」
　　"Honey, has the **mail truck** come yet today?" "No, not yet."
　　＊yet は否定文では「まだ~しない」の意味。

1888 はかり　**scale**
＊小包を**はかり**に置いて、重さがいくらあるか見てみましょうね。
　　I'll set your package on the **scale** and see how much it weighs.
　　＊package 「小包」= parcel　weigh 「重さが~である」

1889 転送　**forwarding**　(転送する　**forward**)
＊この手紙を彼女の新しい住所に**転送**してください。
　　Forward this letter to her new address, please.
　　＊address 「住所」

1890 航空郵便料金　　**airmail postage**
＊フランスへの**航空郵便料金**はいくらですか？
What's the **airmail postage** for a letter to France?
＊How much is the airmail postage for a letter to France? でも OK。

19 [スポーツとその関連表現]

1891 ジョギング　**jogging**　（ジョギングをする　**go jogging**）
＊雨降り以外は、毎日**ジョギング**をしているよ。
I **go jogging** every day except when it's raining.
＊except ～　「～以外は、～を除いて」

1892 ランニング　**running**
＊明朝一緒に**ランニング**はどう？
How about **running** together tomorrow morning?
＊How about ～？「～はどう？」　tomorrow morning「明朝」

1893 ウオーキング　**walking**
＊毎日40分**ウオーキング**しているよ。
I go **walking** for forty minutes every day.

1894 サイクリング　**cycling [biking]**
＊先週友達と一緒に、東北地方への**サイクリング**を楽しんだよ。
I had fun **cycling [biking]** to the Tohoku area with my friends last week.
＊have fun「楽しむ」　the Tohoku area「東北地方」　last week「先週」

1895 スケーボード　**skateboarding**
＊「**スケーボード**、やったことある？」「いや、ないね。」
"Have you ever tried **skateboarding**?"　"No, I haven't."

1896 バドミントン　**badminton**
＊「大好きなスポーツは何？」「**バドミントン**と野球だよ。」
"What are your favorite sports?"　"**Badminton** and baseball."

1897 卓球　**table tennis [ping pong]**
＊「**卓球**始めてから何年になる？」「30年以上になるよ。」
"How many years have you been playing **table tennis [ping pong]**?"
"More than 30 now."

1898 テニス　**tennis**
＊私たちは**テニス**のダブルスの試合で勝ったよ。
We won in **tennis** doubles.
＊「テニスのシングルス」は tennis singles と言う。

1899 ボウリング **bowling**
　　＊君の**ボウリング**の平均スコアはいくら？
　　　What's your average **bowling** score?
　　　　＊average 「平均の」　　score 「スコア、得点」

1900 乗馬 **horseback riding**
　　＊「**乗馬**怖くない？」「いや、ぜんぜん怖くないよ。」
　　　"Aren't you afraid of **horseback riding**?"　"No, not at all."
　　　　＊be afraid of ～ 「～が怖い」　　not at all 「全然～ない、まったく～ない」

1901 野球 **baseball**
　　＊**野球**をするのも試合を見るのも好きだよ。
　　　I like both playing **baseball** and watching games.
　　　　＊both A and B 「AもBも、AB両方とも」

1902 ソフトボール **softball**
　　＊**ソフトボール**をするのは、とても面白いでしょ。
　　　It's a lot of fun to play **softball,** isn't it?
　　　　＊a lot of fun 「とても面白い」

1903 サッカー **soccer**
　　＊「スポーツ何かできる？」「うん、**サッカー**できるよ。」
　　　"Can you play any sports?"　"Yeah, I can play **soccer**."

1904 バレーボール **volleyball**
　　＊**バレーボール**をして突き指しちゃったよ。
　　　I jammed [sprained] my finger playing **volleyball**.
　　　　＊「突き指する」は jam [sprain] one's finger で表わす。

1905 バスケットボール **basketball**
　　＊彼は中学のときは、**バスケットボール**部に属していたが、補欠の選手だったよ。
　　　He was on the **basketball** team in junior high, but he was a sub.
　　　　＊sub は substitute 「補欠」の略で、口語では sub を使う。　　junior high 「中学」

1906 ハンドボール **handball**
　　＊高校以来、**ハンドボール**もサッカーもしたことがないね。
　　　I haven't played **handball** or soccer since high school.

1907 アメリカンフットボール **football**
　　＊**アメリカンフットボール**はアメリカで最も人気のあるスポーツでしょ？
　　　Football is the most popular sport in the States, right?

1908 ラグビー **rugby**
*ラグビーとフットボールのルールはどう違うの？
How are the rules in **rugby** different from the rules in football?
*How is A different from B?「AはBとどう違う？」 rule「ルール、規則」

1909 ラクロス **lacrosse**
*ラクロスがどんなスポーツか見当もつかないよ。
I have no idea what kind of sport **lacrosse** is.
*have no idea「見当がつかない、まったく分からない」don't know より強い表現。

1910 ボート **rowing** （ボートを漕ぐ **row a boat**）
*今日の午後、**ボートを漕ぎ**に行こうよ。
Let's go **rowing** this afternoon.
*Let's go row a boat this afternoon. と言っても OK。

1911 カヌー **canoeing**
*カヌーは国際オリンピック大会の競技種目の一つですか？
Is **canoeing** an Olympic event?
*event「競技種目」

1912 ヨット **sailing**
*今日は風が強いので、**ヨット**にはすごくいいよ。
It's windy today – perfect for **sailing**.
*windy「風が強い」 perfect「申し分のない、すごくいい」

1913 カヤック **kayaking**
*「**カヤック**したことある？」「ないけど、いつかやろうと思っているんだよ。」
"Have you ever tried **kayaking**?" "No, but I'm thinking of trying it sometime."
*try ～ ing は「試しに～してみる」の意味で、try to do ～は「～しようと試みる」の意味。

1914 水泳 **swimming**
*水泳は全身運動なので、健康に良いってね。
Swimming is good for your health because it exercises all of your muscles, they say.
*be good for ～「～に良い」 exercise all of one's muscles「全身運動になる」

1915 シュノーケリング　**snorkeling**　（シュノーケルを使って泳ぐ **snorkel**）
＊海で**シュノーケルを使って泳いで**いるとき、溺れて死ぬ人がいるので気をつけなくちゃ。
You've got to be careful because some people drown while **snorkeling** in the sea.
＊be careful「気をつける」　drown「溺れ死ぬ」　while 〜 ing「〜しているとき」

1916 サーフィン　**surfing**
＊ハワイの海は**サーフィン**には理想的だそうですね。
I hear that the Hawaiian ocean is ideal for **surfing**.
＊I hear that 〜「〜だそうですね」　the ocean「海」　be ideal for 〜「〜に理想的である」

1917 スキューダイビング　**scuba diving**
＊沖縄には、**スキューダイビング**するのにすばらしい場所がたくさんありますよ。
There are lots of excellent places for **scuba diving** in Okinawa.
＊excellent「すばらしい、優れた」

1918 水上スキー　**waterskiing**
＊ベンジャミン・フランクリンが**水上スキー**を発明したということを読んだことがあるよ。
I've read that **waterskiing** was invented by Benjamin Franklin.
＊be invented by 〜「〜が発明する」

1919 スケート　**(ice) skating**
＊あの女の子を見てごらん。本当に**スケート**が上手だね。
Look at that girl. She's really good at **(ice) skating**.
＊be good at 〜「〜が上手である、〜が得意である」

1920 フィギャスケート　**figure skating**
＊**フィギャスケート**の話になると、羽生選手がソチ冬季オリンピックで大活躍したことを思い出すね。
When I think about **figure skating**, I'll always remember how great Hanyu was at the Sochi Winter Olympic Games.
＊Winter Olymic Games「冬期オリンピック」

1921 スノーボード **snowboarding**
＊「大好きな冬のスポーツは何？」「もちろん、**スノーボード**だよ。」
"What's your favorite winter sport?" "**Snowboarding**, of course."

1922 スキー **skiing**
＊今週末どこに**スキー**に行くの？
Where are you going to go **skiing** this weekend?
＊this weekend 「今週末」

1923 クロスカントリースキー **cross-country skiing**
＊「**クロスカントリースキー**って、どんなものか知っている？」「もちろん。山野や森林などを横断して走る競技だよ。」
"Do you know what **cross-country skiing** is like?" "Sure. It's a competition in which you ski across fields and through forests."
＊competition 「競技」　across fields and through forests 「山野や森林を横断して」

1924 そりすべり **sledding**
＊私の子供たちは**そりすべり**が大好きですよ。
My kids are really into **sledding**.
＊be into ～ 「～が好きである」という意味の口語表現。

1925 ボブスレー **bobsledding**
＊**ボブスレー**は大変危険そうだが、見て興奮するね。
Bobsledding looks really dangerous, but it's exciting to watch.
＊dangerous 「危険な」　be exciting to watch 「見て興奮する」

1926 スノーモービル **snowmobiling**
＊あなたの国では、**スノーモービル**は人気のあるスポーツですか？
Is **snowmobiling** a popular sport in your country?

1927 ホッケー **field hockey**
＊大学では、**ホッケー**部のメンバーでしたよ。
I was on the **field hockey** team in college.

1928 フリスビー **Frisbee**
＊「**フリスビー**をしましょうか？」「ええ、いいですね。」
"Want to play **Frisbee**?" "Yes, that sounds good."
＊that sounds good 「それはいいね」　相手の申し出に対する賛意を表わす。

1929 体操　**gymnastics**
＊放課後、学校の体育館で**体操**をしているよ。
　I do **gymnastics** at the school gym after school.
　　＊「体操をする」は do gymnastics と言う。　gym「体育館」は gymnasium を略した語。　after school「放課後」

1930 ボクシング　**boxing**
＊彼は週４回、**ボクシング**ジムに通っているよ。
　He goes to the **boxing** gym four times a week.
　　＊～ times a week「週に～回」

1931 アーチェリー　**archery**
＊僕の彼女は、**アーチェリー**をして５年以上になるよ。
　My girlfriend has been practicing **archery** for more than five years.
　　＊「アーチェリーをする」は practice archery で表わす。「柔道をする、空手をする」の「する」は practice を使い practice judo, practice karate などと言う。しかし、すべてのスポーツに使えるわけではない。practice をチームスポーツに使うと常に「練習する」という意味になるから要注意。

1932 ゴルフ　**golf**
＊**ゴルフ**暦何年ですか？
　How many years of **golf** experience do you have?
　　＊How long have you been playing golf? と言っても OK。

1933 マラソン　**marathon**
＊「**マラソン**に参加したことある？」「まさか。」
　"Have you ever participated in **marathon**?"　"No way."
　　＊participate in ～「～に参加する」　no way「まさか（～ない）」

1934 トライアスロン　**triathlon**
＊**トライアスロン**を完走するのは、本当にすごいと思うよ。
　I think that completing a **triathlon** is really amazing feat.
　　＊complete「完了(走)する」　amazing feat「すごい偉業」

1935 砲丸投げ　**shot put**　（砲丸投げをする　**put the shot**)
＊午後から**砲丸投げ**をするけど、一緒にする？
　I'm going to **put the shot** in the afternoon. Want to join me?

1936 槍投げ　**javelin throw**
＊日本で有名な**槍投げ**選手は誰ですか？
　Who are some famous **javelin throw**ers in Japan?

1937　ハンマー投げ　**hammer throw**
　　＊**ハンマー投げ**と言えば、日本では室伏広治がダントツの選手ですね。
　　When it comes to the **hammer throw**, Koji Murofushi is far and away the best thrower in Japan.
　　　＊when it comes to ～　「～と言えば」　　far and away the best　「ダントツの」

1938　円盤投げ　**discus throw**
　　＊彼女は昨日、**円盤投げ**の日本記録を破ったそうですね。
　　I heard that she broke the Japanese **discus throw** record yesterday.

1939　陸上競技　**track and field**
　　＊**陸上競技**の中では、どの種目に最も興味がありますか？
　　Which **track and field** event are you most interested in?

1940　100m 競争　**100-meter race**
　　＊**100メートル競走**で、どのくらい速く走れますか？
　　How fast can you run a **100-meter race**?
　　　＊How fast can you run 100 meters? や What's your 100-meter time? と言ってもOK。

1941　走り高飛び　**(running) high jump**
　　＊彼は**走り高跳び**の日本記録保持者ですよ。
　　He's the Japan-record holder in the **(running) high jump**.
　　　＊record holder　「記録保持者」

1942　棒高跳び　**pole vault**
　　＊あなたの**棒高跳び**の最高記録はいくらですか？
　　What's your personal best in the **pole vault**?

1943　走り幅跳び　**(running) long jump**
　　＊彼は**走り幅跳び**で、世界記録を更新したんだってね。
　　He broke the world record in the **(running) long jump**, didn't he?
　　　＊「記録を更新する」は break the record で表わす。

1944　三段跳び　**triple jump**
　　＊彼は**三段跳び**で、ファルをして決勝を失格になったよ。
　　He committed a foul in the **triple jump** and was eliminated from the final.
　　　＊commit a foul　「ファルをする」　　be eliminated from ～　「～を失格になる」
　　　 the final　「決勝」

1945 柔道　**judo**
　　＊毎日放課後、学校の道場で**柔道**をしているよ。
　　I practice **judo** at the school dojo after school every day.
　　　＊after school 「放課後」

1946 空手　**karate**
　　＊「あなたの**空手**は何派ですか？」「剛柔流ですよ。」
　　"What school of **karate** do you practice?" "Goju-ryu."
　　　＊school 「派」　「空手をする」は practice karate と言う。

1947 武道（格闘技）　**martial arts**
　　＊「どんな**武道**をしていますか？」「空手をしています。」
　　"What kind of **martial arts** do you practice?" "I practice karate."
　　　＊「武道をする」は practice martial arts で表わす。

1948 レスリング　**wrestling**
　　＊吉田沙保理が引退したら、誰が日本の女子**レスリング**の顔になるだろうね。
　　Who's going to be the face of Japanese women's **wrestling** when Saori Yoshida retires?
　　　＊retire 「引退する」

1949 相撲　**sumo (wrestling)**
　　＊**相撲**取りの遠藤は近い将来、きっと横綱になれると思うよ。
　　I'm pretty sure that the **sumo** wrestler Endo will become a grand champion [yokozuna] in the near future.
　　　＊「横綱」は grand champion と言い、「大関」は ozeki (a sumo wrestler of the second-highest rank) と言う。　in the near future 「近い将来」

1950 重量挙げ　**weightlifting**　（重量挙げをする　**do weightlifting / lift weights**)
　　＊背中を痛めなかったら、今も**重量挙げ**をしているよ。
　　If I hadn't injured my back, I'd still be **doing weightlifting** [lifting weights].
　　　＊injure one's back 「背中を痛める」　still 「今も」

20 [娯楽とその関連表現]

1951 演劇　**play**
*「お気に入りの**演劇**は何ですか？」「喜劇が大好きですよ。」
"What's your favorite type of **play**?" "Comedies are my favorite."
＊comedy「喜劇」 反対の「悲劇」は tragedy と言う。

1952 映画　**movies**
*「どんな**映画**が好きですか？」「ミステリーとアクション映画です。」
"What kind of **movies** do you like?" "I like mystery and action movies."

1953 音楽　**music**
*どの**音楽**よりフォークが好きですよ。
I like folk music better than any other kind of **music**.
＊any other kind of ~ 「どの(ほかの)~」

1954 コンサート　**concert**
*土曜日の夜、**コンサート**に行きませんか？
Would you like to go to the **concert** on Saturday night?

1955 オペラ　**opera**
*昨夜は**オペラ**楽しかった？
Did you enjoy the **opera** last night?

1956 バレエ　**ballet**
*娘は週3回、**バレエ**のレッスンを受けていますよ。
My daughter takes **ballet** lessons three times a week.

1957 テレビ番組　**TV program [TV show]**
*このごろ放送されているすべての**テレビ番組**のうち、メロドラマが一番好きですよ。
Of all the **TV programs [TV shows]** on the air these days, I love soaps [soap operas] most.
＊on the air「放送されて」 「メロドラマ」は和製英語で、英語では soap oprera と言うが口語では単に soap と言う。もと米国で石鹸会社がよく提供したことに由来する。

1958 ライブハウス　**live music club**
*今週末、一緒に**ライブハウス**に行かない？
How about going to the **live music club** with me this weekend?

1959 コメディクラブ　**comedy club**
＊この**コメディクラブ**で、お気に入りのコメディアンは誰なの？
Who's your favorite comedian at this **comedy club**?

1960 ダンスパーティ　**dance [dance party]**
＊来週**ダンスパーティ**に行くの？
Are you going to go to the **dance** [**dance party**] next week?
＊dance party は若い世代が好む表現だが、dance のほうが普通に用いられる。

1961 ビリヤード　**pool [billiards]**
＊今夜**ビリヤード**をしに行こう。
Let's go (and) play **pool** [**billiards**] tonight.
＊Want to play pool [billiards] tonight? でも OK。

1962 カラオケ　**karaoke**
＊昨夜**カラオケ**店で、たくさん歌って楽しかったよ。
I had a lot of fun singing a bunch of songs at **karaoke** [**the karaoke bar / the karaoke place / the karaoke parlor**] last night.
＊a bunch of 〜 「たくさんの〜」　　last night 「昨夜」

1963 パチンコ　**pachinko**
＊彼は**パチンコ**をして、お金をたくさん失ったって話していたよ。
He told me that he had lost lots of money playing **pachinko**.

1964 キャンプ　**camping**
＊夏休みに、山に**キャンプ**に行くのはどう？
How about going **camping** in the mountains during summer vacation?
＊How about 〜 ing 「〜するのはどう？」　　summer vacation 「夏休み」

1965 ピクニック　**picnic**
＊来週末、家族で**ピクニック**に行きたいわ。
I'd like to go on a **picnic** with my family next weekend.
＊「ピクニックに行く」は go to a picnic ではなく go on a picnic と言う。

1966 ハイキング　**hiking**
＊週末には、私たちは高尾山によく**ハイキング**に行きますよ。
We often go **hiking** on Mount Takao on the weekends.

1967 トレッキング（山麓歩き）　**trekking**
＊来週の**トレッキング**に備えて、トレッキングシューズを買わなきゃ。
I need to get some special shoes for our **trekking** trip next week.

1968 競馬　**the races**　（競馬をする　**bet on the races**）
＊彼はパチンコをするより**競馬をする**のが好きだよ。
　　He prefers **betting on the races** to playing pachinko.
　＊play pachinko 「パチンコをする」

1969 娯楽施設　**amusement [recreational] facilities**
＊この町には、**娯楽施設**がたくさんありますよ。
　　There are a lot of **amusement [recreational] facilities** in this town.
　＊This town has lots of amusement [recreational] facilities. と言っても OK。

1970 娯楽番組　**entertainment programs**
＊**娯楽番組**の中では、ワイドショーが一番好きだわ。
　　Of all **entertainment programs**, I like talk and variety shows most.
　＊「ワイドショー」は和製英語で、英語では talk and variety show と言う。
　＊of は最上級とともに用いて「～のうちで（最も…）」の意味になる

21 [和製英語とその関連表現]

1971 モーニングコール　**wake-up call**
＊モーニングコールをお願いできますか？
Could you get me a **wake-up call**?

1972 モーニングサービス　**breakfast special**
＊あのファーストフードレストラン、**モーニングサービス**をしている？
Does that fast-food restaurant serve **breakfast specials**?
＊serve breakfast specials 「モーニングサービスをする」

1973 フリーサイズ　**one-size-fits-all**
＊このストッキングは**フリーサイズ**ですか？
Are these stockings **one-size-fits-all**?

1974 ホットケーキ　**pancake**
＊**ホットケーキ**の作り方知っている？
Do you know how to make [a recipe for] **pancakes**?
＊how to do ～ 「～の仕方、～の方法」　recipe 「作り方・調理法」

1975 プロポーション　**figure**
＊彼女は**プロポーション**がいいね。
She has a nice **figure**, doesn't she?

1976 フリーダイアルの番号　**toll-free number**
＊**フリーダイアルの番号**を教えてください。
Please tell me the **toll-free number**.

1977 タイヤのパンク　**flat tire**
＊今朝仕事に行く途中、**タイヤがパンク**しちゃったよ。
I had a **flat tire** on my way to work this morning.
＊on one's way to ～ 「～に行く途中」

1978 コインロッカー　**coin-operated locker**
＊**コインロッカー**に、財布を置き忘れちゃったよ。
I left my wallet in a **coin-operated locker**.
＊「(ものを)置き忘れる」は leave で表わす。　wallet 「財布」

1979 ビニール袋(レジ袋)　**plastic bag**
＊買い物袋をお持ちでないなら、3円の**ビニール袋(レジ袋)**をお出ししますね。
If you don't have your own shopping bag, I can get you a three-yen **plastic bag**.

1980 ペットボトル　**plastic bottle**
＊このゴミ箱には、空の**ペットボトル**を捨てないでください。
Please don't throw empty **plastic bottles** into this trash can.
＊throw A into B 「AをBに捨てる」　trash can 「ゴミ箱」

1981 ドクターストップ　**doctor's orders**
＊**ドクターストップ**がかかっているため、一日中休養しなければならないんだよ。
I have to rest all day on **doctor's orders**.
＊rest 「休養する」　all day 「一日中」

1982 ペーパーテスト　**written test [written exam]**
＊明日はあと2つ**ペーパーテスト**があるよ。
I have two more **written** <u>**tests**</u> **[exams]** tomorrow.

1983 アフターサービス　**customer service [after-sales service]**
＊あの店は、**アフターサービス**が行き届いているよ。
That store provides very good <u>**customer service**</u> **[after-sales service]**.
＊provide 「与える、提供する」

1984 アルバイト　**part-time job**
＊週3回、**アルバイト**をしているよ。
I have a **part-time job** three times a week.
＊I work part-time three times a week でもOK。「アルバイト」はドイツ語のArbeitに由来する。

1985 シーズンオフ　**off-season**
＊プロ野球は今**シーズンオフ**ですよ。
Pro(fessional) baseball is now in the **off-season**.
＊「シーズン中で」は in season で表わす。

1986 サマータイム　**daylight saving time**
＊あなたの国では、**サマータイム**を取り入れていますか？
Does your country have **daylight saving time**?

1987 字幕スーパー　**subtitles**
＊**字幕スーパー**なしで、普段外国映画を見ているの？
　　Do you usually watch foreign movies without **subtitles**?

1988 テーブルスピーチ　**speech**
＊鈴木さんが**テーブルスピーチ**をします。ご静聴願います。
　　Mr. Suzuki's going to make a **speech**. Please be quiet and listen.
　　　＊make a speech「スピーチをする、演説をする」　be quiet「静かにする」

1989 セクハラ　**sexual harassment**
＊彼は**セクハラ**で訴えられたよ。
　　He was sued for **sexual harassment.**
　　　＊be sued for ～「～で訴えられる」

1990 スキンシップ　**physical contact**
＊親子間での**スキンシップ**は、たいへん重要だと思うわ。
　　I think that **physical contact** between parents and children is very important.
　　　＊between A and B「AとB間での」

1991 アンケート　**questionnaire**
＊**アンケート**に答えて、提出してください。
　　Please fill out the **questionnaire** and turn it in.
　　　＊fill out ～「～に書き入れる、(～に必要事項を)記入する」　turn ～ in「～を提出する」

1992 ソーラーシステム　**solar heating system**
＊家に**ソーラーシステム**を備え付けようと思っているよ。
　　I'm thinking of installing a **solar heating system** in my house.
　　　＊think of ～「～を思う(考える)」　install A in B「AをBに備え付ける」

1993 シルバーシート　**priority seats**
＊ここは**シルバーシート**なので、座らないほうがいいよ。
　　These are **priority seats**, so you shouldn't sit here.

1994 マスコミ　**the mass media**
＊会議から**マスコミ**を締め出さなければいけないね。
　　We need to shut **the mass media** out of the conference.
　　　＊shut A out of B「AをBから締め出す」　conference「会議」

1995 コストダン（経費節減）　**cost-cutting**

＊わが社は破産しないために、多くの**コストダウン**策をとり始めたよ。

Our company has started lots of **cost-cutting** measures to stay afloat.

＊measures 「方策、措置」　stay afloat 「破産しないでいる」

1996 チアガール　**cheerleader**

＊僕の彼女は、大学時代**チアガール**でしたよ。

My girlfriend was a **cheerleader** in her college days.

＊in one's college days 「大学時代に」

1997 アイライン　**eyeliner**

＊**アイライン**を引くまで待ってくれる？

Wait until I put on my **eyeliner**, will you?

＊put on one's eyeliner 「アイラインを引く」

1998 ナイター　**night game**

＊今日の**ナイター**は、雨のため中止になったよ。

Tonight's **night game** has been called off due to the rain.

＊Tonight's night game has been rained out. と言っても OK。　be called off 「中止になる」= be canceled

1999 ナンバープレート　**license plate**

＊**ナンバープレート**が破損したので、新しいのに取替えに行かなくちゃ。

My **license plate** is broken, so I've got to go to have it replaced with a new one.

＊have + O + replaced with ～ 「O を～に取替えてもらう」　one はこの場合 license plate を指す。

2000 テレビゲーム　**video game**

＊孫息子は、１時間以上も**テレビゲーム**をしているよ。

My grandson has been playing a **video game** for more than [over] an hour.

＊grandson 「孫息子」　more than ～ 「～以上」= over ～

著者略歴

大浜博紀（おおはま　ひろのり）

　米国ハワイ州ハワイ大学大学院修士課程終了。公衆衛生学修士号取得。帰国後、琉球大学医学部保健学科で国際衛生、教養学部で英語Ⅰ・Ⅱを非常勤講師として教授。同時に国際大学、キリスト教短期大学、県立浦添看護学校や沖縄で大手予備校の那覇尚学院で非常勤講師として英語を担当。その後、那覇尚学院の姉妹校・沖縄尚学院の校舎長となる。数年後、沖縄尚学高等学校の英語科主任として赴任し、定年まで英語を指導し続ける。定年を契機に「BBとトムによる英会話に役に立つフレーズ2,000」を執筆。

トム・ケイン（Tom Kain）

　米国ミネソタ州出身。セントジョーンズ大学より歴史学の学士号を取得。沖縄尚学高等学校にALT（外国語指導助手）として勤務したのを切っ掛けに、日本についてもっと多くのことを学びたいという強い願望に掻き立てられ、上智大学大学院修士課程に入学。日本研究学修士号取得。その後、文京学院大学の非常勤講師として英語を教授。フリーランスの翻訳家としても活躍中。
　今回、大浜氏と「BBとトムによる英会話に役に立つフレーズ2,000」を共同執筆。

BBとトムによる英会話に役立つフレーズ2,000

2015年11月2日　初版発行

著　者　　大浜 博紀／トム・ケイン
発行者　　原　　雅久
発行所　　株式会社 朝日出版社
　　　　　〒101-0065　東京都千代田区西神田3-3-5
　　　　　TEL (03)3263-3321（代表）　FAX (03)5226-9599
　　　　　http://www.asahipress.com
印刷所　　協友印刷株式会社

乱丁、落丁本はお取り替えいたします
Printed in Japan　　　　　　　　　　　ISBN978-4-255-00872-1　C0082